大潮

改革开放的亲历者
激情澎湃的大时代

口述：百姓的故事

韩淑芳　主编

Koushu
Baixing De Gushi

中国文史出版社

图书在版编目（CIP）数据

口述．百姓的故事 / 韩淑芳主编．—北京：中国文史出版社，2018.5
（大潮）
ISBN 978-7-5205-0331-0

Ⅰ．①口…　Ⅱ．①韩…　Ⅲ．①改革开放—成就—中国　Ⅳ．① D619

中国版本图书馆 CIP 数据核字（2018）第 122687 号

责任编辑： 卜伟欣

出版发行：**中国文史出版社**
社　　址：北京市西城区太平桥大街 23 号　邮编：100811
电　　话：010-66173572　66168268　66192736（发行部）
传　　真：010-66192703
印　　装：北京地大彩印有限公司
经　　销：全国新华书店
开　　本：787 × 1092　　1/16
印　　张：19.75
字　　数：285 千字
版　　次：2018 年 7 月北京第 1 版
印　　次：2018 年 7 月第 1 次印刷
定　　价：59.80 元

《大潮》丛书

前言
PREFACE

改革开放，是中国人民在中国共产党领导下进行的一场天翻地覆的伟大革命，堪称中国乃至世界当代史上具有划时代意义的伟大事业。正如习近平主席所言："改革开放这场中国的第二次革命，不仅深刻改变了中国，也深刻影响了世界。"

13亿多中国人民，在中国共产党的带领下，从农村到城市，从经济领域到政治、文化、社会、生态等方方面面，万众一心，锐意进取，艰苦创业，砥砺奋进，铸就了国家和民族发展史上史诗般的辉煌。古老的中国，从世界上最贫穷落后的国家之一，发展成为世界第二大经济体、第一大工业国、综合实力大国，中国人民的生活实现了从贫穷到温饱、再到总体小康的根本性转变。

这场历史上前所未有的大改革大开放，极大地激发了中国经济社会的生机与活力，调动了亿万人民群众的积极性。冲破人民公社旧体制、创造"大包干"的农民，抓住时代机遇、不惧风险、突破固有思维的个体经营者，艰苦创业、矢志不渝、勇于实践的企业家，为民族复兴与腾飞砥砺前行的科学工作者，奋斗在生产一线的大国工匠，心系祖国、积极投身改革开放事业的港澳台同胞和海外侨胞，为城市发展与崛起身先士卒、殚精竭虑的书记与市长，以及勇敢面对变革、迎接命运挑战的普通百姓……千军万马汇聚成波澜壮阔、激情澎湃的改革开放大潮。

我们有幸生活在这个大时代，我们有幸见证了中华民族走上复兴之路，我们有幸成为改革开放亲历者，我们有幸融为改革开放大潮中激情涌动的一滴水甚至一朵浪花。当一个个亲历者的经历、体悟与情感化作一篇篇生动、鲜活的文字，当我们阅读这些饱含激情与时代精神的文字，改革开放的大潮不禁砰然澎湃而来，激动着我们，感染着我们。

几十年来，人民政协各级机构征集编辑了大量反映改革开放的“三亲”（亲历、亲见、亲闻）文史资料，我们择其精华编辑了《大潮》丛书，通过亲历者讲述的一个个生动鲜活的故事，记录历史，见证岁月，讴歌时代。

韩淑芳

2018 年 6 月

目 录
CONTENTS

第四章　世界如此之大，又如此之小

第 一 章

被点燃的人生

第一章

证人的资格

孙宝寰　恢复高考，我的人生转折点

实行改革开放，给中国带来了翻天覆地的变化，取得了令国人自豪、令世界惊叹和瞩目的辉煌成就。作为一个年过半百的人，经历过这段影响中国人命运的特殊历史时期，回顾往事，感慨颇多。

初一文化十年农龄的大专学生

轰轰烈烈的“文化大革命”开始之时，我正读初一。那时还不满13周岁，是班里以至全年级年龄最小的学生，同时，我恐怕也是班里甚至是全年级学习最优秀的学生之一。“文化大革命”运动来势凶猛，记得初一的学年考试都没安排就停课了。时断时续地搞了两年所谓的“复课闹革命”后，1968年8月前后，学校发给一张“还下乡青年介绍信”，交到生产大队，就算结束了学业，以“还乡知青”的身份加入到了生产队社员的行列中，一干就是10年……

1977年8月8日，邓小平同志关于决定恢复高考的讲话，犹如一声全面改革之前的响亮号角，划破沉寂的夜空！

消息传来时，第一感觉就是这事离自己太遥远，或者说就是不沾边。从时间上说离考试也就剩一个月左右了。当时我正在公社的创业队（即公社从各村抽调青年劳力统一用于完成农田水利等工程任务）劳动。

一天，一位伙伴提醒说：“你咋没去报名啊？”

我回答得既低调又简单：“我哪行啊！”

“全公社都报了70多人了，他们都比你强吗？”

这一反问像是点中了我的穴位！是啊，要说掂量自己的绝对水平，我真不清楚，只知道自己初一没全读完。但要论相对水平，从全公社拿出70多人来让我跟他们比，我不一定排在末位。因为当时在创业队的百八十个青年中，我大致也算得上是半个秀才吧！在这之前一两年，《铁岭日报》上还刊登过我写的信息报道呢（当时我正在开原的一个建材厂做临时工，报道写的是这厂里的事）。

在这位伙伴的有效“煽动”下，我回家向父亲提了此事，父亲也只淡淡地应了一句：“那就报呗。”于是给了我五角钱的报名费。

然而，初次报名受阻。有关人员以学历不够为由干脆予以拒绝。后来，好说歹说，总算恩准了。

说起备考，也只能在劳动之余。仓促应战二十几个夜晚之后，于12月1日走进考场。考试结果：成绩进了体检线。虽然榜上无名，但总算是沾了边儿。鉴于此，第二年我报名应考。这次，我以超过录取线7分的成绩（当年辽宁专科的录取线为280分）被阜新师专录取。可以肯定地说，像我这样只读过初一的六八届初中毕业生并且没担任过教师（含民办）的这一茬人中，从农村一线考入高校是极为少见的。

班级第一　全市第一　全省第一

远离课堂十几年后再进校园学习，犹如梦境一般！此机会之于我，真乃不可得而得之！自己极为珍惜这从天而降的好时机。入学后，肯吃苦、狠用功，盯住知识难点死啃不放，铆足了劲儿一心想学好。功夫不负苦心人。第一次考试就取得了班级第一名的成绩。在第一学年度荣获了“三好学生”称号。

1980年毕业后，被分配到紧邻郊区的一所完全中学：阜新市第五中学。怀着报答党、社会和国家的强烈愿望，自己努力尽到人民教师的职责，工作上任劳任怨、服从安排，把全部身心都用到了带班、教课上，扎扎实实打好教学基本功。

我教的八二届高中1班，40多名学生分布在城乡结合部的几十平方公里范围内，为了全面了解学生情况并争取家长对班主任工作的配合与支持，共同教育好学生，我利用寒暑假骑着自行车访遍每一个学生家庭；业余时间学校统一组织为学生补课所得的补助费，我用来买了学生用品送给各班，对此学生们都深有感慨。为了鼓励学生学习，我把学校颁发给我个人的奖品奖给了班级学生。为了建立良好班集体，特别注意做好每位学生的思想工作。

在教学方面，虽然自己经验不足，但我严格要求自己，引导学生扎扎实实学习功课，注重让学生掌握好基础知识，这届学生毕业时，也就是我参加工作的第四个年头，就取得了所教学科（政治）高考成绩名列全市普高第一名的优异业绩。这一教学成果是当时主持工作的杨树森校长从市教育局林忠孝科长那里得知后在全校教师大会上宣布的。

1991年，我被抽调到海州区人事局工作，1994年任区编委办与（区人事局合署办公）副主任。1995年初，由于工作需要，又被调到市人才中心任信息科长，从事综合材料工作，其中信息宣传是一项主要任务。在单位领导的重视下，经过扎实努力，在自己撰稿和广泛进行组织发动等方面狠下工夫，从而使这项工作连续两年获得全省人才系统第一名成绩，本市有3个县区在全省（共100个县区）进入前10名，全市此项工作在整体上明显处于全省前列位置。从第三年开始，单位领导出于其他考虑，主动放弃争第一的要求，退而求其次，继续保持省内先进位次。

再次闯关充电拿下学士学位

参加工作后，自己深感作为中学教师仅有专科学历是远远不够的。业内有句行话：要想给学生一碗水，自己得先有一桶水。我一直在苦寻深造的机会。终于，1984 年春，在《光明日报》上获悉东北师范大学面向东北三省及内蒙古兴安盟公开招考本科函授生（据说这是东北师大首次面向社会公开招考本科函授生），并告知，如专业课成绩优秀、外语成绩及格、论文及格，即可授予学士学位。

这个消息，让我感到特别的兴奋！一是对东北师大的较高层次感到理想，二是还有机会争取学士学位，可以再拼搏一次，检验一下自己掌握知识的能力（特别是经历“文化大革命”之后，学外语在当时是很难的）。经过大约两个月的应考复习和严格考试后，我被东北师大录取了！首次面授期间，对于到底还学不学外语有些犹豫不决，毕竟难度太大！经过反复考虑，最后还是决定试一试。经过 1010 天的奋力拼搏之后，终于以 80 分的成绩闯过了这一外语难关！

然而，其中的艰辛是很不寻常的。当时面临的情况是，年龄——31 周岁；英语基础——为“零”，连 26 个字母都认不全；业务和学习负担——既要干好工作、教好课，又要学好专业课，东北师大的函授管理是很严格的，专业课成绩达到优秀已不容易；家务负担——孩子即将出生，爱人上班路很远，每天骑车往返约 15 公里，走的早回来的晚，租一间房住……花费精力的事很多；学外语条件——只有教材，没有参考书和习题答案，做完作业不知对错，没有人辅导。

音标学习是我的小妹妹在等高考录取通知书那段时间教我的。读课文和生词的录音磁带是到了第二学年时学校才提供的。所用教材为复旦大学组织编写的全国高校文科统一教材。那年 9 月底，孩子出生，我伺候了妻子两周，刚学的那点东西几乎忘光了。记得有一次在办公室里，当我把所面临的学习任务、目标及难度情况等向教英语的同事李老师描述完之后，他感叹地说了一句：太渺茫啦！

在那三年里，我把工作以外所有能利用的时间差不多全用上了。校内“百树园”里、校园南墙外、校园西侧的农田里……到处都留下了我读书学习的身影，几本英语书由于经常曝于阳光之下翻看，褪色如古书一般。每天凌晨 3 点闹表一响就起床，向自己确定的赋予象征意义的固定地点跑个往返（4000 米左右）再学习，冬夏从不间断。在做家务时，我用粗笔大字将英文段落或单词抄在硬纸上置于身旁，用心用脑读，借以充分利用时间。第一学年结束后的那个暑假在铁岭面授时，我偶然发现同学手中有第一册英语教材的习题答案书，便借来利用课余时间全部抄下来，为赶时间，顾不得休息，手指都累得不听使唤了。

苦心人天不负！经过不懈努力，我以专业课、英语和学位论文全部优秀这一成绩，获得了梦寐以求的学士学位。其实，这本学位证书里体现出的，更多的是一种情结，一种对知识的渴求，一种征服难关的愿望，是失而复得的学习机会来临时对个人学习能力的一种检验，是人生旅途的一种特殊历练。

从副主任调研员到政协委员

1996 年，我参与完成了《阜新地区 1996—2010 年人才资源开发战略规划研究》，荣获市政府科技进步一等奖；先后多次有二三千字的文章见诸《辽宁日报》《中国人事报》《组织人事报》《干部人事月报》《阜新日报》等报刊。

2003 年，我获得高级经济师专业技术职称；2004 年 3 月，由科长提为市人才中心副主任。2007 年 8 月，提为副县级调研员。2007 年 11 月，被推选为阜新市第十届政协委员，并代表所在的民主党派（中国民主促进会）市委会撰写了《加强人才工作推进经济转型》的发言材料，在市十届政协第一次全体会议上作大会发言，受到领导和各界的广泛好评。2007 年下半年，参加了阜新市社科联、市经济师协会联合组织的《当代经济师知识手册》人力资源管理部分的编写工作。该书已由中国经济出版社出版，为辽宁省社科联 2007 年度研究课题。2008 年 4 月，被阜新市公安局聘为“警风警纪监督员”，又担负起一份光荣的社会责任。

在人类历史发展中没有“如果”！故本人也不宜设想如果不是因为“文化大革命”致使我刚刚开始的学业就被荒废，如果我能读完初中高中，我会考入一所什么样的大学、成为一名怎样的人才，会对国家和社会作出怎样的贡献，这一切都没法想象和猜测！

是国家领导人以非凡的胆略和气魄，冲破重重障碍，毅然决然作出的恢复高考这一重大决策，并亲自挥笔改写招生的政审标准，使我从一个青年农民、还乡知青，成为一个合格的甚或优秀的人才，对社会和国家起到了比一个普通农民更为重要的作用。站在社会的角度审视这一改革政策，从当时说，使国家少了一批农民、工人或其他劳动者，而多了一批有用之才；从长远说，是将我们国家的人才选拔方式从歧途中拉回到正轨上来！结束了培养“白卷先生”的历史闹剧，使合格的、优秀的学苗得以到高校深造，保证了党和国家事业发展所需的优秀人才如源头活水，永不枯竭。

（作者曾任阜新市政协委员）

赖邦凡　从一名建筑工人成为一名大学生

1978年不但是中国历史划时代的转折点，也是千百万中国青年的人生转折点。国家在这一年年底决定全面推进改革开放政策。而在这之前率先在教育领域恢复了已中止10多年的高等教育考试，接连在春、秋两季举行了1977级、1978级两届高考，使全国几十万有志青年通过考试，圆了自己的大学梦。在恢复高考的机遇面前，我有幸抓住了它，从一名下乡知青、建筑工人成为一名在校大学生，接受到了梦想多年的正规高等教育，并能够在大学毕业后为社会多做一点工作，也体现了更大的自身价值，我因此特别感谢当年国家及时恢复的高考。

在那特殊的时代背景下，我同许多人一样，有了参加高考“过五关”的不寻常经历。因此，当年参加高考在我心里留下的记忆也就特别深刻。时至今日，我仍对当年的高考生涯记忆犹新，许多情景仿佛就发生在昨天，依然那样清晰可辨。

迈过心理关

我清楚地记得，那年我们参加高考首先迈过的第一关是心理关，不是接受心理考试或心理测试，而是首先要在自己心里建立起信任和树立起自信。因为在1978年恢复高考以前，一些大学经过“文化大革命”停办，已经恢复办学有几年时间，但那时的学生不是通过考试录取，而是由基层组织层层推荐产生的，如此一来，推荐入学很快就弊病丛生，拉关系、走后门、滥用职权、以权谋私、行贿受贿、贪污腐化问题十分突出。推荐入学事实上成了产生腐败的一大温床，人们对此十分不满而又无可奈何。因此恢复高考的消息传来，人们无不发自内心的拥护，但在见惯了前些年的推荐招工、推荐当兵、推荐上学以后，许多人对刚刚恢复的考试入学最初都是持一种怀疑、观望态度，对能够真正实现公平竞争尚未抱多大希望。我最初也是这许多人中的一个，渴望着上大学，但又觉得自己毫无背景，上大学早已是梦里看花，属于可想而不可即的事，因此对 1977 级的全国第一次高考，我根本就没当回事。我的思想发生改变，最终决定准备高考，是在 1978 年的 2 月份。1977 级的新生录取已经揭晓，看到一些同样无背景的人已经凭成绩考上了大学，我才真正相信上大学已变为公开、公平、公正的竞争，于是才下定了认真准备参加 1978 级高考的决心。

那时候，下决心参加高考不易，真正准备高考则更难。教材难找、老师难觅和工学矛盾都是我们必须自己克服的几道难关，作为初 65 级的毕业生，我只在“文化大革命”以前接受完初中教育。因此一旦动手使我迅速恢复平静进入了考试状态，这些老师的言行后来一直让我感动，我与他们并不熟识，却得到他们满腔热忱的关怀，我从他们的行为中看到了师德之高贵，也受到了如何对待别人的教育，这些感受后来对我的思想观念都有积极影响。

期盼着的成绩通知单

笔试结束以后，我的高考生涯才告了一个段落，我同所有考生一样，这时才算松了一口气，逐渐恢复了以前的生活，接下来的日子除了每天上班做工，就是心里期盼着获知考试成绩。在 8 月 20 日那一天，县招委公布了考试成绩，将初定上线的考生及考分张贴在荣昌县人民政府的外墙上，同时告诉考生可以复查自己的成绩，还支持大学揭发招生中的舞弊行为，立即引来无数人关注，从那年公布的成绩看，由于当时各种条件限制，使得1978级的考试成绩远没有现在高考的成绩好。1978级所划出的最低分数线不过区区270分。重点分数线也不过340分。我仅仅351分的成绩就已名列县里文科考生的前列，我当时对自己的成绩一边是尚不满足，一边是还不敢完全相信这是准确的。直到自己去县委会拿到了考生个人的考试成绩通知单了，我才相信这是准确无误的。

漫长的等待

得到高考成绩以后，接下来的程序自然是填报志愿了，这同样是一个难题，而对报考志愿表，看着资料上密密麻麻的招生高校及专业名称，我为确定自己的3个重点、3个一般志愿颇费了一番踌躇，好久都举棋不定，迟迟不敢落笔。现在回忆我们当时的心情，大概同现在的考生也差不多，只是绝没有现在考生的心气高，绝没有非进某高校、某某专业不去的勇气。但唯恐考虑不周，造成录取落败或选择不当的患得患失想法还是很多的，害得亲戚、朋友都来关注我，有的还专程来家里帮我谋划。最后，我在大家的参谋下，根据自己的历史考试成绩最好而确定了第一志愿，重点大学——四川大学历史系；一般大学——西南师范学院历史系。

交出志愿表以后，接着是一段更难耐的等待时间。那时觉得等待时间特别长，实际上只在10月国庆节以后，前后不过一个月时间，就开始传来有人已陆续收到录取通知书的消息，这使我更觉坐卧不安。每天从工地回家，都希望邻居能立刻转交给我一封挂号信，但一连好几天我都失望了，我甚至有些担心是不是邮局出了差错，幸亏最终在10月10日的傍晚，我刚一进家门邻居就告诉我："你有一封挂号信！邮递员没见到你本人就没投递。"我立刻就着急了，既顾不得没吃饭也顾不得天已晚，连忙就打听着到了邮递员的家里，他也十分理解我的心情，马上陪我去邮局，从柜子里取出那封挂号信交给我，我立刻感到这封挂号信的分量是那么重，因为不用拆开信件，仅凭信封下角的"西南师范学院"字样，我就知道我已经被西南师范学院录取了！

凭着收到的这份录取通知书，我到居委会、派出所去办理了户口迁移证明，又到粮食局去办理了粮、油、副食品关系转移。规定的入学时间快到了，我开始收拾必要的东西，捆成简单的行李，做好了入学的一切准备。1978 年 10 月 29 日晚上，我带着所有证明和这些东西离开家乡，乘火车经过重庆抵达北碚火车站，再乘坐接新生的校车到达学校。虽然路上一共用去了 10 多个小时，按理该感到很累，但我却非常兴奋，没有一丝丝倦意。10 月 30 日下午，我如期在学院的新生报到处报到注册，完毕手续后立即将西南师范学院的校徽别在胸前，这白底红字的校徽标志着我的大学梦想终于变为现实了。

（作者曾任重庆市政协科教文卫体委员会主任）

赵春杰　**农村娃成为博士生导师**

没有什么能像改革开放这样彻底地改变着中国，改变着每一个中国人的命运，改变着每一个中国人的生活。

1960 年 4 月，我出生于吉林省农安县的一户农民家里。父母养育我们 6 个孩子，我排行老大。父亲是小学民办教师，挣大队工分，可那年头全国都一样，给教师打白条，父亲一年到头拿到家里的只是大队给的一张欠条。母亲是家庭妇女，家里生活每年就靠母亲养鸡、养猪艰难维持。我的整个童年记忆虽然也有和小伙伴们在一起玩耍时的欢乐，但更多的是家里的困难环境。

每当回忆起童年时的生活，心里都很不是滋味。挨饿时吃草根，挨冻时手脚溃烂，一桩桩、一件件，很是心酸。记得一次回家向妈妈要 5 元钱学费，妈妈东家借西家借也没有借到，并不是谁家都这么穷，而是我家太穷了，别人不敢借钱给我们。那一日妈妈抱着我哭得是那么伤心，那一次我一路哭到学校……

家里虽然困难，但我一直刻苦学习。1977 年恢复高考，我更充满了信心。1979 年，在恢复高考制度的第三年，我以优异的成绩考取了沈阳药学院，成为家乡恢复高考后第一个考上大学的农村娃。之后，我的二弟考取了吉林工学院，我的三弟和四弟也陆续考上了沈阳药学院。家中 6 个孩子中的 4 个男孩都考上了大学，而 2 个女孩为了家中生活却过早地嫁人了，时至今日父母还常常在嘴边念叨对两个女儿的愧歉之意。

记得上大学来沈阳报到的那一天，我只带了一床被褥，身上只穿一套妈妈手工做的黄军装，接站的老师、学生一看就知道这是穷人家的孩子。靠着学校每月15元的甲等助学金，靠着同学的帮助，我度过了4年的大学生活。

1983年7月大学毕业，凭着4年的优异学习成绩，我有幸留校任教，成为一名大学老师。由一个农村娃成为大学老师，我做梦都不敢想。

从我当大学老师的第一天起，我就把这种感谢、感恩之心全部地倾注在事业上。我主动要求给学生当班主任，先后义务地给53期药分班、56期药分班、66期日语二班和70期理科基地班当班主任，共计17年。把全部的心血倾注在学生身上，努力以自己的师德、学识影响和感染学生。深入地做学生的思想政治工作，宣传十一届三中全会以来党的路线、方针、政策，以自己的成长过程和亲身经历，培养和教育学生为共产主义奋斗的远大理想。

和学生家长建立联系，沟通他们子女在校的学习情况和政治思想表现，为培养学生共同努力。同时，利用休息和假期，到药厂、药检所、防疫站等相关单位进行联系，指导学生到单位进行社会实践和社会调查。开展科研训练，建立了以教授、博士生导师和学生双向动态选择的科研训练基地，采取1周、3周、7周的递进式训练方法，使学生尽早了解专业领域，尽早在专业老师的指导下从看、学，到做。尽早接触科学前沿，明晰本学科发展动态；培养学生的独立性、合作精神、创新精神、创新能力、应用知识和自我学习提高的能力，激发学生学习的主动性，实现全面发展。

我深深地爱我的学生，在教与学的双边活动中，这种爱是互相促进、共同增益的。56期药分班的一名同学经鼓励考取了协和研究生，他在给我的信中写道："老师，真的谢谢您！"就这么短短的7个字，却字字出自学生内心。

66期日语班的一名同学被从日语班分流出来后，无法面对甚至产生过轻生的念头，在听了我分析出的优势后，深深地给我鞠躬，并在大四毕业时，顺利考上了研究生。

在我获得学校青年科技标兵称号时，66 期日语班全体同学给我送来了精心制作的书匾，上面写道："不觉间您已和我们共历了一年的岁月轮转。一年多来，我们已经习惯了您温煦和蔼的微笑，无微不至的关怀，也读出了您殷殷的爱护和挚切的希望。您以师者的智慧指导我们学习，引领我们思考，又以长亲的慈爱关注我们成长，帮助我们前进。在这万灵重生的美好季节，得悉您致力的研究大有所成，我们的心里溢满无比的欣喜和自豪，此时，我们要用最热烈的声音告诉您，老师，我们永远爱您！"

作为教师，有谁能不为这样感人肺腑的语言所激动？

我和学生曾一起度过许多个元旦，做游戏、包饺子、讲故事、聊家常，最难忘的要数世纪之交。我们一起聆听了新世纪的第一声钟响，一起守候着新世纪的第一轮朝阳。那一刻，我们的心，我们的情，我们的思想，我们的感动，都汇集在一起。没有了师生的界限，没有了年龄的阻隔，有的，只是 32 份火一样的感情，只是 32 颗跳动着一个声音的心灵！有许多学生到过我的家，他们喜欢吃我和夫人做的饭菜、喜欢教我女儿。

记得一次 66 期日语二班全班同学都来我家了，他们有的看电视、有的看录像、有的上网、有的打牌、有的聊天，学生们尽情地、轻松地、愉快地玩了一天。看着学生们津津有味地吃着我和夫人精心准备的晚餐，我们两口子打心底露出了幸福的微笑。

我也曾无数次组织学生攀登千山、凤凰山、棋盘山，游植物园、鸭绿江，参观抗美援朝纪念馆。让学生深深地体会我国改革开放以来经济发展的迅速，感受祖国秀丽河山的壮美，珍惜我们和平年代的美好生活。青春灵魂融入在绿水青山里，欢乐的笑语回荡在蓝天白云间。

活动需要有经费，我积极和企业联系，得到了沈阳红旗制药厂、辽宁康博士制药集团、沈阳东陵制药股份有限公司、辽宁卫星制药厂的大力资助。特别是辽宁卫星制药厂还为 70 期理科基地班设立了校内人均奖金额度最高的"辽宁卫星奖学金”，每年奖励 10 名，奖金 2 万元，连续奖励 4 年共 8 万元，解决了理科基地班生活困难品学兼优学生的后顾之忧。

一次，66 期日语二班班长来找我，说晚上开班会要我一定参加。一进教室同学们一起唱起了《祝你生日快乐》这首歌，巨大的生日蜡烛映红了每一个人的脸。

一个同学跑过来献上了 31 朵鲜花，轻声对我说：“老师，今天是您生日，祝您生日快乐！”

那一刻泪水模糊了我的眼睛，由温馨和真情装扮的教室，轻轻跳动的烛光诉说着无尽的师生真情，飘扬四周的乐曲表述着无限的师生关爱。这有声无声间，师生深情的气息弥散在每一个人心田，凝结为永恒的风景，永远的回忆。

每年的教师节都是我们做教师最幸福的日子，我的感受更深。亲手折叠的五彩星星、精心制作的各种贺卡，每一件礼物都是学生们用心挑选的真诚祝福。70 期理科基地班同学送给我的“心血育英才，桃李满园开”锦旗更是别具匠心。

到 2008 年 8 月，我在教师这个岗位已经整整工作 25 年了！不经意间 25 个年头就要过去了，时间飞逝，岁月如梭。25 年来，每当我听到或看到曾经教过的那些学生的消息时，心中都不自觉地升起一种自豪感、幸福感、成就感！那些可爱的、调皮的、生动鲜活的面孔就在眼前！

25 年来，我一直承担着本科生、成人教育学生、研究生等不同学历、不同层次的教学工作，并多年从事执业药师资格考试的考前培训及执业药师继续教育工作。除在校内授课以外，曾到过郑州、安阳、华阴、兰州、长沙、拉萨、石家庄、淄博、太原、北京、哈尔滨、长春、鞍山、丹东、本溪、铁岭、抚顺等地进行讲学，特别是北京，从 2000 年开始一直在那里进行执业药师考前培训。粗略计算一下，听过我授课的学生已达几万人了。在我的商务通里，有联系的学生就有 3200 多人，真可谓桃李满园了！

25 年的大学教师生涯，在人类历史的长河中只不过弹指一瞬，白驹过隙。“谁言寸草心，报得三春晖”，在茫茫人海中，我只不过是一介微粒，一棵小草。

我，一个昔日的农村娃，在党的教育下逐渐成长为一名大学教师，从助教、讲师、副教授、教授到博士生导师。

我是党的恢复高考制度、改革开放政策的受益者。没有改革开放，就没有我的今天！

（作者曾任沈阳药科大学药学院副院长）

赵亚洲　自学考试给我插上腾飞的翅膀

回首往事，“文革”初期我下乡插队当知青农民；又在改革开放初期，以不足初中一年级的文化水平，通过参加江苏省自学考试改变了人生际遇；直到现在，我成为一名市政协委员、市统战干部，并获得了许多荣誉。

政策来了，为没有条件读书的人提供机会

20 世纪 50 年代初期出生，“文革”前在城市生活的这代人，人生道路充满坎坷和辛酸。许多人在青少年时期，应该学文化的年龄，却没有上学的机会，而要离开家庭，单身去农村接受贫下中农再教育，去干重体力劳动，依靠在生产队挣苦工分养活自己，长时间地过着比当时当地农民更加困难艰苦的农村生活。在我们上有老下有小的壮年，国家和社会又要求我们有知识、有文凭、有职称证书和上岗资格证书，于是我们又在繁重的工作岗位上，去寻求不脱产的读书途径。

江苏省在 1983 年下半年，落实了国家的自学考试政策，开始举办自学考试，为那些命运坎坷、没有条件或没有机遇进入有围墙大学读书的人们提供了机会。他们求知若渴，又不满足当时的生活现状，想摆脱困境或想得到更高层次的发展，来提高自身素质，需求得到一纸能证明个人有真才实学、含金量较高的学历文凭

证书，得到国家和社会的认可，谋取一个施展才智的工作岗位。正是自学考试为他们搭起了一座楼梯、架起了一座大桥，通过一套比较科学的考试程序，帮助走自学成才道路的人，接受到高等教育，以较少投入，获得高校自考文凭。

我就是这些人中的一个。在求学无门时，抓住参加自学考试的机遇，通过 12 年的努力，完成 54 门课程，我从工农出身、原有不足初一文化程度学历的上过河工、种过田、扛过大包、拉过平板车、做过炊事员的，一个干了 18 年繁重体力劳动的普通工人，逆转成为一名具有自学能力的掌握中文专业、财会专业等科学文化知识的复合型人才，享受到国家公务员待遇的市政协委员，荣获市级劳动模范、市扶贫促小康工作标兵、“江苏十佳自考生”等称号的淮安市市级机关党政干部。这些发展变化，都得益于自学考试给我插上了腾飞的翅膀。自学考试与我的感情，是令人难以忘怀的；我的自考经历，是闪烁着我人生一段最光彩乐章的往事。

考完 54 门课程　圆了“大学梦”

我是江苏省淮阴市（2001 年初更名为淮安市）自学考试南师大汉语言文学专业（以下简称中文专业）的本科毕业生。1952 年 11 月，我出生于工农家庭，14 周岁时只有不足初一的学历（在校读书最后学历）。

1983 年 10 月，32 岁时在市三招食堂炊事员工作岗位上，报名参加江苏省自学考试，准考证号码：8300004，成为淮阴市首次举办自学考试的第四个报名者。1988 年 6 月，37 岁时，考完自考大专中文专业 13 门课程，以平均每门 71 分的好成绩，在市级机关汽车修理厂的会计工作岗位上，取得大专学历文凭，又继续报考自考本科考试，准考证号码：951010026。1995 年 6 月，44 岁时，考完自考本科中文专业 12 门课程，以平均每门 66 分的成绩，在市级机关行管局的会计工作岗位上，取得本科学历文凭，还获得自考南大的大专学历段经管专业 2 门单科合格证书。

我利用 12 年的业余时间，投入大量精力的价值是无法计算的，只投入考试报名费和教材费累计有1000多元钱，扣除单位在我取得自考文凭后发给的奖金，大专学历段500元和本科学历段300元，我参加自考实际支付费用才有几百元钱，在本职工作岗位上，考完自考南师大中文专业的大专、本科两个层次学历段的27门课程考试，每门平均成绩68分，自考本科毕业论文答辩考试成绩为“优”字等级。

特别是在自考本科层次学历段的1988年下半年至1995年上半年期间，我不但坚持考完自考本科的12门课程，同时，还在做好会计本职工作的情况下，又不脱岗地挤出时间，自学财会知识，分7次考完了不同形式的27门课程的财会专业知识考试，取得了会计职称和国家公务员身份，加上自考本科12门课程和2门经管课程，我在自考本科期间，合计6年时间内考完41门课程。如果再加上自考大专学历段考完的13门课程，那么我在参加自学考试的12年时间内，总计考完中文专业和财会专业的两个专业54门（自考中文27门和财会知识27门）大专以上课程，包含古汉语、古文选、高等数学、财会英语等高难度的课程。还在省、市刊物上发表文章62篇，其中4000字以上的文章就有6篇，成为热心调研自考工作、扶贫工作的“专业户”。我以惊人的毅力和坚强的意志，追求着知识，在工作岗位上圆了“大学梦”。

靠自学改变了人生际遇

我曾有在三区一县的10个（其中6个是乡村基层）单位工作的经历，变换过22个工作岗位。每个工作岗位的业务知识都需要进行在职自学，我不断学习新的知识、新的专业，努力成为业务骨干。拥有8年农民、8年工人、8年聘干、8年科办员、8年正科级主任科员、2年正科职务处长的工作经历，其中，前18年干重体力劳动工作，后来都做脑力劳动（含坚持在农村扶贫5年的工作经历）工作。

我是在14周岁那年，遇上了1966年5月开始的“文革停课闹革命”，没有读完初中一年级就失学了。因父亲生病，我和二姐两人替父顶班拉平板车，当过一年多时间的搬运工人，挣钱养家糊口。1968 年 12 月，响应伟大领袖毛泽东主席上山下乡干革命的号召，拿了 68 届假学历的初中毕业证书和下放证书，就下乡插队到涟水县胡集公社胡别大队，当接受贫下中农再教育的知青农民，4 年后户口迁移到淮阴县城南公社轮窑大队，继续当插队知青农民。在农村，多次当扒河治水民工，在砖瓦厂当过一年多时间的装窑农民工，还为生产队增加集体经济收入，在货运码头上做过苦力装卸工和拉平板车的农民运输工。

1975 年 12 月至 1984 年 6 月，我在清江市委招待所（地市合并后更名为市三招）做炊事员工人。1983 年 10 月，32 岁时报名参加江苏省自学考试。1984 年 9 月，我的 4 门自考成绩都在 70 分以上，由于成绩优秀，上级主管部门调我到市级机关汽车修理厂做会计工作。

1988 年 6 月，我自考大专毕业后，又经过一系列考试，先后取得会计员、助理会计师职称，还获得了全市会计知识大赛奖。市人事局在 1989 年 11 月，批准我为聘用干部。1990 年 10 月，因我在 1988 年 12 月，参加全市 13 个县区会计知识大赛时获奖，市级机关行政处（后更名为行管局）又调我任处财务科会计。1992 年夏季，参加省、市人事部门主考的大专学历层次的财会管理专业的“国家公务员录干考试”，考试合格后，成为国家公务员。1993 年春季，通过考试取得会计岗位的上岗资格证书，秋季取得会计师职称资格的财会英语合格证书。

1993 年初，市委、市政协知道我勤奋好学、认真工作，善于思考问题，常在省、市刊物上发表文章，具有一定的参政议政能力，于是政治上安排我为市政协三届委员（党外）。我的参政议政文章和委员提案都受到市政协表彰。1995 年 9 月，取得自考本科毕业文凭后，经市政协领导推荐，调到市委统战部办公室做秘书工作，后任科员、工商经济处副主任科员、经济处主任科员、干部处主任科员（其中：同时主持过民族宗教处工作四年、主持干部处工作一年半时间）。2007 年初，任中共淮安市委统战部经济处处长。近几年还是市政协五届、六届委员（党内）（1999 年 10 月入党），被市软建办聘请为淮安市软环境暨行风建设监督员。

1999年10月，市政府授予我淮阴市“劳动模范”光荣称号。2001年2月，市委、市政府授予我“九五”期间“扶贫促小康工作标兵”（享受市级劳模待遇）光荣称号。2001年3月，我取得市级机关层次上的“参评省劳模”候选人资格。2003年11月，江苏省高等教育自学考试委员会授予我“江苏十佳自考生”称号。2004年12月，市委宣传部、市级机关工委表彰我为“创建学习型组织先进个人”。2006年10月，市政府授予我“淮安市民族团结进步模范个人”光荣称号。

我在市级机关工作期间，积极参加各种形式的提高机关干部素质的考试，包括在2001年的市级机关科级干部的竞争上岗考试和2002年县处级干部的政治理论水平考试，都取得了较好的成绩。在市级机关干部在职自学评比中，我多次被评为“优秀”等级，并受到单位奖励，成为一名学习型的党政机关干部。

攻城不怕坚　苦战能过关

我在1983年11月，首次参加两门课程的自学考试，就取得了哲学75分、中共党史71分的好成绩。1984年上半年，取得逻辑学85分、现代汉语73分的好成绩。1984年下半年，取得文学概论72分、中国现代文学作品选60分的好成绩。

我一路逢关斩将，勇往直前，奋战在自考形式的战场上，以“坚持、挺住、苦读、研考”的“八字”自学精神，坚信能坚持到最后，就能取得自考成果。政治信念就是学习周恩来精神，为振兴中华而学习。动力是弥补因“文革”原因造成我在年轻时期没有机会读书而造成的遗憾，一定要圆上大学的梦。还有就是在年轻时干苦力活期间，磨炼出的能够艰苦奋斗的坚强毅力。正是这些信念、动力、毅力，支撑着我度过完成自学考试学业的整个过程。

我在长期坚持参加自学考试的过程中，脑海里经常浮现出我在农村生产队当知青农民的八年间，靠辛勤劳动挣工分养活自己所经历的艰苦劳动生活的情景；浮现出我为了多挣工分和争取贫下中农、农村干部，以便使我有招工回城当工人的机遇，而常年坚持不畏惧艰难困苦，拼命干农活的情景；浮现出那些在极其艰苦的生活环境下，经常以玉米面、山芋为主食，吃没有油盐、没有菜的粗杂粮稀饭，有时还吃不饱肚子，只好咬紧牙关，勒紧裤带，还要长期坚持在农村干革命的情景；浮现出我肩上压着沉重的粪桶担子，下田施肥的劳动情景；浮现出我在寒冬腊月，为生产队积肥，赤着脚站在冰寒刺骨的河塘中，使劲地挖起淤泥，拼命地向岸上摔的情景；浮现出当扒河治水民工时，顶着寒风推着沉重的独木轮泥车，发狠使劲地从河底把沉重的泥车推上河滩的情景；浮现出生产队为了增加集体经济收入，连续多天安排我在大运河码头上做农民装卸工的情景；浮现出我冒着酷暑天气汗流浃背地肩扛 200 斤米包，歪着头，咬着牙，睁大了两只眼睛，紧张地望着脚下的跳板，一手叉住腰，一手拿着计数的竹签，同时还要用三个手指抓住米包角，挺住腰板，两腿撑着劲，一步步地从大运河上铁驳大船里的深舱中起步，走过多级跳板后，向上扛了 200 多米远，才扛到大运河的河滩上，把米包扔上粮食转运站高高的货堆顶的艰辛情景；浮现出烈日当头，我在拉着重货物平板车时那种弯腰蹶腚、蹬腿使劲爬桥坡的情景。

这些我亲身经历的艰苦劳动的场面，每当浮现在我的眼前就使我更加坚定了克服困难的决心，用我在干苦力活过程中磨炼而形成的不怕苦、不怕累的“苦干”精神和“拼命”精神，来激励我奋发向上，追求知识、追求美好生活，圆我“大学梦”的坚定意志。

我常以革命老前辈叶剑英元帅的“攻城不怕坚，苦战能过关”和刘伯承元帅的“两军相逢勇者胜”的名言，作为我战胜自考过程中困难的座右铭，以此振奋我的斗志，坚定了我敢于拼搏、奋力进取、一定要完成自考本科学业的决心。克服了边工作边学习的困难，克服了住房条件差、学习环境差、家庭上有老下有小等生活中的困难，克服了社会上负面议论的心理障碍，探索出一个个走捷径的学习方法，熬过了一个个挑灯夜战的不眠之夜，下了苦工夫，才拿到了一门门自考好成绩。1995 年 5 月，自考中文专业本科毕业论文答辩结束后，获得南师大何永康教授评定的“优”字等级成绩后，因力支持我自学的妻子患严重的肾脏疾病，需要我护理，我的自考生涯才告结束。

我还在参加自考中文专业大专、本科学历段和自学财会业务知识的同时，年年都能较好地完成繁重的会计工作岗位上的工作任务，有的年度公务员实绩考核，评为“优秀”等级，当选为先进工作者。

我挤出时间，运用以往学到的中文专业知识，学以致用，勤写文章，发表文章，搞好市政协委员参政议政活动，寻找调研题材来练习写文章，提高自己的写作能力，写好毕业答辩论文。1991 年 5 月至 1995 年 6 月，我在省市的 18 个刊物上发表文章 62 篇，其中，在省级刊物上发表了 5 篇。62 篇文章类别为：论文 23 篇、政协委员提案 12 篇、政协全委会《简报》10 篇、其他文章 16 篇，其中 4000 字以上的文章有 6 篇。

1995 年 5 月，南师大何永康教授（后任南师大文学院院长）在我面前，宣布了我的自考中文本科毕业论文答辩成绩为“优”字等级，还夸奖我不简单，从低起点的文化学历，通过自学，获得高层次大专、本科两个层次的学历文凭，使我真正感受到参加自学考试获得成功的喜悦。真是功夫不负有心人，有志者事竟成。

为自学考试鼓与呼

我在自考本科学历段时期，为了报答市自学考试事业对我的恩情，更好地发展市自考事业，让自考同路人获得更多的政府优惠助学政策，圆他们的求学梦，我运用市政协委员参政议政搞调研、写提案的政治条件，积极为市自学考试事业和广大自学考生利益鼓与呼。我的第一份提案、第一份调研报告的题材都是自学考试内容。

1993 年春夏季节，我自发地对淮阴市自学考试工作的状况进行全面调查，参考省内外市的自考资料，结合我市自考实际，提出问题，分析问题，提出搞好自学考试工作的建议办法。我以市政协委员名义，撰写了《关于制定鼓励公民自学成才政策的建议》，共计 11 页 7000 多字，还自费刊印多份，找关系寄发到市委、市政府、市人大、市政协四套班子的各位领导人和有关单位主要领导人手中，反映社情民意，为市自考事业呐喊。

我还在省、市刊物上，发表了调研自学考试工作的系列文章 10 多篇，提交市政协委员提案 2 篇。其中有一篇自考调研文章，成为市政协三届二次全委会的大会交流发言材料。我为促进淮阴市出台自考优惠政策倾注了满腔热情，感动了市领导人，得到了市委、市人大、市政府、市政协、市教育局、市自考办领导人的重视和支持，我在其中起到了呐喊促进、联系协调的作用。

1993 年 7 月 22 日，当时在淮阴市政府分管教育的副市长姜映梅还在我发表在《调研通讯》上的《建议进一步重视自学考试工作》一文的上方批示："请市教育局吴局长阅，并转市招考办公室主任阅处。有关建议可研究。"1994 年 11 月，淮阴市政府对市自考办拿出的关于加强自学考试的四条具体意见，及时以"淮政发〔1994〕272 号文件"下发。

淮阴市政协把我的《再次建议政府拿出新的鼓励淮阴市公民自学成才的办法》的 32014 号提案内容及办理情况，列入 1994 年《淮阴市年鉴》的政协篇中，占总文字的四分之一篇幅。市政协还在 1998 年 1 月，把我的有关自考 32014 号提案和发展经济的 31001 号提案，评为"政协淮阴市三届委员优秀提案"，两份提案内容，收录在《政协淮阴市三届委员优秀提案》文集中。

江苏省的《自学考试》刊物编辑部，很重视淮阴市政府对我的提案答复情况，并撰写了有关新闻文章，刊登在 1995 年的《江苏省自学考试》刊物的第 1、2 期上，其中一篇文章的题目是《淮阴市政府重视自学提案——将有重要政策出台》，作为头版头条新闻报道。北京等地的自学考试刊物，也曾转载过淮阴市政府出台的鼓励公民自学成才、培养本地人才明智举措的文章，在省内外产生很大的影响。

淮阴市政府在 1994 年 11 月出台自考优惠政策后，城乡掀起了自学热潮。短短一年时间，全市的自考生人数迅速上升，从 1.4 万多人猛增到 3 万多人。农村高考落榜生纷纷来到城里，寻找助学资源，社会助学也相应得到发展，自考事业发展呈现出勃勃生机。为本地培养出大批"永久牌"、飞不走的实用人才，在当时开拓了经济欠发达地区的自学考试工作良性发展的路子，事实证明自学考试事业有着无限的生命力和发展前景。

我还在纪念江苏省开展自学考试工作20周年之际，2003年11月26日，到南京市参加“江苏省高等教育自学考试20周年纪念暨表彰大会”，《新华日报》在当日“与时俱进在江苏”的栏目中，以较大篇幅介绍了我参加自学考试事迹，教育部考试中心主任、全国考办主任赵亮宏在主席台上和我握了手，并亲手授予我“江苏十佳自考生”荣誉证书。我还受到省教育厅领导和国家自考办领导的亲切接见，接受过多家新闻媒体记者的专题采访，使我感到十分荣幸。

从内心感谢国家改革开放的自学考试政策，为我提供接受高等教育的机会，圆了“大学梦”，把我从工农出身的干重体力劳动的普通工人，送到了市级党政机关工作人员的工作岗位上，有机会展示个人才华，留下参加自考12年的人生光彩篇章，验证了知识能改变命运，学习能创造未来的道理，以我自身的12年参加自考经历，深深地感受到国家自学考试政策的优越性。

自学考试是一项提高全民素质、对建设学习型社会起着重要作用的光荣而伟大的事业，是中国改革开放的伟大成果，希望自学考试的教育形式与人类的高等教育事业进步永存。

（作者曾任江苏省淮安市政协委员）

王克行　让中国百姓吃上鲜美的对虾

早在20世纪50年代末我读大学期间，从资料中得知日本人已进行对虾养殖，当时我国虾蟹类养殖尚属空白，我就想，日本人能养对虾，中国人为什么就不能养？从那时起，我便立志从事对虾养殖研究，理想就是要让中国百姓吃上人工养殖的对虾。20世纪60年代初我毕业留在山东海洋学院，担任海洋无脊椎动物养殖教学工作，即向领导提出了发展养虾业的设想与前景，得到领导的支持。但是这项研究的真正实践与推广，还是从我国改革开放开始。

成功研发育苗养殖技术

青岛是海洋科研的前沿阵地，我国的对虾养殖发端于青岛，伴随着中国改革开放的前进步伐，推广到全国。

1979年，我们与黄海水产研究所等单位共同承担了国家攻关课题——对虾工厂化育苗技术的研究，于1980年取得了重大突破，远远超过了日本的生产水平，达到世界先进水平。1985年，我们共同获得了国家科技进步一等奖，1988年，获北京国际发明博览会金奖和世界知识产权组织的金奖。

1987年受广东省水产厅的邀请，我带着一个研究生到海南文昌县（当时海南尚属于广东省）进行斑节对虾苗种生产试验。当时，海南受中国台湾养殖技术影响，一直采用虾池遮光育苗法。通过试验我发现，斑节对虾幼体并不怕光。于是我打破了传统的育苗池遮光的育苗办法，并采取室外大面积培养综合饵料的方法，与当地技术员一起日夜不分地在育苗池边观察、记录。经过 45 天的工作，培育出斑节对虾虾苗 360 万尾，相当于海南岛全部试验点 9 年产量的总和。

后来得知，当时海南请了三组人在不同点搞斑节对虾的苗种试验。一组是日本东京水产大学的，一组是中国台湾搞水产养殖的，还有一组就是我们，青岛海洋大学的。得知我们只用 45 天就培育出斑节对虾虾苗 360 万尾，日本人惊得直摇头，难以置信。因为他们在海南搞了两年育苗都失败了。我当时一边工作，一边讲课，培训地方技术力量，1988 年就将这一成果在海南迅速推开，当地报纸报道称，海南终于突破了斑节对虾育苗的难关。海南之行我没要任何报酬，只是带着珍贵的实验资料回到了学校。临行前，省厅和县上的领导为我送行，感谢的话说了一箩筐，还送了我一副字联，上书“克己奉公，行为楷模”。这 8 个字我不敢当，不过这些年来我一直用来要求自己、勉励自己。

奋力推广养殖技术

青岛及山东东部养虾业发展起来了，而西部黄河三角洲的养虾业却发展缓慢。为了推动该区域对虾养殖的发展，1986 年我开始将工作重点向西部转移，帮助胜利油田、垦利县等地筹划养虾业的发展并培训技术力量。

1988—1990 年，我到东营市垦利县挂职，任科技副县长，与地方领导密切配合，运筹养虾业的发展规划，指挥生产。我把办公室设在生产第一线，春天蹲在育苗场指挥苗种生产，夏天蹲在养成场指挥养虾生产，不分昼夜，哪里有问题就去哪里。虾农们都愿意和我聊天，把我当成知心朋友。在大家的共同努力下，垦利县养虾成为东营市对虾养殖的一个亮点。当时东营到处盛传，说垦利县有个副县长是个养虾大王。附近几个县区政府也邀我当顾问，我抽空便四处跑，帮助他们培训养虾技术人才，解决养虾中遇到的技术问题，从而掀起了整个黄河三角洲地区对虾养殖业的热潮。

在垦利，我还带着研究生与当地技术人员，根据当地的需求和地方特点，进行了利用地下咸水的热量进行亲虾越冬培育，并取得了成功。这一方法节省了燃料，减低了亲虾越冬成本。我听说当地野生的田菁籽中含有丰富蛋白质，便提出了以此作为对虾饲料原料的试验项目。通过试验发现田菁籽经过去毒处理后，可以取代部分大豆蛋白，并应用于生产中。这一成果获得了东营市科技进步三等奖。奖虽不高却带动了该县水产科学研究的积极性，传授了科研的基本方法，促进了当地水产科研的发展。

从 20 世纪 70 年代末在沿海大面积开展人工养殖以来，中国对虾养殖取得了举世瞩目的发展。从 1984 年起，青岛开始实行对虾放流增殖，沿海出现养虾热，至 1987 年，青岛郊区 42 处对虾养殖池面积达 10.74 亩，达到了对虾养殖业的顶峰时期，并掀起了以中国对虾为代表的我国第二次海水养殖浪潮。1992 年全国养殖面积发展到 13.867 万公顷，对虾产量达 20.7 万吨，平均单产 99.5 千克，成为世界第一养虾大国，并为沿海许多地方的经济繁荣、人民致富开辟了新路子。中国连续十几年创造了对虾总产量、总出口量、育苗量的三个世界第一。

我国成为世界养虾大国

日本对虾又叫花虾、竹节虾、花尾虾、斑节虾、车虾。我国北方本来没有自然分布的日本对虾，面对黄渤海中国对虾资源日渐减少的情况，我于 1992 年首次提出在黄海放流增殖日本对虾的可行性分析，并争取了课题，与山东省海洋捕捞增殖站等多个单位合作，于 1995 年首次在黄海的乳山市沿海进行了日本对虾放流增殖试验，主要是探索日本对虾在黄海中部的生长、栖息、索饵、洄游、繁殖规律以及定居情况。

我们培育亲虾和繁育虾苗，两年共放流日本对虾虾苗 1000 余万尾，放流后进行跟踪回捕调查，确定了放流日本对虾的移动范围及越冬场所，并于放流第二年在文登、乳山、海阳沿海捕到了成熟交配后的母虾，证明了日本对虾可以在黄海越冬和繁殖的推断。此后每年在黄海中、南部均可捕到少批量的日本对虾，取得放流增殖的成功。这一成果受到辽宁、河北及山东省水产部门的重视，在这几个省的日本对虾放流中都取得了很好的经济效益，如辽西海域日本对虾生产性放流的投入产出比为 1 ∶ 5.4。为此，该成果获得了山东省 1997 年科技进步三等奖。

正当我国成为世界养虾大国之际，1992 年在福建省爆发了一场死亡率极高的对虾白斑病毒病，该病在两年内传遍了全国沿海，使我国新生的养虾业遭受到巨大的损失，养殖对虾产量急剧下降。看到虾农因病害严重又无法控制而造成的破产，我感到十分内疚和痛心。我带领助手和研究生深入到东营市养虾场进行防病技术研究，为减少养虾业排污对近海的污染，防止虾病传播，进行了封闭内净养虾技术试验。经过两年的努力，初步探讨了对虾白斑病爆发与环境的关系及该病的传播途径，制定了封闭内净养虾技术，经试验具有较好的防病作用。

而后我又与垦利县水产局一起试验成功在重盐碱地区利用地下渗水养虾技术。根据盐碱地地下水的化学分析，得知地下水含钾量过低是造成虾苗死亡的原因，通过添加钾盐解决了死虾问题。针对盐碱地地下水含盐量大的特点，并根据对虾生长的需求，加入淡水调节到最佳盐度。这样不仅较好地解决了防病问题，也为重盐碱地的开发利用找到了一条有效利用的新途径。因盐碱地开发难度大，常规农业开发难以奏效。而渗水养虾独辟蹊径，开拓了盐碱地开发利用的新领域。20 世纪 90 年代，滨州、东营地区地下渗水养虾规模已达数万亩，成为山东省人工养殖对虾的主要产区，经济效益巨大，为此获得了东营市 2001 年技术进步特等奖。

打破全国养虾纪录

2001 年，我已是古稀之年。10 月份办完退休手续，我没有坐在家里安享晚年，而是与青岛市宝荣水产养殖公司首次在北方进行南美白对虾的工厂化养殖试验。所谓工厂化养虾就是利用工业手段，控制池内生态环境，为对虾创造一个最佳的生存和生长条件，在高密度集约化的放养情况下，投放优质饲料，促进对虾的顺利生长，提高单位面积的产量和质量，争取较高的经济效益。我设计了养虾池并与助手蹲在虾池边根据池水变化采取相应措施，最终取得了可喜的试验成果，打破了全国养虾纪录，亩产达 2.5 吨。这一成果已在青岛地区推广应用，取得了较好效果，获得了青岛市科技成果二等奖。

每年我还多次深入辽宁、河北、山东、江苏、浙江等沿海乡镇为虾农讲课，技术咨询、现场示范，传授推广对虾健康养殖技术。只要虾农遇到问题，不论严寒酷暑，我尽量去帮助解决，而且不收报酬。我还总结了一生的养虾经验和研究成果，撰写了专著《虾类健康养殖原理与技术》（科学出版社出版），编写了《对虾养殖》《实用对虾养殖技术》《虾蟹类增养殖学》等教材。《虾蟹类增养殖学》自 1997 年出版后，至今仍被国内水产院校作为教材使用。

中国对虾养殖业要实现健康可持续发展，要重产量更要注重绿色与安全。2004 年 1 月，农业科技跨越计划项目——对虾工厂化养殖与质量安全控制技术在青岛实施，我被聘为项目顾问，和黄海所课题组共同探索对虾养殖绿色安全之路。我参与了课题开发报告的研讨、工作计划的制订等，并下基层到各养殖示范点查看，了解研究项目进展情况和存在问题。遗憾的是因年事已高，不能蹲守养殖第一线，只能“顾”一下，“问”一下，出谋划策。当看到课题组把对虾工厂化养殖设施配套和水质控制等核心技术与非特异性免疫增强和营养强化、质量控制技术、病毒病快速诊断及综合防治等配套技术进行组装集成，形成了“对虾养殖与质量控制技术体系”时，我感到由衷的高兴。

现在对虾养殖已是我国海水养殖业中最具代表性的支柱产业，超过全世界养殖对虾产量的一半。我实现了年轻时的远大理想，看到对虾已成为平民百姓餐桌上的美味佳肴，看到虾农们因养殖对虾而过上了好日子，我觉得我这一生是有意义的，付出是值得的，也由衷感谢对外开放的好政策。

（作者时任中国海洋大学水产学院教授、博士生导师　孙丽君 / 整理）

郑伟安　攀登科学高峰的小木匠

艰难的自学之路

1968年，我从上海市长乐中学毕业，名义上是初中毕业，但因为1966年我初一的时候“文化大革命”就开始了，实际上只学了一点点语文和数学，初中的主要课程，比如平面几何、物理、化学等都没有学过。

毕业之后，因为我患有支气管哮喘，申请上山下乡没有被批准，班主任通知我安心在家等待分配。那时候觉得这样浪费时间可惜，又因为那时提倡学马列，于是我就开始自学哲学，从《矛盾论》《实践论》和艾思奇的《大众哲学》开始，一直到读了不少马列的原著。

过了一段时间，我遇到一个同学，他说他正在自学数学，高中数学已经学得差不多了。于是我也到旧书店买了高中教材开始自学，花了一年左右的时间把初中、高中数理化全学完了。一开始，我花了三个月就把平面几何学完了，之后想检验一下自己的学习成果，于是找了“文革”前的数学竞赛题，结果发现还是做不来。后来我在卢湾区图书馆借到了华罗庚先生写的《给青年数学家们》，这也是介绍自己怎么自学的书。我发现华罗庚也和我有一样自学的经历，在书中提到他自学起先贪快，学习效果不好，结果不得不从头开始学。于是我也从头开始学，这一次我改变了学习方法，每一个定理不是看懂它的证明过程就算了，而是合上书，自己重新再证一遍，过两周再回过来，看能不能再证一遍，这样就比较踏实。于是花了约一年时间，把初中、高中的课程，包括英语都学完了。

1971 年左右，我觉得可以自学大学课程了。那时候社会上学无线电很热，最初我给自己的定位是自学无线电，于是自学了微积分、普通物理、理论力学以及无线电专业的一些课程，差不多大学工科前三年的课程都自学完了。1973 年暑假后，我被分配在街道五金修理工场，干了半年，1974 年又转到街道房屋修建队担任木工。那时候我想继续自学无线电，但是一个月的收入只有 18 元人民币，学无线电要设备，购买实验设备的经济压力对我来说就比较大，所以决定转学数学，觉得学习数学这方面的压力可能会比较小。于是我把自己组装的一个半导体收音机卖掉，换来 10 元钱，买了大学数学书，开始自学数学。

那个时候，也没有大学系统的自学教材，我最初买的一批数学书中有几本来自复旦大学在 20 世纪 50 年代编写的一套教材，书后附录了大学数学系课程总目，这样我才知道了大学数学系要学习哪些科目，然后就据此寻找同名的数学教材。

那时候我为找书花了很大精力，只能经常跑旧书店，也不管是不是一个丛书系列中的，就是按照科目名称，发现一本买一本。现在我还记得，比如说我自学《实变函数》用的是吉林大学的教材，而《概率统计》就用了同济大学的版本。实在买不到的书，就去图书馆和阅览室看，我的《高等代数》与《拓扑学》课程，就是分别在卢湾区图书馆与上海图书馆学完的。

被华东师大破格录取为硕士研究生

1976 年初，我的一个堂兄看到了我的论文，他和华东师大数学系的程其襄先生是远亲，所以就为我引见了程先生，于是我就把我的论文给了程先生，请他指教。1977 年，在我一次去拜访程先生的时候，当时师大数学系教育革命组副组长郑启明老师也来看望程先生，我还记得他当时的样子，瘦瘦的，高个子，他翻看了一下我的论文，据他后来告诉我，他当时正好看到我论文后列出的参考文献，看到我引用了五种语言的专业文献，因此对我的论文很感兴趣。他问我是否愿意把论文拿到师大数学系再去给其他老师看看。我当然很高兴，程先生也表示支持。后来我听说，郑启明老师把我的论文给了师大数学系的老师，还寄到北京征求了中科院数学所专攻概率学的严加安的意见，最后得出结论是我的论文证明正确，其中有一些结果甚至是新的。

据我后来了解到的情况，华东师大最初考虑让我这个初中毕业生跳级读大学一年级，但是后来发现我已经掌握了大学数学系专业课程。那时候，复旦大学苏步青先生在与时任党中央副主席的邓小平同志谈话的时候，提到有不少被“文革”耽误了学业的年轻人通过自学成才，得到了邓小平同志的认同。苏步青先生获得特批，可以于 1977 年在复旦大学数学系组织考试招收研究生。因此，华东师大也有了准备破格将我招为研究生的打算。

一天，我正在屋顶干活铺油毛毡的时候，有人在下面叫我，说有大学的人来找我。我赶到房修队队部，华东师大数学系的两位老师告诉我，华东师范大学决定对我组织专门考试。两周后，我就在华东师范大学数学馆的一个小教室里参加了一场只有我一个人参加的考试。考试之后，华东师范大学数学系的老师告诉我，他们对于我的业务能力非常满意。他们把我的成绩上报到高教局，要求高教局批准录取我为华东师大研究生。

但是，当时还是 1977 年，学校工宣队到街道居委会调查我的政治情况，虽然我那时候已经在 1975 年加入了共青团，但据说因为我的家庭出身问题，录取就被搁置了下来。直到后来，一个偶然的机会，我的情况被当时卢湾区委的一位负责同志了解了。那时，区委正在调查区内社会青年的能力，这位领导同志了解到我能够用五种外语阅读数学专业文献，并完成了数学专业论文，还通过了华东师大组织的考试之后，在全区干部会议上点名表扬了我的自学，这样我才通过了

“政审”这一关。

虽然华东师范大学1977年冬季已经将我的详细材料上报，1978年2月又正式提交了报告，但有关部门认为对我的提前录取不符合规章制度，坚持要求我在1978年暑假后再重新参加统一考试。但是可能考虑到我的实际情况，华东师范大学校长刘佛年、党委书记陈准堤最后还是决定对我实施破格录取，让我在1978年春节后就进校报到，8月开始学习。而我的研究生资格最后是在1979年10月才得到有关部门批复事后确认的，总算同意把我列入1978年研究生培养名单，我才算不是“黑户口”。在这之前，我领到的学生证上只有我的名字，学籍栏一栏空白，而按照当时规定作为研究生的工资也只能从教工生活补助费中垫支，连拿的借书证都是受到限制的“临时借书证”。

立志去攀科学的高峰

也就在那段时间里，我作为青年自学者的代表，被选为上海市科学大会代表。1978年2月，上海市科学大会召开，会前我得到通知，要我准备做大会发言。我当时高度紧张，因为我那时还不到26岁。

在这次大会发言的都是学部委员一级的老科学家或者高级领导干部，只有我一个小年轻，要对着两万人讲话，几乎吓坏了，这是我从来没有过的经历。进会场时，之前采访过我的新华社的记者陈毛弟同志走过来对我说：“你这次不是代表你自己，你要想想，你代表的是很多像你这样，拼命想学习但是没有学习机会的人，你不是一个人发言，不要只想到就是你自己，你是代表了你们这一批人发言。”听了他的话，我才一下镇定下来，最后，我以《发扬攻关精神努力攀登数学研究高峰》为题，做了大约五分钟的发言。发言中，我说到我这样一个“小木匠”，却想攀登科学高峰。于是“小木匠”成了要跟我一辈子的“绰号”，不少媒体乃至师长、朋友见了我都称我为“小木匠”。

进入华东师范大学数学系之后，由魏宗舒和茆诗松两位先生担任我的导师，当时《测度论》《矩阵代数》等几门研究生必修基础课我自学的时候都已经学过了，就向导师反映不必再重新学习了，于是茆老师同意让我准备一个星期然后提前参加有关课程的考试，我的基础课就这样通过考试得以免修，让我腾出时间学习其他课程和从事科研。魏先生和茆先生的研究领域都是偏重数理统计，但是我的兴趣和特长是在概率论理论研究，虽然当时按照规定改变专业研究方向都需要经上级部门审批，但是在导师支持下，数学系同意我改变研究方向，而且破格让我作为华东师大代表参加全国数学年会和莫干山概率论暑期讨论班，让我在与同行的交流、学习中开阔视野。

1979 年，我在莫干山参加中科院数学所举办的概率论暑期讨论班。当时侯振挺先生提出，苏联里普采尔、雅里雅耶夫的《随机过程统计》中有两个定理没有给出证明，中科院的严加安就对我说："小郑，你冲劲很足的，这个题目给你，你去证证看。"我那时候也是毛毛糙糙的，先是找了个反例，随后给了个证明，结果和复旦大学的汪嘉冈老师交流的时候被他很快看出漏洞，第三次我又找了个反例，终于成立了，从而把两个定理都推翻了。后来我据此完成了《关于随机变量的条件期望序列的收敛性的注记》，我提出的这个反例被侯振挺先生推荐到了国际概率论研究的顶级杂志《概率论及其临近领域纪事》上，因为这两个定理很多书都在作为理论基础引用，所以我对这两个定理的推翻在学术界产生了较大的影响。

除了这篇论文之外，我在校两年还完成了三篇论文，都在 SCI 所收录学术期刊上获得发表，加上专业课程我都已经通过，1980 年 3 月，华东师范大学举行了我的毕业论文《关于鞅论的一些研究》答辩会，同意我提前毕业，这在当时也是破格的举动，上海《文汇报》都做了报道，还为此组织了专题座谈讨论，对教学改革的自主招生、灵活学制等措施进行讨论。应该说，我从来没想过提前毕业。所以在组织上让我提前毕业的时候，我是很惊讶的。我总是用一句话勉励自己：是党的好政策给了我"小木匠"今天的机会。祖国培养了我，我一定要为党的好政策争气。

34 岁的我被破格提为教授

1981 年底，在学校安排下，我作为华东师大访问学者，前往法国斯特拉斯堡大学进修。那时候，在与我一起获得出国进修机会的教师中，很多人都不相信自己真能出去。有人还说，怕在出国飞机上被叫下去说还有问题没查清楚。我对自己能出国也是不敢全部相信的，但我觉得我一定要利用这个机会向世界表明，中国政府的改革开放政策好，给像我这样愿意学习的知识青年们进一步学习的机会。当然出国一看，我懂得了，如果再不搞改革开放，中国与国外先进国家的差距就要被拉得更大了。

进修期原定两年，也没有拿学位的任务，我在法国的导师梅耶教授根据我在法国期间的表现，建议我在法国再多留一段时间，他愿意资助我取得法国国家博士学位。根据外事纪律我征求了中国驻法大使馆和学校的意见，大使馆他们非常支持，表示法国国家博士学位是法国荣誉很高的最高学位，当时中国人获得这个学位的只有十几个人，如果能够拿到是为国争光的事情。我给学校写信，华东师大也表示支持。于是我延长了半年在法国的进修，最后也没有参加有关的考试，1984 年 6 月直接参加答辩，破格获得了法国国家博士学位。

从法国回来后，我回到华东师大，为研究生讲授随机力学课程，这是国内首次开设这门课程，将概率理论引入物理。我当时带了两个学生，陈振庆、王嘉平，他们现在也已经 40 多岁，都已经成为各自领域中的专家了。1985 年我前往德国比勒菲尔德大学担任半年的访问副教授，随后受英国爱丁堡大学邀请担任 research assistant。当时我在英国的合作伙伴莱恩斯教授与我年纪相若，是当时全英国最年轻的教授。不过他在牛津大学攻读博士学位的时候，我正在街道房修队学木匠，而我被录取为研究生的时候，他已经在纽约大学进行博士后研究，如果不是改革开放政策，要我和莱恩斯获得合作伙伴资格是不敢想象的。我在英国原计划工作三年，考虑到华东师大的教学任务，我和爱丁堡大学沟通后，改为我在 1985—1986 年、1987—1988 年两个学年赴英国，中间有一年回到华东师大工作。

就在这段时间里，华东师范大学根据当时积极鼓励青年学者的政策，在我的工资标准、住房分配等方面都打破年资要求进行了倾斜照顾，以便让我专心于科研。我回国的时候，一下把我的每月工资标准定在 84 元，比很多比我大十几岁的老师都高。虽然没有正式评定职称，前往德国交流的时候，学校特别同意我以副教授的名义对外。那时候很多中年的老师都没有升教授，而 1986 年 1 月，34 岁的我被破格提升教授，这在当时（20 世纪 80 年代）可能是我国最年轻的大学教授了。当年 7 月，我又被国务院学位委员会学科评审组确定为博士研究生指导教师。

我对自己能被破格提拔为教授、博导的事，至今还对当时师大各级组织怀有非常感激之情。

（作者曾任华东师范大学长江讲座教授）

杨国桢　深情回望 1978

1978 年，神州大地发生历史性的大转折：真理标准问题的大讨论，中共十一届三中全会的召开，彻底否定了“以阶级斗争为纲”的错误理论和实践，开启全面改革开放的伟大历史进程。这一年，是现代中国改革开放的元年，带来全国经济社会的飞速发展、科学文化的全面繁荣、人民生活的极大改善。这一年，也是我个人生活和命运的转折点，借改革开放的东风起航，我成为改革开放的亲历者和受惠者。

学术积累的喷发之年

1977 年，邓小平同志恢复领导职务后，拨乱反正在全国各地如火如荼地展开，学术文化界开始重现新机。国庆节前后，我收到人民出版社的来信，告知该社恢复出版学术著作，拙稿《林则徐传》被列入出版计划，约我及早安排时间修改交稿。大概是在 1975 年，时任人民出版社政治部主任的范用同志来厦大，得知我在“文革”前穷搜史料和苦心思索，写了一本 30 万字的《林则徐传》书稿，几经劫难还完整地保存下来，他很感动，回京后提议列入人民出版社的出版选题。碍于当时“左”的政治标准（林则徐虽是民族英雄，但属于帝王将相、地主阶级，不宜立传），出版社建议我改写成一本字数10万的通俗读物。我感谢他们奖掖后进的苦心，但这一变动有违我原来写作的初衷，没有从命。粉碎“四人帮”后才一年，就迎来了出版学术著作的契机，怎不令我激动万分呢？从这年冬天开始，我在教学工作之余，全心投入，挑灯夜战，争取把失去的时间抢回来。

1978年，我38岁。说来惭愧，大学毕业当助教17年了，子女尚小，工资十多年不变，生活清苦。为了节省，我用没有格子的白纸来写作。人民出版社知道后，及时地寄来稿纸，并预付1000元的稿费（相当于当时一年半的工资），解了我燃眉之急。“追寻事实，记载历史”的使命感，使我多年潜修的学术积累喷发出来，用了半年多的时间，把改了又改的旧稿重新修订一遍；又冒着酷暑炎夏，汗流浃背，一字一字地把这部36万多字的书稿抄清。手掌抄肿了，中指结起了老茧，心情却十分舒畅，消瘦的脸上充满了阳光。党的十一届三中全会召开以后，人民出版社审稿完毕，表示满意，提出修改意见。我于次年春后奉命上京，住进人民出版社，修改定稿。当时一位知名的老编辑告诉我，“你是跨过人民出版社学术门坎的第一个年轻人”，鼓励有加，语重心长，令我对改革开放的新时代心存感动和感激。

《林则徐传》出版后，受到郑天挺、姚薇元、丁名楠、戴逸等前辈名家的激赏和读者的欢迎，《人民日报》《光明日报》《中国社会科学》均有评介。王震将军在休养期间读了这本书，于1981年11月28日在鼓浪屿宾馆召见了我，询问林则徐在新疆的事迹，回京后又在《红旗》1982年第1期上发表《学习中国近代史，发扬爱国主义精神》，提到了这本书。1984年，他陪同邓小平同志视察厦门经济特区，我有幸出现在欢迎的行列。这一切，都给了我巨大的鼓舞，坚定了我攀登学术高峰的信心和勇气。20世纪80年代，我以这本书为起点，陆续出版了《陈嘉庚传》（合著，获全国爱国主义通俗历史读物优秀奖）、《林则徐书简》《西海纪游草》（点校）、《陈嘉庚》《明清土地契约文书研究》（获首届郭沫若中国历史学奖）、《林则徐论考》等书，走进了学术的殿堂。1996年以来，为维护中国海洋发展的主权利益、经济利益、安全利益、发展利益，我又与时俱进，主编出版了《海洋与中国丛书》（获第十二届中国图书奖）和《海洋中国与世界丛书》共20册。

几十年来，我把所做的一切，看作是对1978年的感恩。个人的成长和国家的走向紧密地联系在一起，没有1978年的恩惠，哪有后来的学术之树常青呢？

改革开放的受惠之年

1978年，我和广大高校中青年教师一样，被评定为讲师，改善了生活和住房条件。讲师只是中级职称，如果不是多年折腾，早该解决了。用现在的话说，这是“迟到的公正”。但在当年，这是落实尊重人才、尊重知识的政策，贯彻邓小平“平均主义不是社会主义”思想的具体举措，使我们都有获得解放，“拨开云雾见青天”的感觉。

这一年，教育部批准成立厦门大学历史研究所，我调入该所工作，参与筹办全国第一家经济史专业杂志《中国社会经济史研究》。1982年1月，厦门大学中国古代史和专门史（经济史）两个专业，经国务院批准公布为全国第一批博士点。我走入厦门大学历史学科发展的快车道，努力拼搏，趁势而上，打破论资排辈，脱颖而出。1985年，我从讲师破格晋升教授。1986年7月，经国务院学位委员会第一届委员会第七次会议批准，我成为当时全国文科最年轻的博士生导师。从此，我牢记前辈与师长的嘱咐，担起承前启后的重托，走上为国家培养高级专门人才的岗位。20年间，我指导培养的博士，大多在高校或科研院所工作，成为独当一面的学术骨干，14人晋升教授、研究员，其中11人担任博士生导师。我还被聘为国务院学位委员会学科评议组成员，多次参与审核全国博士学位授权学科专业点与重点学科、复审全国优秀博士学位论文，评审教育部文科重点研究基地和重大科研课题，亲历和见证了中国学位制度及高校科研体制改革和完善的进程。

对外开放开启了中外学术文化交流的大门，我是学术边缘地区先得风气者。1979年5月，我得到第一次和外国学者接触的机会，在北京国际俱乐部出席美国明史学家访华团的交流报告会。1985—1986年，我首次走出国门，应邀到日本京都大学三个月、美国斯坦福大学一年访问研究，顺访加拿大、墨西哥，感受国际学术潮流，进修提高自己。1988年，我作为中方主持人，与美国斯坦福大学、中国台湾“中研院”民族所合作开展闽台社会文化的比较研究。1992年6月，我率中国大陆第一个人文社会科学专家访问团，到台湾学术交流。以后我又到英国牛津大学研究，顺访荷兰、比利时、新加坡；先后受聘台湾中央大学、政治大学客座教授，多次往返海峡两岸。面向世界，面向未来，视野更加广阔，认识了不同文化观念的接触、理解与融合对中国和平发展的深远意义。

我的成长和进步，与改革开放同行，得到党和政府的肯定。1987年，福建省人民政府表彰我为党的十一届三中全会以来福建省有突出贡献的专家。1992年，享受国务院政府特殊津贴，被评为福建省首批优秀专家；1994年，经人事部审批为全国有突出贡献的中青年专家。没有1978年改革开放奠定事业和生活的新起点，这一切都将无从谈起。

回报国家的起运之年

1978年，邓小平同志出任第五届全国政协主席，修改政协章程，为新时期社会各界参政议政、报效国家和社会提供了广阔的舞台。这一年，我担任厦门大学历史研究所学术秘书，1984年出任副所长，1987年升任所长并当选厦门市思明区人大代表。1988年，我担任第七届全国政协委员。我步入人民大会堂，感受社会主义民主政治的氛围，以及与委员们议论国家大事，激扬文字、仗义执言的风范，还被推举为大会选举的监票员，接受了有序参与政治的洗礼。二次会议期间，我追随老委员提出“必须加强保护在我国的世界文化遗产”的提案，被评为政协第七届全国委员会优秀提案。

从此，我连续担任了4届共20年的全国政协委员，秉持“提出关乎国家利益的议题，需要智慧。在人们尚未关注之时发现并提出议题，需要勇气。超前的思考不能立即进入国家的议事日程，需要耐心。孜孜以求，不轻言放弃，留下记录，就是胜利”的参政议政理念，不论进退，昂首前行。每年全程出席大会，撰写提案和大会发言材料，参加视察活动，还先后参加了对福建、广东、海南水利建设，内蒙古、四川、贵州少数民族地区农村基础教育，山西老工业基地改造，山东海洋经济，海南生态文明村，浙江、湖南、新疆文化建设的考察调研，建言献策。我参加最后一次全国政协会议时提出的“尽快整合海洋管理资源，统一海洋执法机制”的提案，被评为政协第十届全国委员会优秀提案。

有机会参与人民政协推进社会主义民主政治建设的实践，是我一生中最重要的社会经历。在这过程中，我有过“说了也白说”的无奈，也分享了几经波折，终于得到重视的喜悦。20 年结缘北京，在全国政协的大家庭里过生日，成了我永恒的美好记忆。追本溯源，没有 1978 年人民政协恢复在国家政治生活中的重要地位，不断完善和发展，也就没有我的政治生命。告别政协之际，我收获了信任和快乐，参与的两项提案：停建厦门 PX 项目，建立海沧保税港，都得到实现。

1978 年是一座划时代的里程碑，改写了中国的历史，也改写了我的人生。感谢邓小平，感谢改革开放，是我挥之不去的“1978 年情结”。

回望 1978 年，我心潮澎湃，终生难忘。

（作者曾任厦门大学人文学院教授）

麦康森　对外开放圆了我的科研梦

1982 年 7 月，我从山东海洋学院（中国海洋大学前身）海水养殖专业本科毕业，并考取了本专业硕士研究生。就在我研究生毕业的前一年，也就是 1984 年的 5 月，国家开放了包括青岛在内的 14 个沿海港口城市，从此，青岛的经济和社会发展驶入了快车道，青岛的海洋科学技术也迎来了新的时期。

从研究鲍鱼入手开辟鱼虾贝类营养学研究新领域

党和国家的改革开放政策，既给了我学习深造的机会，又给了我爱哪行干哪行的选择条件。20 世纪 80 年代初，青岛已经是中国现代海洋科研的前沿阵地。驻青海洋科研院校在国内首先解决了对虾养殖的人工育苗问题，结束了对虾幼苗靠海洋捕捞的历史，快速地推动了我国水产养殖业的发展。然而，市场经济初期缺少宏观调控的爆发式产业发展模式，很快就暴露了养殖饲料极缺的瓶颈问题。我的导师李爱杰教授就是在那个“鱼塘如战场”的年代，为填补国家水产饲料生产的空白，以花甲之年“改行”开创了“水产动物营养与饲料”的研究领域，并担任了国家水产学会水产动物营养和饲料专业委员会首任主任委员。从那时起，我开始了鱼虾贝类养殖饲料的研究工作。

1990 年，我获得国家公派到爱尔兰国立大学动物学（营养与饲料）做访问学者的机会，后来又在那里攻读博士学位。留学期间，国际上对海洋鱼虾类的研究已相对成熟，但被中国传统美食誉为“八珍之首”的鲍鱼，却是贝类营养研究中十分薄弱的分支。我当时就意识到这个冷门虽有难度，却是机遇，于是决定以鲍鱼为主题，在贝类营养研究方面开展研究，十几年来从未间断。

1995 年，我博士毕业回国后，继续研究鲍鱼，并获得了国家自然科学基金连续 9 年的项目支持。1997 年我当选为国际鲍鱼学会理事，获得了国际鲍鱼学会授予的“杰出青年科学家奖”。

2003 年 10 月，由中国海洋大学主办，在青岛成功召开了由世界 20 多个国家的 280 多名专家学者参加的、规模空前的国际鲍鱼学术研讨会，议题包括鲍鱼的生物学、渔业、养殖等有关方面，有关科学研究成果在实践中成功应用的论文受到特别的欢迎。

将“国产无公害水产饲料研究”作为一生最大的挑战

自从跟海洋结缘后，挑战就像风浪一样从未消失过，即使在海外留学的时候也不例外。20 世纪 90 年代留学期间，一位和我相识的爱尔兰海洋学者在参加一次学术会议的茶歇时对我说：“麦先生，我们在保护海岸，你们却在毁掉海岸，目的都是为了赚钱，但我们赚的钱会比你们更多、更久。”可能说者无心吧，但是这句话深深地刺痛了我，从那时起我就暗下决心，一定要为祖国构建可持续发展的蓝色产业做出贡献，将“国产无公害水产饲料研究”作为一生最大的挑战。

回国后我选择了青岛海洋大学，因为当时青岛作为沿海城市走在了改革开放的前列，而且也是全国海洋科技的前沿阵地，再加上全国最高的海洋学府青岛海洋大学也在青岛，我的导师、年逾古稀的李爱杰教授，也早就盼着我能回青岛母校接班，并为我搭建了良好的发展平台。

短短几年间，我先后承担或主持了国家海洋 863、国家重大基础研究 973、国家杰出青年科学基金、教育部跨世纪人才培养基金、教育部重点科研项目等 10

余项重大项目中的科研课题。2005年，我入选了教育部“长江学者和创新团队”发展计划，成为中国海洋大学第一个创新团队的学术带头人。同一年，“海水养殖鱼类营养研究”和“无公害饲料开发”获教育部科技进步一等奖，其他10多个项目分获省，部级科技进步一、二等奖，并获“国内实用性配合饲料”等国家发明专利23项。

借助科研成果实际应用所产生的有利影响，在教育部和海大的重点支持下，我们建起国际一流的教育部海水养殖重点实验室，仅仪器设备投入就达2500多万元，水产动物营养研究方面的教师和研究生已达50多人。这样的条件和规模在一些发达国家也是少见的，令不少国外同行惊叹不已。

大量科研成果的取得，并非人们想象的多数来自于实验室的试管，而是我们长期吃住海边、浸身鱼塘、俯首船舷，用渔民式的水中作业和野外试验“熬”出来的。事实上，正是这些解决实际问题的野外成果，先后在青岛对虾养殖示范基地、山东六和集团、广东恒兴集团、福建海新饲料集团、湛江粤海和广东冠华饲料等企业得以成功应用，促进和带动了渔用饲料产业的发展，创造出巨大的生产力和可观的经济与环境效益。

由于我国水产饲料研究起步比发达国家晚了近60年，这种巨大的发展差距也为我们提供了极大的发展空间。目前，饲料科研成果尚不存在推广转化的难题，企业天天都在等着要，想拦都拦不住。一个“简单”的科研配方就能产生巨大的产业效益，体现了“科技就是生产力”的真谛。近年来，应用我们科技配方生产的饲料每年都有40多万吨，产值20多亿元。目前，我们的科研成果转化或附加所创造的产值累计已达上百亿元，实现利税10多亿元。

在改革开放的大背景下，当有机会选择或主持科研项目时，我总是以扶持和帮助企业提高产值和市场效益为目标，不断实践着科技创造生产力的真谛。现在，我不仅为自己选择的科研事业而自豪，更为自己从事的探索工作而骄傲。我国已成为世界第一养殖大国，每年水产养殖产量都在3000多万吨，市场价值3000多亿元。小小的鱼塘，蕴藏着丰富的经济资源，我们的工作就是要用四两拨千斤的科技，让鱼塘为人类创造更多的蓝色财富。

坚守水产养殖研究

1995 年回到母校的当年，我破格晋升为教授，一年后被聘为博士生导师，不到两年就担任了水产学院院长。1998 年，我又成为当时青岛海洋大学最年轻的副校长。在担任副校长期间，我主要分管教学和科研工作，力推学校高层次人才培养的规模扩大与结构调整，并积极建议将学校研究生与本科生之比从原有的 1∶6 逐步调整为 1∶3。

为增强我国青年学者，尤其是海洋科技领域的青年学者与国外同行平等交流的信心，我在任内比较注重培养学生在国际上发表高水平学术论文的能力，主张博士研究生应该在国际知名学术刊物上多发表文章。这些“过分”的要求，虽然起初并不被人理解，但坚持实施以后，学校每年在国际上发表的学术论文的数量已有大幅度提高。这不仅增加了我国科技人才的国际知名度，而且也提高了学校的整体学术水平和国际影响力。

2000 年 11 月，在我的积极推动下，青岛、台湾和湛江海洋大学实现了两岸三校的联合办学，这对两岸加强教育合作、促进科技交流具有积极推动作用。

2001 年 10 月，我已担任副校长三年多，作为全国 45 岁以下青年学者的代表，我从时任国务院副总理李岚清手中接过了“长江学者奖励计划”特聘教授聘书，成为一名得到国家肯定和高额资助的“长江学者”。按照有关规定，我作出了“辞大学副校长、做长江学者”的决定。

2009 年，我当选为中国工程院院士，我觉得这荣誉既属于我个人，也属于中国海洋大学和青岛。是中国海洋大学、中国饲料和渔业行业的大平台以及中国对外开放的大好机遇成就了我，正是对外开放给中国的海洋水产养殖事业带来了勃勃生机。

（作者时任中国海洋大学副校长、中国工程院院士　金松 / 整理）

艾克拜尔·米吉提　新时期的文学历史由此启程

——20世纪80年代的第一个春天

在相当一段时期，对于历史的认识，我有一种模糊的误区。我以为，只有写进二十四史的史实那才叫历史。所以对于身边发生的故事大多有所忽略。其实，发生在每一天的故事，都将成为历史。这是我后来才感悟到的。

我自幼喜欢读书。这得感谢我的父母，他们都是读书人，对我有一种潜移默化的影响。更要感谢我小学的语文老师，她一再地强调、鼓动、激励我们去读书，尤其是当年的那些革命历史题材的长篇小说，我在三、四年级时就已经读过。

对于我，一个进入小学一年级前不懂一句汉语的哈萨克族少年，这种对非母语文本的阅读经验使我很快进入了汉语世界，并不断获得一种独自享有的阅读惊喜与愉悦。

在“文革”期间，小学尚未毕业，中学已经“停课闹革命”没有招生，只好和一些熟悉的和不熟悉的同学悄悄交换一些各自手中仅有的文学书籍来阅读。鲁迅的作品，我当时还读不大懂，但是他翻译的小说《表》却让我如痴如醉，忍俊不禁。还有郭沫若的新诗和剧本，茅盾、巴金的小说，均让我着迷。随手换来的峻青的《胶东纪事》、颜一烟的《小马倌和大皮靴叔叔》也让我幼小的心灵感动不已。还有一批外国名著，在那个革命化的红色年代，也让我对陌生的世界充满了一种隐秘的好奇和揣度。

后来，下乡插队后，我还有这种阅读的冲动和欲望，但是已找不到可以阅读的文学书籍了。记得有一次回到城里那座小小的边城伊宁市，在当时唯一的新华书店里转悠，忽然发现一本散文集，是新出版的。我竟是那样的喜出望外，立即买了下来。这是张岐的散文集《灯岛》，薄薄的一小本，选了一些散文，现在看来写的颇受时代局限，但我还是珍藏到了今天。因为那是我青春岁月的纪念。

也正是由于这样自幼养成的阅读习惯，粉碎“四人帮”以后，随着“文革”万马齐喑时代的结束，大批文艺作品重见光明，我开始阅读大量出版的国内外文学新著，颇受鼓舞，甚至是开始有了一种创作的冲动。此时，一些省市自治区的文学刊物相继复刊或创刊，各大报纸也开辟了文学副刊，一些老作家相继复出文坛，中青年作家十分活跃，那些蓬勃而生的文学作品，读来不仅滋润着我的心田，更是撩拨着我的心头，点燃了那里的一团希望之火。于是，1978 年我也开始写起小说来。那一年，我正好 24 岁。第一篇小说《努尔曼老汉和猎狗巴力斯》发表在《新疆文艺》1979 年第三期上。这是党的十一届三中全会以后第一个春天，我的文坛之旅正是由此开始。30 年岁月竟然弹指一挥间过去了，现在想来，一切仍历历在目。

1980 年的 3 月初，我接到了《人民文学》编辑部的通知，说我的处女作获得了 1979 年第二届全国优秀短篇小说奖。我发现我的心很平静。那时候，全国优秀短篇小说奖是由《人民文学》编辑部受中国作家协会委托组织评选的。当我启程前往北京领奖途经乌鲁木齐时，拜访了《新疆文艺》编辑部，在这里得知，我已被中国作家协会第五期文学讲习所录取。对这个讲习所我是第一次听闻。那是一个百废待兴的时代，编辑部的老师们向我解释道，这是由著名作家丁玲在解放初期创办的，1956 年以前办过四期，现在这是“文革”后的第一期，能选中你十分不易，应当好好珍惜。我开始默默地迎接这一切。现在回想起来，党的十一届三中全会，确立了“解放思想，实事求是”的思想路线，形成了“一个中心，两个基本点”的基本方针，将长期偏离正确轨道的党的指导思想重新转到正确轨道上来，是党和共和国历史上一个划时代的里程碑。一个全新时代的序幕已经徐徐开启，我作为众多的时代幸运儿之一，将共享时代的阳光雨露。而我们共同走过的历程，将构成我国改革开放的历史内涵之一。

3 月 24 日晚，当我飞抵北京住进位于崇文门的向阳一所现在的崇文门饭店时，和我同一个房间的是获奖作品《雕花烟斗》的作者来自天津的大高个作家冯骥才、《记忆》的作者来自安徽合肥的作家张弦、《空谷兰》的作者来自云南昆明的白族作家张长。冯骥才一米九几的个儿，那张单人床不够他伸腿的，那时的木床两头都有床头只不过脚那一头稍低一点而已。他曾经是个篮球队员，所以有着运动员的直率和豪爽的天性，沟通起来很容易，快人快语，无所遮拦，很有见地。他的言谈，令我眼前不时为之一亮。他不仅写小说，也擅长国画和书法艺术，多才多艺。张弦是一位很安静的人，给人以一种信任感。他写出过一系列的好电影，只可惜英年早逝。张长原本是一位诗人，后来写起小说来，但依然遮不住他诗性天赋，小说充满了诗意。

3 月 25 日，发奖大会在京举行。大会由《人民文学》副主编葛洛主持，他宣布了 25 篇获奖作品篇目。我这才得知，因短篇小说《班主任》一举成名的刘心武，也在获奖作者之列。《班主任》所塑造的谢惠敏形象，当时依然是文坛和社会热议的焦点之一。

以文学作品奏响改革最初乐章的小说《乔厂长上任记》的作者蒋子龙，他的作品排在获奖小说榜首。陈世旭的小说《小镇上的将军》，也是获奖的重头之作之一。

后来，我们几位又在讲习所聚首学习。陈世旭短期回到江西九江时，据说有位老同志很认真地对他说，听说你写了一篇《镇上的小将》？看来，尽管“四人帮”已经粉碎四年有余，十一届三中全会也开过一年多了，但是时下人们远没有摆脱潜意识中“文革”留下的这种思维定式。连名词都是“文革”中的“小将”，而不是“文革”前早在 20 世纪 50 年代授衔的“将军”。抑或是心存疑虑？显然，解放思想的任务还十分艰巨，中国改革开放之路还相当漫长。

文学将要为解放思想、为改革开放进程继续作出独特贡献。获奖作者中还有我曾经插队后在新疆伊宁县吐鲁番芋孜公社机关工作期间就曾接待和相识的王蒙老师，他的作品《悠悠寸草心》获奖。他见到我时十分友好地用维吾尔语来和我交谈。他在新疆 16 年间，尤其是在伊犁巴彦岱公社二大队期间学会了维吾尔语，而这一因祸得福的优势，已经开始在他的作品创作中显现出来。在当时，读者阅读他的作品，会得到一种畅快淋漓的愉悦，洋溢着一种智慧与释然，而效仿者又无从模仿他的语言风格。

我也是第一次有幸接触茹志鹃老师，还在“文革”期间，在阅读所谓批判“人性论”作品时，读到过她创作于 20 世纪 50 年代的短篇小说《百合花》，为其作品人物和细节的刻画暗自感佩。此时，她的获奖新作《剪辑错了的故事》，依然显现了她一贯的风格。邓友梅先生的《话说陶然亭》、张洁的《谁生活得更美好》，等等，一大批优秀作品获奖，我为能结识这样一批优秀作家感到欣慰。

1979 年的第二届全国优秀短篇小说评奖活动，得到各方面的重视和关心。全国投来 25 万多张选票，推荐了 2000 多篇小说，最终由评委会确定 25 篇小说获奖。评委会由 25 位著名作家和评论家组成：茅盾先生为评委会主任，冰心、巴金、张光年、张天翼、艾芜、草明、沙汀、王蒙、袁鹰、刘白羽、贺敬之、李季、欧阳山、曹靖华、孙犁、严文井、魏巍、孔罗荪、陈荒煤、冯牧、杜鹏程、葛洛、刘剑青等人为评委。当时文艺界已经和正在落实政策，这些中老年作家和评论家，已经回到自己被迫离开的熟悉的岗位上，正在引领文学艺术的新时代。

在一阵阵热烈的掌声中，时任中国作家协会第一副主席巴金先生向获奖作者颁发了获奖证书（是由评委会主任茅盾先生签发的）和奖金，并致祝词，对获奖作者表示祝贺和鼓励。“我们的文学事业，一旦冲破了‘四人帮’的牢笼枷锁，医治了‘十年浩劫’带来的创伤，清除了各种流毒以后，发生了多么巨大的变化！”

巴金先生说，“去年一年，全国涌现出大量优秀的短篇小说，这些作品，题材广泛，思想深刻，内容丰富多彩，风格多种多样，深受广大读者的欢迎。这是十分可喜的。这次获奖的作品仅仅只是其中的极小部分。另外，值得一提的是，去年全国还出现了不少优秀中短篇小说，受到了广大读者的重视和好评。我希望，在适当的时候，也能搞一次全国优秀中短篇小说评奖活动。我想这对进一步繁荣我们的文学活动是有好处的。”后来，正像巴金先生倡导和希望的那样，从 1982 年开始，全国优秀中篇小说奖开始评选，并为进一步繁荣发展新时期文学创作发挥了重要作用。获奖作品《李顺大造屋》的作者、来自江苏的高晓声代表获奖作者发言。时任中宣部副部长的周扬同志出席大会，并讲了话。整个发奖活动，洋溢着一种喜悦和凝重的气氛。

会后，3 月 25 日至 29 日，举行获奖作者座谈会，畅谈创作体会，共同探讨所关心的问题，交流创作经验。座谈会期间，老作家、评论家陈荒煤、冯牧、秦兆阳等前来同获奖作者一起座谈，分别作了长篇发言。

所有的与会者都在热烈谈论邓小平在四次文代会上的祝词中那些精辟的论断：“在我们党和人民战胜林彪、‘四人帮’的斗争中，文艺工作者做出了令人钦佩的、不可磨灭的贡献。”“文艺工作者理应受到党和人民的信赖、爱护和尊敬。”“人民是文艺工作者的母亲。”“人民需要艺术，艺术更需要人民。”“当前，要着重帮助文艺工作者继续解放思想，打破林彪、‘四人帮’设置的精神枷锁，坚持正确的政治方向，从各个方面，包括物质条件方面，保证文艺工作者充分发挥自己的聪明才智。”“要坚持辩证唯物主义的思想路线，从 30 年来文艺发展的历史中，分析正反两方面的经验，摆脱各种条条框框的束缚，根据我国历史新时期的特点，研究新情况，解决新问题。林彪、‘四人帮’那一套荒谬做法，破坏了党对文艺工作的领导，扼杀了文艺的生机。文艺这种复杂的精神劳动，非常需要文艺家发挥个人的创造精神。写什么和怎样写，只能由文艺家在艺术实践中去探索和逐步求得解决。在这方面，不要横加干涉。”与会的获奖作者个个心情舒畅，创作热情高涨。后来的文学发展历程充分证明了这一点。

应当说，1979 年短篇小说评奖活动的开展，恰逢 20 世纪 80 年代第一个春天来临，也意味着文艺界又一个新春的开始。

新时期的文学历史就这样启程了。

（作者曾任中国作协出版集团管委会副主任）

王兴东　改革时代的文艺口号，近距离将我点燃

主旋律像一盏灯，照亮了我案头的剧本《解放》

1987年8月25日，那个炎热的夏天，在长春电影制片厂，时任中央政治局委员、书记处书记胡启立，在广电部部长艾知生陪同下，与长影的创作干部座谈。

当他知道长影正在创作反映第一汽车制造厂“换型改造”的《解放》和表现石油工人海上钻井的《男儿要远行》电影时，非常激动地说：“《解放》《男儿要远行》这都很好，因为一个民族要振兴，一个国家要兴旺，必须有一个反映时代的、能够凝聚千百万人的精神力量，得有精神支柱。过去也是这样，有些作品，或歌曲，或文艺，或电影，反映一个时代精神，现在一唱‘花篮的花儿香’，老同志们都想起来了《南泥湾》，就回忆起了一个时代。《白毛女》出来，又是一个时代。我们这样一个伟大的时代也应该有这样的东西，在这个方面我们确实还需要作出很大的努力。但是，也不能要求所有的片子都这样，这也太严肃了。有各种不同的片子，但是不能没有主旋律，弹钢琴你总是要有主调，有副调。但是你这个主调得鲜明，得弹出来。我们从各个侧面，不同角度，都反映这个精神，咬住不放。”

他还说："一个民族，你要找消极面，当然都会有，你要把它的消极面夸大了，正面就被压倒了。鲁迅写《阿Q正传》讲了消极面，他是恨铁不成钢的意思，又爱又恨，就写缺点，立场上也有一个明确的立场，还是希望我们这个国家振兴，民族兴旺发达。我们有缺点、有黑暗、有消极的东西、官僚主义，许许多多的问题，需要抨击、揭露、批判，但不是讽刺、打击、幸灾乐祸，而是鞭策、督促，让它向上，让它克服这些东西，给人们信心，不是揭露了这个面以后，给人看了没有希望，这个民族没有希望，完蛋！不是这样的一种情绪，而是正面的激励鼓舞，希望在这个方面，能够看到反映我们时代的，鼓舞我们人民的，能够把十亿人民凝聚起来的作品。"（摘自《中国电影报》1987年10月15日）

主旋律像一盏灯，顿时照亮了我案头的剧本《解放》。当一汽遭遇市场冲击，26000辆汽车卖不出去，7亿元资金不能流通，陷入30年来最困难的境地，面对竞争危机和新技术革命的挑战，一汽在中国北部摆下了决定命运的换型改造大决战，与发达国家争市场比才智，十里车城拉响改革的汽笛。我迅速投入一汽，在沸腾的车间，在攻关的研究所，在忙碌的厂部，我都被一汽人改革的激情所感染。然而，工业题材枯燥难写，表现这么大的工业改革就更难写，也许写了没人拍摄没有人看。车在上坡，需要加油，人在爬坡，需要鼓劲，胡启立的一席话，"主旋律"的鼓声在我心中擂响。

至今还记得他举例说："苏联电影《驯火记》，并不是具体写火箭之父，他是人格化，把千千万万搞火箭的科学家的精神，凝聚到一个人的身上，写活了，看完影片，给你一个非常震撼的感觉，这个民族是有无限前途的，有了这种精神不得了。"

我重读达·赫拉勃罗维茨基的《驯火记》剧本，被那种气壮山河的火箭发射场面和勇于奉献的科学家人格所感动。每一个民族都在社会变革与发展中，涌现出可歌可泣的英雄人物，而英雄们留下的精神将成为滋养这个民族性格最宝贵的精神养料。我在《解放》剧本里刻画主人公知难而进的改革意志，塑造了一位叱咤风云的企业家形象。

记得在党的十三大会议期间，胡启立同志还向长影厂的十三大代表赵实同志问起《解放》电影拍摄进展情况。后来，这部影片在国有企业职工中反响强烈，受到好评并获得了国家的政府奖。

主旋律像灯塔一样，照耀着我的编剧航向

为追求“能够凝聚千百万人的一种精神力量”，我用一年时间创作《蒋筑英》剧本，采访了60多人，深深地被中年科学家蒋筑英“一根蜡烛两头点”的奉献精神所感动。蒋筑英的形象走上了银幕，他弹奏出尊重知识、尊重人才的时代主调来，影响了无数观众。这部电影获得政府华表奖最佳影片奖，我也因此获得了华表奖和金鸡奖最佳编剧奖。为表现党和人民群众的血肉关系，我投身到长白山区农村，通过写干部下乡扶贫，“改造了一个官僚，重塑了一个公仆”的故事，包扎了干群之间的裂痕，《留村察看》受到了农民观众的喜欢。紧接着，我又参加了《孔繁森》的电影创作。在反腐倡廉的呼声中，观众把拥戴人民好干部的目光投向阿里高原的孔繁森。

“主旋律”是改革时代的口号，由中国电影界率先打出，经过创作的实践和群众的检验，成为弘扬时代精神和民族精神的代名词，对建设有中国特色的先进文化起到了重要指导作用，并具有强大号召力。特别是1996年长沙电影工作会议，提出了精品战略工程，要求反映时代的主旋律，要求思想精深，艺术精湛，制作精良。我更加意识到主旋律不仅是社会责任，而且要求社会效果和社会效益。

主旋律首先要符合艺术规律，更要适应市场规律。《离开雷锋的日子》是我在全民开展精神文明建设之际的剧作，在人们呼唤雷锋精神之时应运而生。这部电影取得了社会效益和经济效益“双赢”，专家满意，领导满意，群众满意，体现并凝聚了千百万人的精神力量。仅在北京就有185万人次走进影院，至今依然保持北京市最高上座人次。我们是人口大国，观众是多层面的，审美需求必然多样，主旋律电影自有属于它的市场份额。

我在创造主旋律，主旋律在改造我，面对着网络信息爆炸的时代，许多人包括我不想再走深入生活的老路。然而，主旋律的创作是没有妙法灵招，没有捷径后门，只有与时代同步，到群众中去，贴近生活，才能感受社会的变化，倾听大众的呼声，才能捕捉时代的旋律。创作的源头活水在基层。

当我走进少年犯管教所，看到那么多的独生子女犯罪坐监，一位从事教育、感化、挽救的“法官妈妈”出现在我面前，她就是北京市海淀法院少年法庭的女法官尚秀云。跟她办案，随她家访，《法官妈妈》走上银幕，在校园、在家庭，引起了强烈反响。在国际电影交流中，中国对未成年人犯罪的先进法理观念，赢得了普遍称赞。

我去新疆、到延边，创作一个救助烈士遗孤的故事，《良心》将新疆与延边以民族团结之情连在一起。这个感人泪下的故事，仅在上海票房就创下 407 万元。我去内蒙古编剧的《生死牛玉儒》，广东省电影公司用 28 万元买下版权，发行收入 500 多万元。在保持共产党员先进性教育中，这部电影直接发挥了作用。由群众投票评选为大众电影百花奖。《一个人的奥林匹克》再现刘长春单刀赴会，在北京奥运期间，76 年前为中国敲开奥运大门的刘长春复活在银幕上，历史的足迹和今天民族复兴的脚步叠印一起，成为能够凝聚千百万人的一种精神力量，激荡着每个中国人的民族情怀。

在坚持主旋律的创作中，我付出了艰辛与折磨，也让我尝到莫大的甜头。这甜头不是获得两次金鸡奖最佳编剧奖，也不是多次得到五个一工程奖，而是我的社会责任感收获了社会效果，那就是观众对影片由衷的感动。

中国人大附中读高三的学生肖迪，他的妈妈花 240 元在广安门影院包了《生死牛玉儒》一个晚场，由父母、外公、外婆一家人陪着他观看。在当下人们面对多元文化消费的娱乐大潮中，竟然有一家 12 口人，陪高考的学生，走进影院去瞻仰一个高尚的灵魂，我为之感动，为之欣慰。

至今，我铭记影评家肖尔斯的话：“即使《蒋筑英》电影只有一个人看，也比那些打打杀杀的影片拥有众多观众更有价值。岳母只给岳飞一个人刺上‘尽忠报国’，岳飞却带起了千军万马。从长远的意义来看，一部电影的社会效益比经济效益更重要。”当下国门开放各种文化涌来，刺激的、麻痹的、消沉的，特别是一些带有娱乐色彩的精神摇头丸，不断地渗透在青少年间，麻醉人民的理想，消磨人们的意志。我们无法禁止各种各样的花儿竞开，各种鸟儿的鸣叫。但是，一个有社会责任的作家，清楚地知道：百花齐放，牡丹为魁；百鸟争鸣，凤凰领唱。主旋律是一个国家一个民族的精神之炬。

我无法概括改革以来中国电影在竞争中发展的全貌，只能从一个时代的口号对我一个编剧的影响，把个人的艺术追求融入国家发展的洪流中，以“引人入胜，动人心弦，发人深省”的艺术境界，纠正那些歧视主旋律为“政治的传声筒”的偏见。从 1987 年编剧《解放》始，到《蒋筑英》《孔繁森》《离开雷锋的日子》《留村察看》《陆军见习官》《我只流三次泪》《良心》《共和国之旗》《法官妈妈》《生死牛玉儒》《一个人的奥林匹克》……一个个人物形象排列在银幕上，将组合出我对这个时代的深情写照。

我身处改革年代，感受了时代的温度。一个向前发展奋争的民族，需要的是进步的鼓声，需要照亮心灵的阳光，需要能够凝聚千百万人的一种精神力量。主旋律像灯塔一样，依然照耀着我剧作的航向。

（作者曾任中国电影文学学会会长）

刘希贵　饮水思源的农民企业家

我出生在一个世世代代面朝黄土背朝天的农民家庭。1979 年，23 岁的我被选为沈阳桃仙公社一个生产队的队长，那是一个穷队。当时，国家为了使农民尽快致富，在农村实行了家庭联产承包责任制。我听说南方一些地区已经把耕地分了，便也开始了我们最初的“改革”。经上级批准，我们把生产队的土地、牲口、农机分给大家。就这样，我家也分得了一台拖拉机。从此我开始了“拉脚”生涯。第一次有了真正属于自己的财产后，心里格外高兴，我没日没夜地开着拖拉机四处为人拉活，村里的乡亲们都说我年轻身体好，可是只有我自己心里清楚，年轻的时候不努力闯一闯，日后肯定会充满遗憾。

用献血的钱，给猪买了 200 公斤苞米面

党的改革开放政策好，开始允许个人搞副业。当手里略有积蓄后，我又办了养猪场和豆腐坊。那时还是物资匮乏的时代，人们买东西还都要凭票，因此，没有太多的余粮养猪，而面对着猪场的不断扩大，我的生活开始捉襟见肘起来。但是，为了我的事业，我必须要坚持！有一天，我走到一家医院门口，发现他们正在号召有偿献血，这让我好像抓住了救命稻草。我立刻办献血证，第一次献了

300 毫升血，这也为我换来了 48 元钱、2.5 公斤糖票和 2.5 公斤鸡蛋票。我至今忘不了那第一次献血的经历，因为我用得到的钱为我的猪买来了 250 公斤苞米面，这些猪暂时饿不死了，当时的心情真的好高兴。

不过好景不长，不久，我的猪又断炊了。这样，我就第二次、第三次……进入血站。为了我最初的事业，争强好胜的我根本没有考虑过自己的身体问题，在养猪场最需要资金的时候，我同时办了四个血证，在沈阳、本溪、抚顺三个地区轮着卖，很多一同献血的人都说我命大。现在回想起来，确实如此。

当看到我的第一批猪出栏的时候，我的心里有幸福也有不舍，幸福的是我的付出终于有了回报，不舍的是它们可都是“喝”我的血长大的呀！年轻时候的创业经历让我的一生都获益匪浅，但是为了事业不顾惜身体的做法也让我落下了病根。20 多年过去了，当年卖血的印记在我的胳膊上依然清晰可见。由于抽血过多，我的手脚血液循环不好，现在一年四季离不开厚实的衣服。

做别人不愿意去做或者是认为不可能完成的事情

经历了艰苦的初期创业之后，手里也逐渐有了一定的积蓄。当时正值改革开放的初级阶段，在全国涌现出第一批“万元户”，我也正赶上这股东风，成为了先富起来的个体工商业者。而我的工作重心，也在这时转向了运输行业。在 20 世纪 80 年代初期，我将拖拉机卖掉，再加上卖猪、“拉脚”积攒的钱买了一台旧“解放牌”汽车。这辆汽车为我的生活又注入了无穷的活力，我的干劲比以前更足了，每天凌晨 3 点起来干活，一直忙到半夜才回家。

对于我这个农民出身，在社会上毫无根基的个体工商业者来说，想进一步发展自己的事业是何其的艰难。怎么在社会上立足，如何让城里人认可我的能力成了每日萦绕在我脑海中的问题。最终我想出的方法是做别人不愿意去做或者是认为不可能完成的事情，要去“爆冷门”。1980 年深秋的一天，我在和平区一处大楼废墟旁看见了一张告示：“谁能在一个月内清除废墟，拆下的砖便算作工钱！”

围观的人很多，都认为这是一件麻烦事，也无利可图，所以没有人去做，可是我认为，这是天赐良机，赚钱的机会来了！我立刻找到和平房产局签署合同，交了400元押金，按合同规定如果一个月不能完成任务，押金扣除。当时的亲朋好友都为我捏了一把汗，有的人还劝我及时收回承诺，要回押金还来得及。可是我已经早有安排，第二天我就在工地旁边贴出两张告示：一、临时招工拆砖，一块一分钱，现款现付；二、出售整砖，三分钱一块，比公家便宜一半。就这样，原本冷清的工地很快尘烟四起，几十名工人卖力地干，短短23天，大楼的拆砖工程被我干净利索地干完，除了付给每个工人500多元钱外，我自己净剩1.8万元。这时的我已经逐渐有了一点商品经济思想，并且开始了由个人奋斗到组织集体力量参加经济活动。

一次偶然的机会，我结识了一位东北电管局的同志，他当时正为沈阳到辽阳的百里电缆铺设愁眉不展，原因是原本答应施工的工程队毁约不干了。经过慎重考虑之后，我决定拿下这个工程，这个工程也许就是检验我能力的试金石。

个体户承包大型工程，这在沈阳还是头一回。有了上次和平区拆迁楼的经验，这次我回到了村里，在与村委会商议过后，组织全村100多名闲散劳力风风火火地在沈阳与辽阳之间干了起来并按期完成了工程。在施工中，由于每天都弄得满身泥水，也因此得到了一个绰号——“泥猴司令”！这个称呼，也成为了我创业之中的一段小插曲，一段美好的回忆。

有了承包大型工程的经验，我们又陆续参加了桃仙机场、沈大高速公路、沈北新客站、丹东大东港及海南、内蒙古等十多项国家重点工程建设。就这样，经过长期不懈的努力，艰苦奋进的创业，我的希贵集团作为沈阳最早一批的民营企业沐浴着改革的春风破土而出，迅速壮大。时任沈阳市委书记徐文才亲自为公司成立剪彩，公司逐渐发展到了由天津保税区希贵国际工贸公司、沈阳美复康日用化学厂、中俄希贵股份集团公司、北京奥林匹克——希贵国际钓鱼俱乐部等单位组成并集科工贸一体的大型企业集团。为了表彰我对个体经济的贡献，我连续五届当选为辽宁省政协常委和沈阳市政协常委，当选省、市工商联副会长、省农民企业家协会副会长，并先后获得东北三省优秀农民企业家、沈阳市劳动模范、辽宁省学雷锋先进个人、全国优秀青年乡镇企业家等荣誉称号。荣誉对于我来说，仅仅是对我多年商海拼搏的一种肯定。在我心里，更多的是饱含着对党的改革开放英明举措的由衷感激。如果没有改革开放，也就没有我们个人施展拳脚的舞台，更不会有我们繁荣、安定、和谐的今天。

让卧龙湖由一片荒水变成“聚宝盆”

20 世纪 90 年代后，在事业上已经趋于稳定而性格又不喜欢安于现状的我总想着为沈城百姓做点什么。这时候，中共中央统战部、全国工商联、中国光彩事业促进会提出：遵循胡锦涛同志提出的“以强国富民为己任，先富帮后富，逐步实现共同富裕”的宗旨，大力弘扬“致富思源，富而思进，扶危济困，共同富裕，义利兼顾，德行并重，发展企业，回馈社会”的光彩精神，作为具有多个社会头衔的我，应该自觉承担社会责任，切实做到爱国、敬业、诚信、守法、贡献，树立良好的社会形象，实现自己的人生追求。

中共沈阳市委、市政府提出扶持康平、法库两个贫困县。经多方面考察，1994 年 1 月，我与康平县政府签订了合作开发康平卧龙湖 60 年的合同。开发的头三年，由我公司投资 6000 多万元用于卧龙湖的基础设施建设。我和我的合作者们在这里治水修路、开垦荒地，先后修筑了 54 千米的环湖公路、湖心堤坝和西马莲河防洪堤，再造了卧龙湖水库和湖区的引、排、灌溉工程，很快就使卧龙湖旧貌换新颜。

我虽然没有太高的学历，但我深知科学技术对发展事业的举足轻重作用。为了能更加合理地对卧龙湖进行开发利用，我高薪聘请了相关专家为我们出谋划策、设计方案，制定出了坚持以市场为导向，以资源为依托，以高新技术为手段的建设方案。坚持可持续发展方针，围绕农业增产、农民增收、保护生态这三大目标，建立起一套完整的卧龙湖高效生态农业结构。用短短的几年时间就让卧龙湖由原来的一片荒水变成了集生态农业、水产养殖、旅游度假于一体的“聚宝盆”！

卧龙湖的合理开发，使非法猎鸟、拾取鸟蛋的人无法顺利进入湖区，湖中水鸟终于有了安全的栖息地，连极为珍贵的丹顶鹤也来到这里安家落户！在如今的卧龙湖，有三月的雁鸣、七月的荷花、九月的蒲絮，还有冬日的冰龙，人与自然和谐共生景象正在我们的手中传承。2001 年，卧龙湖被省政府确定为省级自然保护区，作为一个农民的儿子，我对自己的付出感到欣慰、自豪，到目前我对卧龙湖累计投资已达 2.8 亿元人民币。

饮水思源，回报社会。这些年来，我曾为沈阳教师奖励基金会、省体育事业、省慈善事业、大学生千乡百县科技活动、大兴安岭火灾、南方水灾等捐款 1000 余万元，还创建了省残疾人康复培训中心和省第一个希贵残疾人杂技艺术团，多次在国内外进行演出比赛，得到了党和国家领导人的高度赞扬。

能为社会和慈善事业作出这些贡献，我觉得我刘希贵没白富一次，没白活一回！

（作者时任希贵集团董事长　于伟民　邹喜利 / 整理）

潘基础　**放弃“铁饭碗”　下海创造人生价值**

如今考公务员成了不少年轻人的追求目标，甚至有数千人报考一个岗位，因而人称此为“国考”。其实，条条道路通罗马，何止一条“独木桥”。对此，我早些年前就对这个问题有些思考。应该说是改革开放改变了我的观念，也改变了我的人生。

下决心放弃“铁饭碗”

改革开放刚刚起步时，温州的民营经济得到了蓬勃发展，各种品牌企业如雨后春笋般冒出来。那时我正在党政机关里按部就班地工作。作为出身农家的我，周边有很多外出创业成功的同学和朋友，确实感到有赶不上时代潮流的感觉。我想，改革开放的时代是一个伟大的时代，更是有多种选择的时代，而自己曾在国有企业干过、在党政机关待过，应该要出来闯一闯。这个时候，正在广招人才的华峰集团向我伸出了橄榄枝，于是我就辞去瑞安经济开发区管委会副主任职务，也辞掉公务员身份，进入了华峰集团。

在当时，毕竟是扔了金饭碗、捧起泥饭碗的事儿，我辞职下海的消息传出后，家人不理解，朋友、同事更加不理解。其实我没有其他考虑，就是想在新的平台上，在不同岗位上，实现自己的人生价值，不被这个开放的时代所淘汰。

做第一个“吃螃蟹”的人

2003年6月，我开始担任浙江华峰氨纶股份有限公司董事、副总经理。这是一家完全从集团母体中剥离出来，全新设立的股份有限公司，从日本引进技术和设备专业从事氨纶纤维的生产、销售和技术开发。它作为华峰集团进行现代企业制度改革的第一块试验田，目的是实现企业上市，从而在根本上推进华峰集团的制度创新，促进企业向新的领域开拓发展。对于当时的温州民营企业，这是全新的课题。

万事开头难。从踏入企业那一刻起我就负起企业上市的具体工作，这是一项很具有挑战性的工作。在此之前，温州还没有一家民营企业上市。为了完成任务，我组织了一支精干的团队，从上市募集资金投资项目前期准备、中介机构工作协调到上市申报材料的修改和申报，忙得没日没夜。有些朋友说我是放着安逸的机关工作不干，到企业里找罪受。那时候我常常通宵达旦待在项目小组，事无巨细，都要亲自参与，力求每一份申报材料做到一字不错。梦想就是一把锥子，我觉得它就悬在我的脑袋上，我已经没有退路。

2003年12月29日，北京，元旦将近，我和我的同事拉着两个大拉杆箱的上市申报材料，直奔中国证监会。证监会一位工作人员接待了我们，并对申报材料进行认真审核，一份份材料从他的指间滑过，都让我的心往下放一点，这些材料每一页都是我们团队的心血啊。看到环保批文时，工作人员的手突然一顿，指着浙江省环保厅的批复“基本可行”说：“这不行，不能受理。”多了“基本”两字，整个申报材料就有了瑕疵，中国证监会不予受理。我们一下子懵了，如果31日之前不能受理，便要顺延一个季度，而当时国际氨纶市场波动很大，如果行情低迷，有可能延误半年、一年，甚至会让整个上市计划夭折。作为项目的领头人，大家不约而同地把目光投向了我。

当日下午，还没抬头认真看一眼装扮一新喜迎节日的北京城，我就和投行保荐代表人坐飞机飞回了杭州。华峰氨纶作为一家化纤企业，历来重视环境保护，投入了大量资金对现有工艺进行优化，实现资源循环利用，能耗、水耗和污染物排放均已达到行业国际先进水平。我相信只要我们把实际情况说清楚是能够取得环保厅领导认同的，于是我连夜布置人员对环保材料进行充实，并拜会有关处室负责人作详细汇报，第二天终于拿到了修改后的环保批文。所有的申报材料再也没有瑕疵了，在 31 日，华峰氨纶申报上市的材料正式被中国证监会受理，我们长舒了一口气。

但是，这只是上市历程第一步。华峰氨纶作为温州民企上市第一个吃螃蟹者，它的上市之路注定是一波三折的。2004 年 6 月，华峰氨纶股票发行审核顺利“过会”，但还没从喜悦中醒过来，便碰到国内资本市场进行新股发行制度改革以及股权分置改革，新股发行只能暂停。这一停就是两年，两年里，券商更换了，保荐业务被人收购，会计师事务所也出现变动，能不能顺利发行上市又充满未知数。我们在这两年里沉着应对，与资本市场保持沟通，终于在 2006 年 7 月等来股票发行的核准批文。

然而 2006 年氨纶业绩整体出现下滑，价格下行，这种极度不利的情况下，股票如何推出去？我心里比谁都急，为了让市场认可公司投资价值，我和公司董事长、总经理、董秘及相关人员有时一天跑十几家机构，同投资者反复沟通，精心做好路演推介，终于实现了华峰氨纶 A 股成功发行并上市。8 月 23 日，董事长尤小平在深交所敲响了华峰氨纶“开市宝钟”，公司迅速募集到 2 个多亿的资金，加上后续自有资金的投入，华峰氨纶的规模快速扩展，成为国内第一、世界第三的大型氨纶生产企业。

华峰氨纶上市是温州民企国内上市零的突破。上市之路上一次次的挫折也是我一次次学习的机会，从中汲取了现代企业制度建设的精要，并且坚定而执着地走下去。2011 年 2 月 22 日，华峰集团旗下又一子公司“华峰超纤”登陆深圳交易所创业板。华峰集团成为了全国为数极少的同时拥有两家上市公司的民营企业。

应对机遇与挑战

随着对外开放步伐加快，国际化给企业带来了机遇，同时也带来挑战。就在华峰氨纶上市前一年，中国氨纶行业突然出现了滑坡，形势十分恶劣。我们调查，这与原产于日本、新加坡、韩国、中国台湾地区和美国的进口氨纶对我倾销分不开。中国商务部曾有个统计，称从 1995 年 WTO 成立以来，全球每 7 起反倾销案件中就有 1 起涉及中国，但多数是别国对我反倾销，而缺乏应对涉外经济案件经验的中国企业，大都选择沉默以对，哑巴吃黄连——有苦难言。

华峰要反人家的倾销，这在温州还没有先例。公司把这件事交给我具体负责。我翻阅了很多反倾销案例，从中发现反倾销要以个案审查为前提，只要企业积极向调查机构提供有利证据，反倾销胜诉的可能性是很大的。我的这个借力打力的方案得到了董事会的大力支持。于是，华峰氨纶立即采取了三项措施：一是联合烟台、绍兴的同行代表中国大陆氨纶行业正式提起反倾销案；二是聘请律师，积极举证，支持调查；三是与政府有关部门紧密联系，加强磋商，争取官方支持。

反倾销的举证长达一年半。华峰氨纶在面对复杂的国标贸易秩序面前，勇敢扛起反倾销大旗，利用反倾销保护自己和行业的利益，得到了政府和行业协会的大力支持。2006 年，在华峰氨纶上市两个月后，由华峰氨纶联合其他两家公司提起的氨纶反倾销调查也取得了胜诉，成为温州民营企业对外反倾销第一案。

提升民族企业的素质与形象

我始终认为，在对外商务活动中，不能依赖反倾销保护自己，我们更多的还是要学习和引进国外先进的技术和管理理念，提升民族企业的素质和形象。早在 2006 年，华峰氨纶就开始与德国巴斯夫合作推行“责任关怀 1+3”项目。“责任关怀”是国际化工行业履行社会责任的一个管理理念及行动计划。董事会授权我主抓这项工作，我感觉这项工作意义非凡。通过向跨国公司学习，我们不断调整和完善了管理体系，同时逐步树立起了新的理念。如在履行责任关怀上，我们看重的不是捐多少善款，做了几件善事，而是要把企业对社会的责任内化于生产经营的各个环节中，体现在对客户、对员工、对社会、对环境各相关方的关怀上，成为企业内部员工共同遵循的文化信念。

例如在用水上，我们企业生产所排放的污水原来已有60%回用，所有污水都达标排放，但我们不满足于“合规”，而是不惜再投入400多万元，建起了日处理2000吨的中水回用装置，利用先进膜技术对废水进行深度处理，然后再回用到生产中，提高水资源循环利用率，最大限度减少污水排放。像这些举措还有很多，比如办公用纸必须要双面打印，两次利用，从细节上体现环保意识。正是这些大大小小措施的推行，使华峰氨纶成为了氨纶行业节能减排国际标杆，既提高了企业经济效益，也充分体现了企业社会责任。

让人们印象最深的要算建立环保开放日制度，为了消除人们对化工企业谈“化”色变的心理顾虑，我们每年都会主动邀请周边居民、学生、记者、人大代表到公司查看污染物的排放和回收。有居民看了后说，鸟都在这个厂区里做窝，人住在周边怎么会不放心，他们对厂区内绿色洁净的环境非常惊讶。环保开放日至今已经举办了十几次，同时我们还在厂区河道举行钓鱼比赛等等。在这些良性的互动中，企业打消了周边居民的担心，人们也对企业的发展给予了善意的支持。

从2009年开始，华峰氨纶每年都要发布一份社会责任报告。我也多次在全省、全国及国际化纤会议上跟大家分享华峰氨纶责任关怀理念和做法，这是我感到最自豪的。从这里，我找到了公务员和企业总经理的共同点，都是为我们的社会尽一份心，付出一份爱！

回顾在华峰的打拼，给我的不仅是经历的丰富，更重要的是，我体会到了改革开放不仅给人们的观念带来深刻的转变，同时证明了开放对推动社会进步的重要性。

（作者时任浙江华峰氨纶股份有限公司总经理）

许振超　码头工人刷新世界纪录

我是1967年的初中毕业生，属于“老三届”。1974年，走进青岛港当了一名普通的码头工人。繁重的体力劳动、艰苦的工作环境，使我的理想与现实产生了强烈的反差。

我不断在想：难道我的人生道路就这样走下去？难道实现不了大学梦就不能掌握现代科学技术？难道我们码头工人就不能摆脱这种出大力、流大汗的命运吗？

在港口多年的生产生活中，我深信一个理儿：一个人可以没文凭，但不可以没知识；可以不进大学殿堂，但不可以不学习。只有知识才能改变命运，只有发愤学习才能成就未来。

工作需要什么，我就学什么

志向好立、决心好下，但对我这个初中文化的码头工人来说，学什么、怎么学，难度确实很大。刚干皮带机电工时，我就用休息时间学习电工知识，看设备图纸，掌握了电工技术。领导看我好学，就调我去操作当时最先进的机械——门机。那时，我把队里的技术书都看遍了，还觉得不过瘾，就到处找同学借书看，时间久了，怕同学麻烦，我又从生活费里省钱买书看。新书贵就买旧书，有一次下了夜班，我骑自行车跑了 40 多里路，到李村集书摊上讨价还价，买了几本旧书，回到家顾不上休息，先过足书瘾。工作中遇到不懂的事儿，我就向身边的技术人员请教，学习中有好的体会和想法，我就赶快记下来。多年来，我坚持工作需要什么就学习什么，带着问题去学，这个习惯一直保持到现在。

一定要争口气，学会自己修桥吊

由于我肯钻研、技术好，1984 年青岛港组建集装箱公司，我又被选为第一批桥吊司机，那可是当时青岛港最先进、造价最高的大型装卸设备。面对新岗位、新设备，我的学习劲头更足了，桥吊也开得越来越好，很快成了队里的骨干。正当我准备大干一番时，发生了一件让我刻骨铭心的事儿。

那是 1990 年，我们使用的一台桥吊控制系统出现了故障，因为自己修不了，就把外国厂家的工程师请来。我清楚地记得外方专家的维修费特别昂贵，他在青岛港仅干了 12 天，就一下子卷走了 4.3 万元人民币。而当时我们全队上百人，几十台机械，忙活一天一夜，也不过挣个三四万块钱。这件事深深地刺痛了我，他一天卷走了我一年的工资，我真心疼啊！好几天都睡不着觉，心里琢磨，我能不能自己修桥吊？当我试着向外方专家请教点“真经”时，人家耸耸肩，不屑一顾。说白了，就是瞧不起我们，对我们搞技术封锁，永远把我们当“门外汉”。

我的心在滴血。我发誓：一定要争口气，学会自己修桥吊。为了攻克这门技术，我着魔似地钻研，终于发现，所有的技术难点都集中在一块块控制系统模板上。我大胆设想：用桥吊的模板倒推电路图。为什么要这样做？原因很简单。当时，桥吊上最核心、最难懂的就是瑞典 BBC 电力拖动系统，掌握这个系统必须要有完整的电路图。有了这张图，就等于解剖了桥吊的全身电路神经，处理起故障来，就变得轻松多了。可是外国人为了保护自己的尖端技术，不但没给我们留下电路模板图纸，就连最基本的数据也不提供。

为了“解剖麻雀”，那段日子，每天下了班，我带着借来的备用模板（桥吊上共有两套模板，一套在用，一套备用），一头扎进自己的小屋里反复揣摩。一块书本大的模板，一面是密密麻麻镶嵌的上千个电子元件，另一面是弯弯曲曲的印刷电路，这样的模板在桥吊上一共有 20 块！盯着模板上正反两面小的像蚂蚁一样的 2000 多个焊点，再仔细观察各种不足半个厘米长的电子元件，我认真地进行模拟勾画。为了分辨细如发丝、若隐若现的线路，我用玻璃专门制作了一个简易支架，将模板放在玻璃上，下面安上 100 瓦的灯泡，通过强光使模板上隐身的线路显现出来，然后再一笔一笔地绘制成图。这样，一晚上要连续干几个小时，眼睛累得看不清了，我就到冰箱里取出事先准备好的毛巾，敷上一会儿。光分辨这 2000 多个焊点，已经够麻烦了，它们之间怎样连接，学问更大，一个点前后左右可能有 4 条连线，每一条连线可能又延伸出两条，两条再变成 4 条，最多的要变到二三十根连线，每个点、每条线，我都要用万用表试了再试，一条线路常常要测试上百个电子元件，最终试出一条通路来。

后来，青岛港又上了新桥吊，技术升级了，它用的是美国通用电气公司的电力拖动系统，这次倒推模板更困难，因为它使用了带夹层的印刷电路板。为了一根信号线，我苦苦地查了一个多星期。那段时间，我就连给老岳父陪床，都一直把模板揣在怀里。晚上，老人睡了，我就跑到病房的走廊里，站在灯下看板子，苦思冥想。

从瑞典的 BBC 到美国的 GE，我前前后后用了整整四年的时间，一共倒推了不同型号的 12 块电路模板，绘制好的电路图纸有两尺多厚。从那时起，这套模板图纸就作为桥吊司机的技术手册，成了青岛港集装箱桥吊排障、提效的“利器”。当上海港机厂的专家得知我倒推了模板时，连连惊叹：不可思议，这在全国沿海港口也是独一份儿！

尽管如此，我对自己的技能仍不满足，除了掌握数字控制系统外，我买来清华大学的《可控硅整流技术》教材，从原理上学起。还先后学习了《模拟电子数据基础》《电机及拖动原理》和《系列可编程序控制器数据图表》等高校教材。

看着我常常回家一学就是大半夜，妻子经常劝我：差不多就行了。我很理解她的好意，常和她说："这也是没办法的办法，谁叫咱底子薄呢！现代技术变化这么快，不学怎么能跟得上？"

我还常想："咱当不了科学家，但可以练就一身'绝活儿'，做个能工巧匠，无愧于时代，无愧于港口的培养。"

我用微雕精神做"铁匠"

1976 年，我刚开门机时，由于技术不熟练，矿石装火车撒漏较多，加大了工人的劳动强度。其实我知道，矿石装火车标准很高，多了，需要装卸工人把超重的卸下来；少了，又给货主造成损失。我就下决心苦练操作技术，每次作业完毕，别的司机都下班了，我自己留在车上反复练习。几个月后，一钩矿石"抓"起，稳稳地落在车厢内，由于操作准、无撒漏，工友们都叫这是"一钩准"。

改革开放为我们产业工人提供了成才的大好机遇，尤其是青岛港的跨越式发展，为我们码头工人创造了施展才华的广阔天地，使我们有使不完的劲，练不完的本领。

开桥吊，看似简单，在别人眼里不也就是集装箱的一拿一放吗？但我认为驾驶技术要练到家，可不是件容易的事。桥吊的驾驶室距地面 50 多米，从上往下看，集装箱的 4 个锁孔小得像针眼，十几吨的吊具落下，4 个爪必须准确地插入抓取孔中，稍有疏忽，难免磕磕碰碰，既影响货物的安全，又损害了设备。装卸工们戏称桥吊司机是"铁匠"，我听了心里很不是滋味。有一次，我从"微雕艺术"中得到了启发，有人能在一颗大米粒儿上雕刻出一篇诗词来，凭的就是一种坚韧不拔的意志和精益求精的高超技术。那么难人家都能做到，我们为什么就不能做到无声响作业？

话好说，可做起来谈何容易！有的工友说：集装箱是铁的，船也是铁的，车也是铁的，铁碰铁，能不响吗？而我坚信，只要勤学苦练，就一定能做到！我通过控制小车水平运行速度和吊具升降的角度，进行反复练习，渐渐达到人机合一。操作中，用眼上扫集装箱边角，下瞄船上装箱位置一点，手握操纵杆变速跟进找垂线，打眼一瞄，就能准确定位，既轻又稳，既准又快，终于找到了最合理、最快捷的操作方法——“无声响操作”。

我随即编写了操作要领，先培训了几名骨干，然后在全队推广。1997 年 11 月，老港区承运了一批经青岛港卸船由新疆阿拉山口出境的化工剧毒危险品。作业中，一旦出现碰撞，就有可能引发恶性事故。当时铁道部和船东、货主的领导亲赴现场。为了确保安全，码头、铁路沿线全派上了武警和消防员，他们身着防化服，全线戒严。船靠岸，在我的指挥下，桥吊司机们精心操作起来，一个半小时后，40 个集装箱全部被悄然无声地卸下，又一声不响地装上火车，现场人员悬着的心终于平静下来。船东代表感慨地说：你们这种作业简直如“行云流水”！就连在场的铁道部副部长也竖起了大拇指：青岛港，了不起！

没有攻不下的难关

开桥吊是高空危险作业，我始终惦记着生产和工人的安全，不敢有半点马虎。经过统计发现，桥吊作业中最容易出安全问题的环节就是箱子一起一落时。为避免发生问题，我要求桥吊司机在吊箱时都要“二次停钩”，就是箱子刚离地和快落地的一刹那，紧急制动，先观察后起落，这样做虽然使每次操作时间多了几秒钟，但杜绝了事故隐患，提高了生产效率。

这些年来，我不仅能排除一般的机械故障，就连一些精密的技术部件也能修了。桥吊上的重量传感器是国外厂家的“王牌”产品，按规定不能打开，再加上技术保密，坏了只能更新。换一个，就需要 1 万美元；不换，就要降低 60% 的作业效率。时间上，我们等不起；费用上，我们也舍不得。这时，我又打起了修“王牌”的主意。我查阅了大量外文资料并向有关专家咨询，初步了解了它的基本原理和构造，为稳妥起见，我决定上桥吊检修，当看到像手电筒一样的传感器上醒目地印着英文“k_i_n_g”时（就是“王牌”的意思），心旦想：顾不得这么多了，先打开再说。可打开一看，只见竹子洞大小的空洞里，有满了蜘蛛网般的电阻丝，像人的大脑神经一样，我倒吸了一口凉气，这东西能修吗？不修，桥吊还是那个样。我坚信：外国人能造出来，我就一定能修好。为了了解它的核心性能，我翻来覆去研究了两个多月，将每根线的颜色和位置都做了标识和记录，避免混乱。然后，我戴上眼罩，拿着修表用的镊子，仔仔细细地一根一根地检查，终于发现是一根细如蚕丝的电阻丝断了。为了准确焊接，我把最顺手的电烙铁磨尖，自己配了焊料，顶着强光，像脑外科医生实施手术一样，小心翼翼地焊接，一次不行两次，两次不行再来一次，整整用了一周时间，终于将外国人的“王牌”产品修好了。

这件事使我受到了很大的启发：凡事只要敢作敢为，再加上科学的态度，就没有攻不下的难关！

我坚信：“人总是要有一点精神的，干就干一流，争就争第一，拼命也要创出世界保班名牌，为企业增效，为国家争光。”

终生难忘的时刻

2001年，青岛市和青岛港集团作出了启动前湾集装箱码头、实施外贸集装箱西移的战略安排。有专家断言，西移是青岛港生死攸关的大事。而影响西移成败的关键，就是新型桥吊的如期安装。

这年11月下旬，常德传总裁代表集团在现场亲自任命我当桥吊安装总指挥。当时，我懵了，做梦也没想到领导会把这么艰巨的任务交给我这个普通队长。看着码头上堆了13船的桥吊部件，再算算仅剩下40天工期，要把几十件上百吨重的机架和数不清的零部件组装成75米高的桥吊，哪有那么容易？任命的当天，我一夜没合眼。港口的事就是天大的事，退缩推辞，个人得失是小事，桥吊安装不起来，港口的集装箱发展就会因此失去机遇。这次“军令状”我立定了。无论如何，也要保证让桥吊 12 月 31 日矗立在黄岛新港区的码头上！

接受任务后，我先办了两件事：一是打电话告诉爱人，我在黄岛干活，从现在到年底的一个多月不回去了，让她放心；二是买了 10 箱方便面，铁了心吃睡在工地。

办完这些事，我就全力以赴地投入桥吊安装。当时的前湾码头还是一片荒地，几乎没有生活设施，天气又特别冷，现场用来办公的集装箱里，内外温度几乎一样，都在零下十几度，每天早晨脸盆里的水都冻成了冰疙瘩，穿上冰冷的工作鞋，总要跺几分钟的脚才能暖和过来。现场送的饮用水不够喝，我和工友们就提着两个大水壶跑一里路找消防栓接水烧着喝；吃饭的地方在三里地以外，有时错过了点，就干啃方便面、凉馒头；困了，就把倚在集装箱墙角的纸壳放平，盖上大衣打个盹。每天从早忙到晚，没睡过一次囫囵觉，经常是眼里布满血丝，嘴上裂开了口子。有一次感冒发烧，几天不退，身子像散了架一样，走起路来都发飘。但我始终硬挺着，不让自己倒下去，我对自己说：振超啊！你如果是条汉子，就要顶起来，站稳了，绝不能在这个节骨眼儿上倒下去！

2001 年 12 月 31 日晚 22:17，是我终生难忘的时刻！经过 40 天没白没黑的奋战，重 1300 吨、长 150 米、高 75 米的超大型桥吊，终于矗立在前湾港宽阔的码头上，这一刻将永远载入青岛港建设北方国际航运中心的史册！在场的人都欢呼起来：成功了！我和工友们激动地流下了热泪。如今，每次经过这台桥吊我都会停下来，特意多看它几眼。在别人眼里，或许那只是一台普普通通的桥吊，可在我的内心深处，它却是一座永恒的丰碑！

创造并刷新世界纪录

随着港口西移战略的顺利进行，现代化桥吊一台台增加，带领职工创造世界纪录这个念头在我脑海中越来越强烈，也越来越自信！

2003 年 4 月 28 日夜，我们在“地中海法米亚”轮上打响了创造新纪录的攻坚战。战斗于晚上20:20打响，当时，现场灯火通明，气势磅礴。我带领所有技术骨干披挂上阵。在320多米长的船边，8台大型桥吊一字排开。我极力控制自己激动的情绪，嘱咐每名司机要沉着镇定，不住地给大家鼓劲加油。而当时，我却是非常紧张的，因为作业前10小时我就拿到了船舶资料，这条船要创世界纪录非常困难，船上的重箱占60%以上，各舱货物配载又不均衡，这将大大降低我们的作业效率。但我想，纪录是人创造的，我们就是要凭硬功夫创造出世界纪录来！

作业中，司机们精力高度集中，操作准确、快速，集装箱划着抛物线在空中不停地飞过，码头上大型拖车穿梭不停，安装在桥吊支架上的钟表嘀哒嘀哒有节奏地跑着，时间在一分一秒地过去，我的心都要跳出来了。就在作业最紧张的时刻，28号桥吊运行速度突然慢了下来，凭经验我立刻断定是控制吊具的限位器松动了，迅速检查，不到2分钟就排除了故障。到凌晨2:47，我们终于完成了该轮3400个标准箱的装卸，创出了每小时单机效率70.3自然箱和单船效率339自然箱的世界纪录，集团常德传总裁当场以我的名字命名为“振超效率”。

当时，我的心中充满了自豪！人群渐渐散去，我却待在现场久久舍不得离开，盯着桥吊上“工人伟大，劳动光荣”8个大字，我的眼睛湿润了，激动的心情就像体育健儿在奥运会上夺得金牌一样，我们用事实证明：中国的码头工人不比别人差，别人能干的，我们也能干，别人不能干的，我们照样能干！

5个月后，我率领团队又把每小时单船339自然箱提高到了每小时381自然箱，再次刷新世界纪录。

（作者时为青岛港产业工人代表）

戴全明　进城创业　改变了我的命运

我叫戴全明，是来自河南的一名农民工，宁波是我的第二故乡。同样，宁波为我搭建了创业平台，改革开放给了我一个追求人生意义的支点，让我从一个连碗面条都吃不起的农民工变成一个公司的老板、一个区的人大代表。

我的 1981 年——打工的经历

1961 年我出生于河南省平舆县庙湾镇代关庙村，家中有兄弟五人，我是最小的一个。6 岁那年，父亲去世了，五兄弟和会做裁缝活的母亲相依为命，家里很清贫，经常是一大堆红薯或者玉米面窝头充当全家人的一顿饭。初中毕业后，我上了不用交学费的卫校，可一年没上完，就因支付不起学校里的生活费回家务农。1981 年，我跟着同乡赴山西运城打工，算得上是中国第一代农民工。那一年，我刚好 20 岁。在山西，我当过煤矿电工，修过马路，当时的日工资只有 2.5 元。之后又辗转陕西、湖北、河南等地，在建筑工地打工的同时，学会了一门做建筑防水工程的手艺。

我的 1993 年——希望在宁波

1993 年，我背着行李和做防水工程的工具箱来到宁波。下火车后，我住进人民路上的一家小旅馆，为了省钱，第二天改住孔浦一家简陋的旅馆。到了第三天，连 8 元一晚的简陋小旅馆也住不起，于是和两名同乡一起在江东区明楼街道租了一间 8 平方米的小屋子，每月租金 90 元。

我刚到宁波时的心情甭提有多高兴了。那时候，宁波市刚开始大规模的城市建设，建筑工地上一派火热。我心想，宁波有这么多建筑工地，还愁找不到防水的活儿？但现实并非如此，当时，宁波的外来务工人员还很少，加上当时的宁波人对外来务工人员还不是很信任，不放心把活儿交给外来人员干，尽管整天走街串巷找防水补漏的活儿干，也很难揽到活，经常没事干，最穷的时候连买面条的钱都没有，给刚到宁波时的兴奋浇了盆冷水。

在一个饥肠辘辘的午后，我决定抛弃羞涩，骑着一辆破自行车到一些旧房区，一户户敲门自荐，告诉人家，如果要修房就找我，我保证 5 年不漏水。其间，我得知明楼街道林家社区居委会的两间旧屋子四处漏水，就主动上门维修，并拍着胸口保证 5 年内不漏水，如有漏水则不收一分工钱。结果，经过几场大雨的考验居委会干部主动来找我结账。居委会的房子果然修得很好，消息传开后，越来越多的人开始找我修房子。凭着精湛的技术、贴心的服务，我终于在宁波站稳了脚跟，还开始雇起了小工，并有了当老板的迹象。

我的 1995 年——事业发展的源泉

1995 年，我组建了一个工程队——“禹明”工程队，雇了 20 多个工人，尝试着做起了老板。而“禹明”这个名字却包含着我的一片深情。“禹”代表着我父辈生活过的河南禹州，这是我的第一故乡。“明”则代表宁波，宁波古称明州，我将宁波视为我的第二故乡。同时，“禹”又代表着为了治水“三过家门而不入”的大禹，我的工程队要注入大禹的这种精神，“明”又代表着我在宁波这座城市感受到的可贵的文明，我的工程队要为这一文明增砖加瓦。“禹明”承载着我的希望。

我对工程队倾注了全部的心血。一开始，我给工人包吃包住，工人无论劳动量多少，都拿一样的工资，这样就出现了消极怠工现象。于是我着手加强工程队的管理。着眼激励工人的积极性，将工程队分成几个小组，每组都有一个组长，提前完成任务的组可以加工资，没有按时完成任务的组则少拿工资。很快，工程队的工作效率有了很大提高。

虽然当上了老板，可由于儿女要读书，老家的岳父母要供养，经济一直很紧张，企业也做不大，一些大单位还是不能信任我。在这种情况下，我再次用诚信去赢得客户的信任。有一次，我购买防水材料时钱不够，建筑材料店老板就让我先把东西拿去，所欠的600元钱过几天再还。我在约定还款的当天，从租住的明楼街道来到位于人民路和环城北路交叉口的建筑材料店时，已是晚上8点多，店门已关了。我敲开门时，老板很是惊讶。以后，我来这个店里买东西，不仅价格便宜，有钱没钱随时都可以提货，店老板还成了我的义务宣传员，我的客户也越来越多。现在，宁波许多大单位都是我的客户。汽车东站、家乐福、天一广场、游泳健身中心等市区大型建筑工程，以及江北区政府的办公楼、居民的住宅楼都留下了我和工友们的足迹。同时，我也注意不断的学习，获得了国家高级防水工证书。此后，又成立了自己的公司——宁波禹明建筑防水工程公司，成了真正意义上的老板。自此，我的生活揭开了新的一页。我把妻子和一双儿女都接到了宁波，共同享受宁波的文明成果。

我的2003年——真情回报社会

尽管我的公司并不大，而且每天在楼顶铺油毡，挣的都是辛苦钱，一年也就三五百万元的业务量，但我对第二故乡始终心存感激，所以我乐于拿出钱来帮助更困难的人。我向江东区人民教育基金会多次捐款，每年都是“慈善一日捐”活动的积极参与者，几年来累计捐款已有数万元。有人问我为何如此大方？我总是笑着对他们说：“我到宁波打工后，日子好过多了。这里的人好，是他们帮助了我，现在别人有困难，我能帮就帮上一把。”我还不间断地为困难职工、老年居民义务修补屋顶，且不收一分钱。2003 年我获得了宁波市“慈善之星”称号。将第二故乡对我的关爱与支持变成回报社会的实际行动，我为此作出了不懈的努力。而在参与各项公益活动和社区事务中，我的个体素质也得到不断的提升：2004 年在江东区社区换届选举中，我以 75.6% 的高得票率当选为林家社区居委会委员，同年 12 月被评为宁波市“优秀外来务工者”；2006 年获得了浙江省“最感动您的民工”的称号。

我的 2006 年——幸福的新居

2006 年是幸福的一年，这一年我们全家结束了租住旧房的历史，我在宁波高新区买了套 105 平方米的房子，家里还添置了液晶电视等电器。这是早些年想都不敢想的事，也可以说是我到宁波安家后的最大变化。我 1993 年来到宁波，20 年先后搬过 9 次家，第一个住处只有 8 平方米，住了 3 个人，旧自行车是唯一的家当……和现在相比较真是天壤之别。不仅如此，我的生活也揭开了新的一页。在宁波生活的一双儿女，受到了很好的教育，两个孩子来到宁波后就近入学，学校减免了一半的学费，老师还常常上门来给孩子补课。儿子去年考上浙江的一所大学，专修园林设计，女儿目前在杭州读高中，一家人的日子过得和和美美。

我的 2007 年——荣誉与责任

2007 年是我更加难忘的一年，这年 1 月，我当选为江东区第九届人大代表。其实，我的参政之路还可以追溯到更早，在 2006 年 2 月，我就作为外来务工人员的代表列席了市人代会，成为宁波市人代会旁听史上第一位外来务工人员。

我最自豪的是，2006 年列席市人代会时提的 11 条建议，现在有 8 条变成了现实。这 11 条建议中包括：强制用人单位给农民工办理医保；建立农民工与本地工人同工同酬制度；让外来务工人员子女免交借读费等。这一方面是社会进步的结果，另一方面也有我的一分力量。

2007 年 1 月，在江东区人代会上，我提出了《加强市容整治的建议》的议案。议案指出，宁波不少新建楼房外墙渗水，修补后补上部分的颜色和原来房屋颜色不相吻合，成为城市的“特大牛皮癣”，一定程度上影响了市容市貌。同年 5 月，江东区物业办及时联系相关的物业公司，督促物业管理企业对管辖小区一一进行排查，发现有几个小区确实存在房屋“特大牛皮癣”现象。随后不久，江东区物业办及时作出整改，并对我的议案作出回复，我履行了一名人大代表的应尽职责。

我的 2008 年——美满的家庭

我的妻子李景是一名家庭主妇，在来宁波之前，她连远门都不敢出。我们到宁波后生活也有了巨大的改善，面对宁波人的无私帮助，妻子很感动，她也经常做一些善事。

2006 年以前，我们一家租住在城乡结合部，左邻右舍都是外来务工人员。妻子经常将自己蒸的馒头、包的水饺送给大家吃，每到春节或是中秋节，周围的外来务工人员都会聚到我家，吃妻子包的水饺。此外，妻子还经常帮社区工作人员打扫路面。

2003 年，我听说社区要进行“慈善一日捐”活动，就把原来准备买手机的 1000 元钱捐了出去。回家后，把此事告诉了妻子，她说：“我们都是贫苦出身的人，应该帮助比我们生活更困难的人。”她又拿出 2000 元钱让我去捐。

2008 年 3 月 8 日，江东区妇联和江东区人口计生局联合主办的第四届“美丽妈妈”评选揭晓，妻子榜上有名，不仅因为她将两个孩子都培养得很好，还因为她有一颗美丽的心灵。

这就是我——一名曾经吃不饱饭、租不起房的农民工变成建筑防水工程公司老板在宁波的纪年表。

（作者2006年获得浙江省“最感动您的民工”称号、曾任宁波市江东区人大代表　谢建初/整理）

戚秀玉　“戚秀玉职业介绍所”是怎样诞生的

劳服公司职介部和“即时服务”

在 1993 年这个全国计划经济转型的重要时期，大连计划经济性质的就业也开始了向市场就业的转型。我那时在大连市劳动局下属的劳动服务公司职业介绍部工作。我们这个部是大连市安排下岗失业人员再就业的主要窗口，我和部里的几位同事就成了大连市劳动力市场的第一代职业介绍员。

面对那些到部里找工作的下岗失业人员，我和同事都理解他们的难处，心里跟他们一样着急，总是热情地接待他们，想尽办法把他们送上新的工作岗位。时间长了，许多下岗失业人员都认识了我，亲切地管我叫“戚大姐”。

1995 年，大连市现代企业制度改制进入集中期，这一年起每年都有大批成建制的企业实施破产分流。早期每年到我们部里来求职的人员，也是被企业生产一线“优化组合”下来的失业人员，只有几百人，到了 1995 年后，每年企业整体破产分流的下岗失业人员达到几千人。由于下岗失业人员的再就业工作密集度增大，再就业工作成为党和政府的“一把手”工程。

那个时候，看着到职介部里求职的人流，望着他们失望的背影，尤其是面对那些大龄下岗失业人员焦灼的目光，我和同事们心里火燎燎的，感受到巨大的压力。跟我们一样，劳服公司的何来生经理也坐不住了，他来到职介部，和我们一起分析就业形势，寻找解决办法。经过分析，我们发现，从求职人员的构成来看，主要有两种类型：一是一些年龄、文化、技能等条件较好，家庭经济状况也较好的人员，他们对于再就业持等待和观望态度，一心想找一个条件好的“热门”岗位；而一些年龄较大、家庭经济状况又差的人员，没有条件等待和观望，再就业的心情很迫切。从工作岗位来看，虽然总的来说比较紧张，但一些“冷门”的岗位还是有的。分析的结果使我们眼前一亮：将急于就业的求职人员与“冷门”岗位对接，不就是解决问题的一个办法吗？何来生经理当即拍板：“我们搞一个承诺——‘不挑不拣，48小时就业’。这个承诺就叫‘即时服务’吧！”

1998年1月4日，即时服务开始启动。市委市政府和市劳动局对即时服务十分支持，为保证这项工作落实，市劳动局在市内四区设立了六个即时服务所，建立了专门搜集空岗的信息队、执行清岗的监察队。

现在来看，“即时服务”是一个行政式服务和市场就业相结合的产物，是适应市场就业转型时期需要的一项举措。不挑不拣不是行政式的包办，也不是完全化的市场就业，它是一个转型时期解决那些急于就业群体困难的半市场化方式。那些没有时间等待和观望的大龄特困人员，那些认清形势走自己就业之路的下岗失业人员接受即时服务，为下岗失业人员自主就业做出了表率，从而也潜移默化地改变了社会就业观念，使人们逐渐脱离了计划性就业的观念，接受了一个人员多项选择的全新市场就业形式，使政策式的破产分流转而成为规范式操作和市场化的有序分流。

“戚秀玉职业介绍所”问世

“即时服务”解决了那些大龄特困人员的就业问题，在社会上引起很大的反响，报纸、电台、电视台都进行了报道，我们部成了典型。大家给了我很大的荣誉，使我在下岗失业人员中的“知名度”更高了。

经过三年多的运作，职介部的工作更加正规、成熟，人们的就业观念也有了很大转变。这时，已担任劳动局副局长的何来生同志又把我们找到一起说：“我想把你们职业介绍部改成职业介绍所，名字嘛，就叫‘戚秀玉职业介绍所’吧！”

我当时挺不好意思的，何来生说：“你的知名度高，下岗失业人员都知道你。这也是一个尝试，干好了，‘戚秀玉’能成为一个品牌！”

事情就这样定了下来。经过认真的筹备，1999 年 1 月 4 日，“大连市戚秀玉职业介绍所”正式挂牌。那天，时任大连市副市长王承敏等市领导参加并亲自揭匾，大连市和驻连的国家级媒体纷纷做出报道。“大连市戚秀玉职业介绍所”一问世就引起广泛的关注，当年大连市工商局主动把“戚秀玉”三个字进行商标注册，这是大连第一次也是全国第一次用个人名字注册的社会服务品牌。

从职业介绍部到职业介绍所，表面上是从“部”到“所”的一字之差，但却带来了体制与机制的转变。这种转变是运行中不经意间发生的。职介所刚挂牌时，只有原先职介部的八个人。随着服务项目的不断扩充，业务量的不断增大，又陆续增加了不少工作人员。这些人员不再是事业编制人员，而是企业编制人员，对他们的管理也采用了企业化的管理形式。就这样，本来是解决编制不足的一种方法，却带来了一个用企业化形式管理队伍并从事公共就业服务工作的特殊形式。这个新形式也是对于公共就业服务机构自身转型问题的一个探索，以至于专家们将这种形式归纳为“公共就业服务机构激励管理机制”，成为全国劳动就业系统研究的典型课题，我们也多次在全国范围内做介绍。同时，“大连市以人为本的公共就业服务经验”三次在全国会议推广，“大连公共就业综合性服务”多次在全国会议上推广。

1999 年 10 月 22 日，国家劳动保障部副部长林用三来大连调研工作时，专门视察了戚秀玉职业介绍所。当他看到戚秀玉职业介绍所服务领域在不断扩展，为求职分类提供更加细化的服务时，给予了肯定，并且说：“我要好好宣传一下你们的做法。”2009 年 10 月 22 日，国家劳动和社会保障部部长张左已来大连视察劳动力市场建设、下岗职工基本生活保障和再就业工作。张左已部长对我市再就业工作情况给予了肯定，还特意看望我，给我赠送了笔记本和钢笔，并赠言："职业介绍当'大姐'，促进就业立新功。"

2010 年国家人社部副部长张小建在视察大连人力资源市场时说："大连市场的发展是我们设想的，也就是市场就业应该有的大连人力资源市场全有。"

永远不辜负求职群众的信赖

如今，大连的市场就业之路基本上发展成熟，"大连市戚秀玉职业介绍所"也发展成为大连市公共职业介绍中心，拥有 4000 平方米的服务场地，35 个服务窗口，18 项服务内容几乎涵盖了市场就业的全部功能。

大连市公共职业介绍中心和大连市戚秀玉职业介绍所 40 多次被授予国家和省市级荣誉称号，我本人也 70 多次被授予国家和省市级荣誉称号。2006 年 6 月，大连人力资源市场被国家人社部命名为"中国·大连人力资源市场"，从此，大连公共就业服务机构成为国家级人力资源市场。"戚秀玉"这一"社会服务品牌"多次被评为全市和省"著名商标品牌"。"戚秀玉"已成为大连市的名片，成为国家级就业服务工作的代名词，而不再为我个人所有。

我想，我们所和我取得的一切，都来源于求职群众的高度信赖。想他们之所想，急他们之所急，应当成为我们至高无上的工作信条。

2003 年，当我被选为全国十届人大代表时，我提交的第一个建议就是"建议修改新时期市场就业方针"。这个建议最终得到全国人大的高度关注，促进了新的市场就业方针形成。2004 年，我参加十届人大二次会议时，又提出了"关于其他所有制企业下岗职工应同国企下岗职工一样享有《再就业优惠证》待遇"的建议，这个建议反映了下岗失业人员再就业中的一个重要问题，经过全面考虑，人社部下发了"其他所有制企业下岗职工享有与国有企业下岗职工同等优惠政策待遇"的文件。

我和我的同事们将永远把求职群众揣在自己的心里，把他们的需求作为自己工作的追求，不断思考和探索新的工作思路，让大连人力资源市场永远走在市场就业的前列。

（作者时任大连市戚秀玉职业介绍所所长、大连市职业介绍中心主任）

陈明钰 **“小陈热线”的故事**

我出生在陕西省旬阳县一个落后闭塞的小山村。第一次听见改革这个词，是1982年夏天，我九岁那年。父亲看着报纸说“现在要改革了，真好”。当时我们全家人都很诧异，改革是什么，我们与改革有什么关系？因为改革对于一普通的农家人来讲，好像很远。或许是对这个词汇的好奇，我慢慢地开始关注报纸上对“改革”的解读。

学一技之长踏上新起点

1993年高中毕业，没能考上大学。我从《半月谈》上看到了养殖业的信息，于是说服父母给我100元钱购买小鸡饲养，以寻求通过搞养殖发家致富。但养鸡仅凭从书本上自学那点点知识是不够的，一腔热血面临着的却是失败的教训。高中毕业在农村算是文化人了，这次失败遭到整个村子对我这个“文化人”的质疑。面对这种质疑，我决定外出打工，并报名学习烹饪，想有一技之长到外创业会容易一些。

近半年的学习和实践后，我怀着从小对大海的向往，来到了青岛。我庆幸这个选择，它让我实现了一连串的梦想。“刚来时，想法很简单，就是打几年工，多挣点钱回老家娶媳妇。”刚到青岛时找工作屡屡碰壁，最穷困潦倒的时候，身上只剩 1.4 元钱，白天找工作，晚上睡候车室。几经周折，终于找到一家工厂食堂做临时工。打工的艰辛让我刻骨铭心，与上大学的同学通信给了我很大触动：现在是个需要知识的时代，学习的机会到处都是，只要自己抓紧，不是一样可以学出个名堂、圆大学梦吗？决心一下，说干就干。来到青岛的第二年，我就用攒了半年的工资，报名参加了法律专业自学考试。

自学考试难，打工青年参加自学考试更难。我首先要挣钱养活自己，还要省吃俭用攒钱交学费，更重要的是挤时间学习。白天打工忙活一天，真是筋疲力尽，晚上饭都顾不上吃，骑车 10 公里往学校赶。住的集体宿舍乱糟糟的，为了找个安静地方，在师傅的帮助下，我在一间厕所旁边辟出了一个 5 平方米大小的地方读书学习。

为了省钱买书，冬天舍不得买棉鞋，双脚冻得长满了冻疮。当时有些人笑话我“一个打工仔还想学法律，真不知天高地厚”，听了这些话，我暗下决心，憋足了劲要学出个样来给他们看。那三年的业余学习生活中，无论是严冬酷暑，还是刮风下雨，我一堂课也没有落下。我上的辅导班有五六十名学员，有一次下大雪，空荡荡的课堂上只来了我一个，老师感动地说：“就你一个人我也要讲！”1999 年 10 月，我终于完成了法律专业 14 门课程的考试，取得了山东大学法律专科毕业证书，并被评为“山东省优秀自考生”。打工期间遭的罪、受的累，没让我低过头、掉过泪，可捧着苦读换来的红彤彤、沉甸甸的毕业证书，我哭了。

随着改革开放的深入，沿海经济快速发展，大量中西部和欠发达的小城市剩余劳动力和农民转移到城市，在一些中小企业打工。由于经营者法律意识淡薄，在劳动合同履行的过程中，出现拖欠工资和克扣加班费等侵犯工人合法权益的事情。我身边很多农民工有过类似的经历，大多数人遇到问题时缺少有效的咨询和引导，导致一些冲突发生。我通过法律专业的考试后，产生了用自己学到的专业知识，为打工新市民提供帮助的想法，便试探着找到了团市委。团市委非常支持我，并联系青岛新闻媒体。2000 年 11 月 23 日，青岛晚报发布消息，专为新市民服务的“小陈热线”正式开通。

一支团队，成就万千梦想

至今让我难忘的是，第一个打进热线的不是寻求帮助，而是来道谢的。那是一个卖报纸的新市民，看到报上登的消息后立刻打来电话说：“咱打工的也有自己的热线了，谢谢你！”当天热线电话一直持续到深夜，共接听了 31 个电话，其中咨询工资的 21 个，工伤的 3 个，非法拘禁、殴打的 1 个，伤害赔偿的 3 个，退亲要不回彩礼的 1 个，其他咨询的 2 个，我一一认真作了记录，并尽自己最大可能为他们讲解相关法律知识，或提出一些建议。

2001 年春节前，建筑包工头老王打来电话说，自己带领 78 个工人在一家工地粉刷墙壁，到年底老板欠款 32 万元，回家过年没有拿到钱的 21 位老乡住进了老王家。老王的母亲和妻子一日三餐伺候，老王整天往返于工地、项目部和公司，像皮球一样被踢来踢去，十多天过去仍要不到钱。听到一个近 50 岁的男人在电话中的哭声，我决定出面帮帮他。

第二天，我和老王来到项目部，我先向项目部经理说明了来意，也说了老王家庭遇到的困难。项目部经理反而提出老王的工人有些活干得不是很好，在粉刷面积计算上双方存在异议。对此老王也认可。看到双方都有解决问题的诚意，我提出我的观点，房屋粉刷质量要求应该按照双方协议执行，面积按照实际丈量尺寸为准。在这个过程中，邀请第三方来进行确认。这个建议得到了双方的认可，最后工程量总核算比原来的少了一些，老王也心服口服。由于包工头的配合和项目部经理的努力，三天后，老王高兴地拿到了工钱。

2003 年底，在一家酒店干厨师的小赵打来电话说，年初来酒店时约定，老板每月从工资中扣除 500 元作为押金，等到年底一次结清。但是到了年末，老板却以小赵炒菜浪费油为由不予支付他的押金。面对突如其来的情况，小赵不知所措。原来，小赵年底回家要订婚，如果拿不回钱去，婚事就有可能要吹。郁闷之下他喝了点酒，借着酒劲想把老板砍了。听到这里，我感觉不妙，决定先稳住小赵的情绪，约他见面谈。到了小赵约好的胜利桥，远远地看见一个青年手上拿着菜刀，我叮嘱同去的志愿者小刘，等会儿见面后，先把菜刀给拿过来。

我们三人找到了一家小饭馆，边喝酒边交谈。我明确对他说老板克扣工资是违法的，劳动监察部门不会坐视不管。同时砍人更是犯法的，害人害己还会累及爹娘。喝酒中小赵情绪得到了释放，号啕大哭，说他也知道砍人将会负刑事责任，但是一时走不出来。听了我一席劝，明白了遇到事情不要冲动，多用沟通的手段。按照我的建议，小赵第二天找到了劳动监察部门，事情顺利地解决了。

山西大同的吴光兵，2003 年来到青岛，干了五年，换了 11 份工作。工作生活一直不能安定，小吴很是纠结。缺少人生规划，这是年轻打工者普遍存在的问题，于是和小吴相约在我们办公室喝茶。

在交谈中，发现小吴很聪明，有责任感，得知他在学习技能和自己开店两个方向上很纠结。我针对他的情况做了分析，学习技能是当前最好的路子，因为国家通过很多政策来鼓励技能提升。我提出可以通过我们的爱心接力计划来帮助他。几天后，我带着小吴来到事先联系好的培训学校学电焊，经过了近半年的学习，还没有毕业的时候，小吴就被一家造船厂“抢”走了。2011 年 3 月，小吴从上海打来电话，说被上海的一家顶级的造船厂给“挖”走了，月薪 1.5 万元。说感谢这部热线，希望能有更多年轻人通过这条热线，实现自己的心愿。

新市民之家服务新市民

2006 年，在青岛市南区委、区政府支持下，在“小陈热线”基础上成立了“新市民之家”。在政府的推动下，越来越多的人志愿加入这个大家庭，通过搭建平台，组织志愿者专门为新市民提供职业培训、法律援助、职业信息中介等免费服务。

随着越来越多新市民把孩子带到城市上学，孩子成为新市民之家关注的另一重点。这是因为，与父辈不同，孩子不太可能回到农村去了，只有具备了在城市生活的能力，他们长大后才不会被边缘化，不至于既回不到农村，又融不进城市。考虑到很多新市民收入不高，给孩子请家教有困难，新市民之家开设了周末免费课堂。每学期，都会有200多名孩子，来学习作文、英语、素描、剪纸等10多门课程。

我们还发现，很多年轻新市民因为工作繁忙和行业用工差异，导致找对象难。我们便定期组织联谊会，通过爬山、歌声进社区等丰富多彩的活动让年轻人聚在一起，互相了解，互相认识。东北小伙儿杨峰、山东姑娘张雪分别来自城阳的一家机械加工厂和制衣厂，在我们的活动中，他俩都是活跃的志愿者，在为他人奉献的同时，两人也走在了一起。自2007年以来，经过我们组织活动认识、恋爱并结婚生子的已经达到了154对儿。许多新市民亲切地称我们机构为“娘家”。

2007年，在城阳区委、区政府的大力帮助下，又在流亭街道成立了“新市民家园”、在棘洪滩街道成立了“青大一家人”两个同类性质的综合服务性公益机构，进一步扩大了服务新市民的范围。

2011年4月21日和2013年7月12日，两任团中央书记处第一书记先后来到新市民之家和新市民家园调研时，给予机构高度的评价：“这里给我们共青团干部上了一堂非常鲜明、生动的党的青年群众工作课。团组织根本的生命力就在广大青年当中，载体就要靠基层，你们全部的探索都证明了这一点，并因此找到了我们的组织存在的价值。”

这些年，“小陈热线”和新市民之家做了一些工作，党和国家也给了我多个名誉和称号：2006年我被评为青岛市十大杰出青年，2007年团中央授予我“中国五四青年奖章”，同年山东省授予我“山东五四青年奖章标兵”，2008年我被评为青岛市劳模。一路走来，心中不时在思考，自己收获了很多梦想，得益于改革开放，得益于党的领导，更得益于青岛这座像海一样胸怀开放的城市。我要感谢这个时代，感谢这座城市。

（作者时任青岛市市南区新市民之家主任、青岛“小陈热线”创办人）

周德文　我成为拥有“蓝印户口”的第一批外地人

从上海买房说起

我最初在上海买房，并不是单纯为获得上海“蓝印户口”。只是买房后，我确实看到上海以开放的市场、宽广的胸怀吸引外地人，给外地人以机会，我才最终下决心成为“新上海人”，并成为上海第一批拥有“蓝印户口”、进而享受这项政策的外地人。

说到在上海买房，还得从 1994 年说起。那时，我在上海做服装生意，每次从温州到上海来很不方便。如果晚上坐火车，第二天早上到上海，每次都要匆匆忙忙地在上海办事，事情办完后马上就要赶回去。要不然的话，就要住宾馆，开销不仅很大，而且不方便。

以后，我便萌生了在上海买房子的念头。但 20 世纪 90 年代，在上海买房并不是件容易的事情。那时，听说上海卖房不出售给外地人，真要买，手续也很烦琐。1993 年时，我与友人一起创办了中外合资温州威丽斯服装有限公司（现中国·庄吉集团）。就在我们公司成立，我们生产的西服想通过上海的各大商场进行销售时，上海开始出台吸引外地人的政策了。一些原本只吸引外国人、对外国人销售的房子也开始对内地人销售了。

1994年，我开始关注上海售房情况。那时我们公司的产品已经进入上海，每次到上海办完事，我都要关注上海的房产信息，甚至实地去看了不少对外销售的房子。那次我办完事，买好回家的火车票后，就在新客站附近闲逛。看到恒基不夜城正对外销售给外国人的房子。我走进出售的房子去看了看，觉得这些房子造得真不错。

回温州后，我就和爱人讲起这事。说实在的，在上海买房一直是我的心愿。从小，我就对上海充满向往。那时候，每次听到周围人谈说上海，他们都会把“高档”“时髦”等词与上海相连。也许就是那个时候，我内心就对上海充满向往了吧。1993年，当我终于离开了我原本工作的温州大学、走上了经商之路后，我第一个念头，就是想怎样把我的产品销售到上海去……

我妻子支持我的想法。当我再次来到上海时，再次看了恒基不夜城的外销房。虽然许多上海人对地处闸北区的房子并不看好，但我倒觉得这个房子适合我。房子靠近火车站，便于我来往温州与上海之间；由于是外销房，已装修完毕，只要付完钱款后，就可入住，不需要去操心装修的事情。付清房款后，谁知有更加令人高兴的事情在等着我了。那就是上海正在吸引外地的人才，像我这样买了房的人，根据政策，能成为“新一代上海人”，而且能享受和上海本地人一样的读书、学习、就业等机会。

离开学校跨入商界

自从买了房子后，我成为穿梭于温州与上海之间的商人，深深地感觉到，上海这个中国经济最繁荣的城市，对我的事业发展太重要了。

我出生在20世纪60年代，做生意前是浙江温州大学教师。我大学毕业后，就被分到温州大学教经济理论。在学校教书期间，我思想一直很活跃，始终渴望将自己研究的经济理论，运用到市场经济的实际之中去。

1993年，就在我从教10年后，这样的机会真的来了。那时，我上课的班级来了一个温州搞电器的老板。在他进修的过程中，我们聊到了温州商业的业态。此时，这个正好想转型的老板，很欣赏我对全国商业市场的分析，于是竭力鼓励我走出校门，投身商海。

原本充满商业幻想的我，真的准备要投入市场去了。可问题来了。当时我还是个“穷书生”，没有多少闲钱能投入做生意的股本。那个老板主动对我说不要担心。他主动借我3万元人民币，我再凑起了几万元，便正式与几个朋友一起开始了商海之旅。

刚起步时，我做了市场调研。发现90年代初，虽然从1978年改革开放以来已有10多个年头，但由于长期的欠账，计划经济将人们对时髦高档服装的需求憋屈得太久了，以至街头许多男人都渴望拥有一套时髦西服。大股东、出资人拍板，到德国去引进一条生产高档西服的流水线，这在我们温州历史上尚属首次。

公司成立后，我自然首先想到上海，想到把产品辐射整个长三角甚至全国。上海，曾经是引领整个中国轻工产品的地方。我主动召集手下三个副总，共同商量布局整个中国产品销售，关键怎样把握好上海。我们决定在上海设办事处，选派一位副总和我的一批温大毕业生蹲点上海。

为了将上海这个市场做好，我甚至还动员出资人，也就是曾邀我下海的电器公司老板，让他把出重金聘来的一位工程师调来配合我们工作。那位工程师是上海人，他在上海有丰富的人脉关系，他还把自己的家做我们公司在上海的办事处了。

记得1993年刚到上海，由于计划经济痕迹过重，外地产品进入上海大型商场，并不容易。我广交上海朋友，让他们给我们公司出主意、想办法。

事业竟如预期那样顺利发展

1994年，我在上海买了房子。没有想到的是，买房以后，事业竟然真的如我预期那样，进展顺利起来了。

我曾有个感觉，上海人很认同有房产的人。如果一个外地人，上海话不是讲得太好，但如果他在上海有房产，他与上海人之间距离会缩短。以前我约客户见面，大都约到宾馆或者酒店，这样大家见面都好像很生分。人家总觉得你是外地人，交流时会出现一些问题。当我买了房子、又拿了“蓝印户口”之后，虽然我仍然上海本地话不太会讲，但是，我和上海本地人之间的距离感好像没有了。

我买了房，成为上海一分子后，上海人开始接受我了。那次，我和一些媒体的朋友交流，希望他们给我们在上海的业务出点主意时，一个报社朋友给我出了一个不错的主意。媒体朋友说，上海正在评选劳动模范，他让我主动找上海市总工会，要求给这些劳动模范每人赠送一套我们生产的高档西服，并且量身定做。他还说，这样的话，不仅我们的产品能够顺利进入上海的一些商场，而且，宣传开来真的成了不错的免费广告。

听了这个朋友的意见，我立即主动地找到市总工会，把我们公司准备给评选上的市劳模赠送高档西服的事，向领导做了汇报。当总工会领导明白我的意思后，立即答应了这件事。

我们派出了公司最好的裁缝，给评上的市劳模专门测量身材，颁奖会上给他们赠送量身定制的高级西服。看到这样挺括的面料、精良的做工、考究的样式，劳模们折服了，许多领导也很嘉许。记得当时来了一位副市长，他对我们的行为赞赏有加。

劳动模范里面，有几位就是上海大型商场的领导，由此，我们公司的高档西服就顺利地进入了上海各大型商场。上海第一百货商店，这个曾经让我童年充满向往的高档场所，顺利地为我们生产的高档西服设置专柜；南京路上一家有名商场——精品商厦，也成了我们高档西服的“展厅”。

上海——成就我事业的地方

我们的产品陆续走向上海，走向全国的各个商场。在我们的努力下，公司的高档西服，最多的一天在上海能卖掉 180 套。那时一般人的工资只有几百元，低档西服的利润每件只有 5—10 元人民币，而我们生产的西服都是几千元一套的高档产品。这样的销售形势，怎不让公司和我欣喜若狂。上海是让我事业插上翅膀的地方，我加快了要做“新上海人”的步伐。

我想早日获得蓝印户口，也许更多机会等待着我。这时候我了解到，只要是“在上海市投资、购买商品住宅或者被上海市单位聘用的外省市来沪人员”都可以在具备条件的情况下，经公安机关批准登记加盖蓝色印章。

加盖蓝色印章，也就意味着我可以名正言顺地住在上海，可以将它作为自己户籍关系凭证了。只要有了它，不仅我的孩子“入托、入园和义务教育阶段的入学”可以享受与上海市民一样的待遇，而且今后我成立新公司在“申领营业执照、安装煤气和电话”等方面，也与上海市民没有区别。这项政策还规定，蓝印户口满三年后，只要“在上海有合法固定住房，每年复验合格”，就可以转为常住人口，也就能彻底由“准上海人”到“新上海人”了。

在我的努力下，1994 年，我和我的儿子顺利地在上海拥有了蓝印户口，从而也正式成为上海第一代的“新上海人”。由于早早成了“新上海人”，我的儿子初中毕业后，他马上就享受到和上海本地人一样的待遇，并最终成为上海格致中学的高中生，从而早早地融入上海这座现代化大都市了。

我的温州企业，因为我有了蓝印户口，有了上海这个大舞台，企业有了更大的发展。后来，我转型成功，担任了民进温州市委的领导，开设的专门为温州中小企业服务的机构蒸蒸日上，为温州和上海的经济社会发展做出成绩，受到国家、省、市各级领导的表彰。

（作者曾任温州管理科学研究院院长　汪建强 / 整理）

董淑亮　唱响人生“三支歌”

对外开放使得国家面貌发生了翻天覆地的巨大变化。我的生活、命运与祖国，与这个伟大的时代是紧紧连在一起的。有了对外开放，才有我的教师梦、作家梦，以及做一名合格的民主党派人士、为社会主义现代化建设贡献自己一份力量的美梦！可以说，我的人生始终是沐浴在对外开放的春风里，唱着难忘的“三支歌”，一路快乐地走来的……

在三尺讲台上谱写青春的激情

恢复高考的第二年，我有幸考上师范。接到入学通知书的那个晚上，我站在县城的一座天桥上，欣赏着一列列火车从天桥下疾驶而过，吐着一圈圈白烟，那么快活、那么飘逸，一直消逝在艳红艳红的夕阳里，全身都热血沸腾，大声地哼着歌儿，为实现“跳农门”的美梦而激动、幸福。那个晚上的夕阳、火车、站在天桥上的农家少年，成了一幅最美的风景画，多年来一直镌刻在我的心里、梦里！这是因为，我常常想，如果没有对外开放，没有教育制度的改革，也许我至今还躬身在那片草木萋萋的黑土地上，在袅袅的炊烟里打磨人生。

作为一个农民的儿子，对农民的子弟有着一份特殊的情感。当我在三尺讲台上唱响人生的第一支歌的时候，我是快乐的、自豪并努力的，因为我爱教育，所以愿意为之付出。我指导的学生习作先后有几十篇在《作文》《小学生》等报刊上发表，有多名学生参加“江苏省中小学生读写知识大赛”等赛事获得一等奖、优胜奖等。一些家长都愿意托人找关系把孩子送到我的班上，每每如此，我感到特别高兴，年轻的心田总是洋溢着丰收的喜悦。

1985 年第一个教师节，镇里表彰优秀教育工作者，我的教研论文、班级管理、教学成绩、优质课竞赛等六个方面在全镇都出类拔萃，连续六次上台领奖，引起了不小轰动，在校园内外一时传为美谈。

我在教书育人的 15 年中，党和政府给了我很多荣誉，先后多次被县里评为“优秀园丁”“爱生模范”“教学标兵”“青年教师优质课大赛优胜奖”等，县、区级政府以上的大大小小的表彰奖励达 30 多次。每当我为找资料或相关书籍而打开书柜的时候，一眼看见那高高一摞子红艳艳的证书，刹那间总是心热肠动，为自己生活在一个尊师重教的好时代而感喟不已。

让笔点燃生活的火花

我经常会对朋友说，自己虽然不是一只智慧的九头鸟，却是一条不折不扣的两栖动物：在工作之余，我喜爱舞文弄墨，把写作视为生命中不可缺少的一部分，这就是我生活中一直哼唱不停的第二支歌。

热爱写作与我的教师职业是分不开的。我在教书育人的工作中，常常被那些披星戴月、辛勤工作的老师们感动，也时常被天真可爱的孩子所感动。于是，我不顾工作的辛劳，放下教鞭回到家里立即“爬格子”，在别人“砌长城”“逛商店”的时间里，我写下了一篇篇讴歌师德的文章，相继在《中国教育报》《福建教育》《江苏教育报》等报刊上发表。至今，我还收藏着章文焙、刘俊杰、王咏梅等编辑老师的亲笔信，是他们一封封热情洋溢的信，鼓起了我写作的风帆。同时，我结合课本为学生写一些科普故事，包括科学童话、知识小品文等，先后在《儿童文学》《童话王国》《少年儿童百科知识报》《中外童话》《小溪流》等国内50多家少儿报刊上发表300多篇文章，在十几家报刊上开辟专栏，并在少年儿童出版社、金盾出版社、珠海出版社等多家出版社出版专著46本。在为少年儿童写文章的过程中，我先后收到了来自黑龙江、山东、湖北等地读者的来信，他们向我诉说生活中的追求或苦恼，我又再次尝到了为人师的快乐，并肩起了那份责任：我用作品教育、帮助更多的学生，这难道不是一件快乐、幸福的事吗！

1997年，我改行到海州区委宣传部工作。这支笔，再次让我如鱼得水。第二年，恰好是纪念改革开放20周年，我利用星期天登门采访了白虎山小商品市场的“十佳经商大户”，被他们勇立潮头、敢于创新的精神感动着，写了多篇通讯稿件，先后在《党的生活》《新华日报》等刊出，在当地获得了好评。在宣传部工作的五年中，我连续被评为“市十佳通讯员”“市优秀通讯员”，并获“市宣传报道一等奖”等。

可以说，对外开放的好时代，为我的人生提供了一个崭新舞台，使我的笔有了用武之地，并点燃平平凡凡的生活，让它绽放出一束束绚丽的火花。

在参政议政中找到了人生的价值

对外开放给我们带来的不仅仅是丰富的物质享受，更重要的是政治生活的深刻变化。可以说，没有对外开放，就没有民进连云港市委（成立于1984年）这个组织。我作为一名民进成员，是对外开放的直接见证者和最大受益人。

加入市民进后不久，我就被选为连云港市第九届政协委员，那一年刚好33岁。之后，我连续担任市政协委员17个年头，我的生活与党的统一战线事业已紧紧地连在了一起。为写好提案、了解民情，我曾多次到农村的田地、工厂的车间、港口的码头，甚至荒芜的盐碱滩，与他们促膝谈心。2006年底，我发现在主城区的一些主干道上的斑马线、隔离线等模糊不清，有的根本没画，导致人车混行，存在严重的安全隐患；有的公交停车点没有站亭，连躲雨的地方也没有；城区还没有开通公交夜班车，与开放城市极不匹配。于是，在 2007 年 1 月的市政协全会上，我提交了《关于加快发展城市公共交通事业的建议》，并成为当年的主席重点督办提案。2007 年 4 月，市公交部门召开专题会议研究公交事业的发展，还把我请到场，对提案中的建议逐一解答。当年，市公交部门共投资 700 多万元，购置了先进的空调公交车 35 辆、大型豪华公交车 11 辆，新增了 8 条线路，开通了 10 多条夜班车线路，增设了近百个崭新的不锈钢站亭，新建成的住宅小区基本做到了交通“全覆盖”。虽然没有多少人知道是我写的这个提案，也没有人肯定我的提案在城市公交事业的发展中起多大作用，但是，我把看到的、想到的写成了提案，并发挥了应有的促进作用，这就满足了。我感到自己在参政议政中发挥了一个政协委员应有的作用，也体现了人生的社会价值。

近几年来，我在民进连云港市委驻会副主委的岗位上，踏踏实实地履行自己的职责，感受到民主党派工作也是大有作为的。2008 年，民进连云港市委在民进江苏省委对各市委会仅有的两项量化考核中，以总分第一名获得了“信息和宣传先进单位”称号；在全市各民主党派开展的创优活动中，以总分第一名荣获“六项创优活动优胜单位”称号；我先后在《人民政协报》《团结报》《中国统一战线》《天风》等国家级报刊上发表各种参政议政文章、信息、社情民意等 100 多篇（条），有的被评为优秀提案或优秀社情民意等。这不仅提高了民主党派的影响力，也通过这些渠道放大了民主党派作用的社会效应。这也是我人生得以欣慰的第三支歌。

“春色满园关不住。”回想对外开放给亿万国民带来的恩泽，给中国面貌带来的让全世界震惊的伟大变化，回眸自己走过的人生道路，一个脚印一支歌，点点滴滴，让我对党、对这个伟大的时代，永远心存感激，也更加坚信随着对外开放的不断深入，我们的国家和人民必将迎来更加光辉灿烂、如锦似绣的美好前程。

（作者时任民进连云港市委副主委）

第 二 章

我的生活，我的家

凌义斌　由“票证供应”到刷卡消费

我家有一本“珍藏本”，粘贴着各类票证，什么粮票、布票、肉票、油票、糖票、火柴票等，应有尽有。这本“珍藏本”是老爸送给我的。他对我说：“现在生活好了，时常看看这本本子，可不要忘了过去的生活。”

记得小时候，发下了票证，到知道可以凭票购物了，每次见到的总是排着长长的队伍，而“排队”总是我的光荣任务，虽然每次要花一两个小时排队才能买到物品，当拎着带鱼呀、肉呀，一路上也不由流下了口水，什么累呀也不知道了。

1955 年，全国第一套粮票正式流通，拉开了我国长达 38 年之久的“票证经济”的帷幕。记得当时外出，总忙着求人掉换全国粮票。由于物资缺乏，票证成为了人们购买商品的重要凭证。

1980 年我刚参加工作，老爸花了 1C0 多块钱给我买了一只法国洋马牌手表，当时是他 3 个月的工资。由于“洋马”是名表，还是好不容易托人才买到的。

当时在宁波商场里东西少，家里有辆凤凰牌、永久牌自行车已让人十分羡慕了，因为都是凭票供应的，单位里经过抽奖发给职工，中了奖的职工像中了彩票一样高兴。我表哥在上海工作，抽上了一张永久牌的车票，马上买好自行车从上海乘轮船托运到宁波，这是让我最喜出望外的礼物。

记得 1985 年在商场里很难买到彩电，我的单位通过关系买到了不少彩电，职工们纷纷争相购买。由于人多，首先为结婚户考虑。虽然那时我还没有对象，但在“要结婚”的理由下还是买到了一台。我在1992年结婚，那时彩电已很普遍，我买的彩电也成了“旧电”，这还让人成了“笑料”。

现在对于我的女儿来说，粮票、布票、肉票、油票、糖票、火柴票之类的票证往往让她不知所云，而对于我们来说，这些票证却能够勾起对于物质稀缺年代最深切的回味，这可是当年买东西不可或缺的“重要物件”。随着时代的变迁，我们再也用不着这些“票票”了，这些票证已进了博物馆。人们的腰包越来越鼓，商品越来越多，“选择”成了我们消费者的享受。走出家门到处都是商场，天一广场、万达广场、家乐福、欧尚、农工商、乐购、三江、二百、银泰、苏宁、五星、国美，等等。在鳞次栉比的大小商场，各种商品琳琅满目，应有尽有的商品让人目不暇接，我们消费者可以“货比三家”任意选择。买到称心如意的商品，拿出银行卡一刷就行了，感觉真“爽”！甚至可以通过互联网络，实现坐在家中购物，这在过去是难以想象的。

国内贸易迅猛发展，物资供应从商品紧缺、销售单一到琳琅满目、繁荣活跃，从“卖方市场”到“买方市场”，展现出市场兴旺的商贸繁荣景象。不断变化的消费方式，印证了商贸发展的巨大变化，也使我们老百姓的生活越来越绚丽多彩。

我们真切地感受到时代的变迁。商贸巨变，改变着我们百姓的生活。摸摸鼓囊囊的钱袋子，看看满当当的菜篮子，谈谈新住进的大房子，品品生活中的好日子，我们衷心祝愿祖国繁荣富强，人民的生活一天比一天更美好。

张旭辉　与“柴”告别

俗话说，开门七件事：柴、米、油、盐、酱、醋、茶，事事与生活息息相关，而“柴”被摆在了七件事之首，充分表明了它在中国老百姓日常生活中的特殊地位。

我出生在20世纪70年代初的秦皇岛市北戴河区，小的时候，家家除了煤炉，都有一个柴灶。由于家里住在郊区的学校，没有田地，也就没有那么多柴禾烧火，大多以树枝、杂草为燃料。记得上了小学后，到了夏秋季节，特别是放了暑假，我就和姐姐到处捡拾树枝、树叶，到野地里拔草割草晾干，以备做柴禾用。这些柴禾每烧一次，家里都是烟雾弥漫，四处烟灰，呛得人直咳嗽。赶上阴天下雨，柴禾受了潮就特别不好烧，这时，妈妈就拿着笤帚或扇子使劲地扇火，一顿饭做好，往往弄得满身满头都是烟灰和柴禾的碎屑。临近冬天，爸爸妈妈就借个手推车去买煤了。那时买煤都是凭票供应，每家都是省着用。因为那时家里的煤不仅要做饭，还有一个重要功能就是取暖。

记得我上初中以后，一个冬天的休息日，爸爸妈妈带着姐姐和我到区煤建公司买煤。当天早上，天阴沉沉的，眼看着就要下雪了。为了赶在下雪之前买好过冬的煤，我们一大早便赶到车站煤场，到那里以后才发现前边已排成了长“龙”。我们开好票，在队伍中间慢慢等待。那天不知怎么回事，机器老出“毛病”，半天也不出煤。等了一个多小时，终于皮带上出现了又高又硬的煤球，人们高兴啊，赶紧往车上搬。轮到我们时已临近中午，我们早已做好了准备，倒好车位准备装煤。装煤的时刻真是既高兴又紧张，高兴的是终于轮到我们了，紧张的是皮带上的煤出来后会不停地往前走，稍不留神，皮带上的煤就会“溜之大吉”，如果不能及时“抢”到煤，真的是后悔呀……煤终于装好了，回来的路上，天上稀稀落落地飘起了雪花，我们急忙往家赶，唯恐把煤淋湿。紧赶慢走到家了，煤没淋湿，人却被汗水浸湿了。

到了20世纪80年代初期，秦皇岛部分城市区居民家里第一次用上了液化气做饭，住上了集体供暖的房子，家里告别了储煤、用煤的生活。开放之初，我已是一名刚上高中的住校生。那时，虽然在学校住上了暖气房，在家依然是煤火取暖做饭。

1987年，北戴河液化石油气公司筹建。1988年，作为北戴河区在公司第一批统招的工人，我有幸成为一名正式职工。液化气公司的成立，让北戴河的居民做饭方便了很多，但为了节省液化气，很多家庭还是蜂窝煤和液化气混用。但不管怎么样，液化气的使用，还是让老百姓的家庭能源迎来了“煤气罐时代”，换煤气罐则成了一项重要的家务活。家住北岭的李先生至今还保留着他当年自制的专门用来挂气罐的铁钩，这个铁制的两头做弯的钩子，一头挂在自行车后座，一头钩到气罐护罩上。当时，他家住六楼，每到换气罐时，望着高高的楼层，总是发愁。“换气罐可真是一项体力活呀！”回想那时的情形，李先生感慨万端。

1998年，为了解决居民用气不便，公司特地购置了三辆送气车，组织专人上门限时为老百姓送气，送气服务的开展，极大地方便了居民，特别是解决了老年人用气难的问题。随着秦皇岛市燃气管网建设的推进，管道燃气的使用在北戴河已成为必然。2004年11月，北戴河区液化石油气公司正式并入秦皇岛市煤气总公司，更名为秦皇岛市煤气总公司北戴河液化石油气公司。2005年，经过多方努力，天然气引入到了北戴河区。经过八年的努力，北戴河公司已发展成为集燃气经营、管道安装、售后服务为一体的综合性国有燃气企业。2011年起，随着北戴河区政府三期惠民工程的推进，市燃气总公司和北戴河公司克服施工难度大、工期要求紧等困难，有序安排、合理调度，到 2013 年，北戴河燃气公司完成中压管网建设 66 公里，低压管网建设 91.6 公里，日最大供气量 22000 立方米。更为方便、安全的管道天然气，渐渐进入了千家万户的生活，像自来水一样一拧就来的管道燃气，受到了居民的青睐。燃气管网辐射北戴河 41 个居民小区，完成民用户建设 13862 户。越来越多的居民用上了更为方便清洁的天然气，扛煤气罐上下楼的故事已成为历史。谈到第一次使用管道燃气的情景，滨海小区的刘女士依然印象深刻："我将灶台按钮轻轻一扭，蓝色的火苗就欢快地跳动起来，再也不用担心罐中没气影响做饭了，真是安全方便又经济啊。"

现在，居民用气做饭、洗澡已是很平常的事，再也不用为"柴"发愁了。从短缺到富裕，从麻烦到方便，在城镇百姓如今取暖、做饭用的天然气中，已经找不到"柴"的身影。我们渐渐远离了柴灶，和"柴"告别，既可以从烟熏火燎的环境中解放出来，也少了灶下无柴可烧的烦恼。但是，冬日黄昏那袅袅的炊烟，偶尔参加农村亲属的婚礼，看到架好劈柴上的灶火，仍令我感到阵阵的温暖。日子好过了，灶台渐渐远离了我们的生活，余下的只是对柴灶的怀念，对未来更为美好生活的憧憬……

（作者时为秦皇岛市燃气总公司北戴河公司职工）

王祝芳　我家用上了天然气

我是宁波市民，在市公用事业监管中心工作，家住中心城区老小区。2012 年 8 月，经过天然气改造转换，我家用上了环保、安全、洁净的管道天然气。

从柴草、煤球、煤饼、瓶装液化气、管道液化气到天然气，回忆起市民自改革开放以来生活燃料的演变过程，对我这个上了年纪的人来说似乎就在眼前。

孩提时代，我长年随祖父母生活，居住在慈溪一个乡村。当时农村比较典型的灶台便是“大灶”，通常用砖块、石头堆砌而成，用的是大铁锅，锅下面是灶洞，上面有烟囱一直通到屋顶外，旁边有风箱或鼓风机。一到煮饭时，村庄里家家户户炊烟袅袅，在夕阳的余晖下，别有一番意味。在我的记忆里，祖母煮饭时，把米水放入大锅后，就开始在灶洞里烧柴草，用风箱协助燃烧。灶洞内柴灰过多就会影响燃烧，所以得把柴灰铲到灰缸里。炊烟还会把厨房内熏得黑乎乎的。时间长了，这种灶台的烟囱容易堵塞，出烟不顺畅。有时烧火用的柴草有点潮湿，有时遇到大风天气，常常满屋子烟雾，呛得人眼泪直流，咳嗽不止。祖母时常一边用围裙擦着眼睛，一边说：“要是烧火不冒烟就好了。”

置办柴草是件辛苦事，孩时，我曾为此烦恼过。我与邻居叔叔一起带上柴刀、扁担、绳子和干粮等，上山砍柴，下滩涂割芦苇。遇上运气不好，往往日出之前出发，日落之时才回家。我记得参加工作后，有一次从镇海的工作单位骑自行车回慈溪老家探望年近 80 岁独居的祖母，看到她家里柴草不多，当地又没有人出卖柴草，我心里十分着急。百般无奈之下，我向洪魏村的一个战友求助。战友的母亲得知后，非常热情地伸出援助之手。她挨家挨户地敲开村庄农户的门，最后收购到 300 多斤柴草。老家与洪魏村有 20 余里路，我与战友一起用手拉车，吃力地把这批柴草驮回了家，解决了祖母烧柴火的燃眉之急。虽然我为此汗流浃背忙碌了一整天，但望着祖母那欣喜的笑容，我觉得这样辛苦是值得的。

几年后，农村居民烧柴火的问题逐渐得到了改善，与城市居民一样，煤炭也成了农村居民的生活燃料。宁波不产煤炭，需从祖国北方运来。烧煤球、煤饼也有烦心的事：要等商店有货才行，一旦有消息证实有货，一大早就去商店门前排队，排上好几个小时甚至大半天才能买到。当时煤球、煤饼是凭票供应的，按人口每人每月定量 15 公斤。惜煤如金，已成为当时居民的一种时尚。还记得我家为了不浪费煤炭，就常把没有燃烧完的煤粒剥下来与煤球灰混做新煤球。因为烧煤球，每天早晨家家户户都要生炉子，院子里往往一片烟海，烟雾缭绕。后来，出现了蜂窝煤饼，煤炉子也进行了改进，上面加了个有小孔的铁盖，下面有扇小门，晚上可以封炉子，省却了每天生炉子的麻烦。

20 世纪 70 年代后期，镇海炼油厂建成投产，宁波市政府决定建造石油液化气储配站，相继建立了城区的莲桥等供应站。当时只有 3300 户居民首批用上了瓶装石油液化气，我家凭着妻子是镇海炼油厂职工的身份，也用上了瓶装石油液化气烧饭做菜，感到很幸运。记得那天上午，我用自行车把灌满的石油液化气瓶带到家里时，引得附近还在烧呛鼻子煤饼炉的邻居们羡慕了好一阵子。

小小的钢铁罐子成为市民生活质量提升的鲜明标志。使用石油液化气烧饭做菜省时、省力，对厨房污染少。当时要求使用石油液化气的呼声十分高涨。在市政府的支持下，市煤气公司建造了孔浦储配站，还建立了海曙、江东、江北等 9 个供应站，极大方便了市民充气、用气。经过多年的建设，市辖区及县（市）形成了输送、储存、灌装、维修的供气系统。在中心城区还建成了 6000 立方米液化气储罐工程，铺设了 13 公里高压输烃管两条，建成了维修能力 5 万只的钢瓶检测站等。与此同时，各县（市）区建造了液化气储配站 64 座，使偏远的农村、海岛也用上了瓶装液化气。经过这一系列工作的开展，宁波市使用石油液化气普及率达 100%。

为进一步提升市民生活品质，1995 年 12 月，宁波太阳公寓管道瓶组气化站点火通气，市民用上了更加方便、清洁、安全的“自来气”。我们再也不要为背液化气瓶而累得满头大汗了。2000 年 6 月，我家搬进了 6 楼新房，也用上了管道石油液化气。带着儿时的憧憬，带着美好生活的期盼，在装修新居中，我对厨房的布局、材质的选购都十分认真。厨房里，脱排油烟机轻轻启用，厨房再没有烟熏火燎，真正实现了无污染、无烟尘。妻子高兴地对我说：“这下可好了，家中的厨房就这样越来越卫生了。”

从烧柴到烧天然气，见证了时代的巨变。

阮万国　我也拥有了私家车

杭州湾跨海大桥通车后，我们自驾汽车带着父母一起赴嘉兴，进行了一次大桥游。兄妹四个家庭已拥有了三辆私家车，满心欢喜的父母笑意写在脸上，母亲由衷地感叹：现在的社会真好，想不到我们农民家庭也有自己的轿车！

汽车进入家庭是城市化建设的象征，也是社会进步、生活实现小康的标志。有了汽车，人们的生活就有了更大空间和范围，也延伸了生命的时间和外延，从城区扩大到了乡镇。有了汽车，人们也就有了全新的时间观念，在更短的时间里可以走出更远的路程。同时，汽车还能够满足人们的个性需求，对于慈溪人来说，每一辆轿车是一种独立和个性的发展，是地位和效率的象征，更是追求富裕和文明的标志。

当年，我还在胜西乡工作，全乡万人上下没有一个单位拥有汽车，更不用说个人私家汽车。就算“天下第一难”的计划生育工作，需要用汽车，也只得向逍林区委求助，动用区里的面包车，机关中还有个别干部不会骑自行车，连自行车也没有人手一辆，何谈私家车！农村公共汽车的班次也很少，胜西汽车站刚建立的头几年，由胜山汽车站的一辆开往宁波方向的班车延伸到胜西站始发，才有了头天的晚班汽车和第二天的早班车，每天往返浒山的只有五六趟班次的客车，人们出行都要在汽车站里提前买好车票，坐等一二个小时的时间，才能拥挤着上车。

后来，有了个体户的载客“三卡”，大多数人选择“三卡”挂带自行车的办法出行，尽管乘“三卡”是“天晴一身灰，天雨一身泥”，一路下来尘土满脸，泥水溅身，人们还是认准了它的及时和方便。

1988 年 12 月 8 日，我去参加慈溪县人民大会堂举行的“撤县设市”一个月庆祝会。为了省力，我在四灶浦桥头，把自行车倒挂在“三卡”上，沿着“坎胜公路”的沙石路颠簸地奔向浒山，大会堂门口的车棚停满了成排的自行车，只有偶尔的汽车影子。散会时，大家从门口蜂拥着走向车棚推上自己的自行车骑回家。

我清楚地记得“撤县设市”那年的 5 月，我从深圳考察回来，到达浒山县城，天色已经黑暗，途经慈溪最繁华的国道与水门路和浒溪路的十字路口，没有一盏交通信号灯（红绿灯），我就拿县城的夜景与深圳的晚间交通状况作比较，他们是灯红酒绿的繁荣世界，我们是门可罗雀车马稀的集镇，多大的心理落差。那时的慈溪车流量稀疏，真的没有安装“红绿灯”的必要。到了 1991 年，全市载客私人汽车还只有 207 辆，并且包括了个体企业的“跃进牌”双排座小货车，第二年也只增加了 8 辆。那时的人们，刚摆脱农耕时代，走向城镇化。

改革开放以来，经济的发展促进了城镇化发展的步伐。开始几年对慈溪老百姓的生活来说变化不大，尤其是在 1985 年的第五个“一号”文件之后，执行了 31 年的“棉花统购统销”被彻底取消，人民群众在彷徨中找到了发家致富的多种经营，转移劳力，兴办工业，“撤县设市”把人们的目标转向城市化发展。人们富裕了，老百姓手中有钱了。先富裕起来的人们买起了摩托车，那个便捷的交通工具，让人羡慕。记得我的妹夫，头次来我家，在朋友处借了一辆“重庆 80”从宁波驾驶而来，风尘仆仆的 70 多公里沙石路途，摩托车使他忘记了劳累。我的侄女们把“重庆 80”围得团团转，抢着坐上去拍照片，每个人笑逐颜开，充满了幸福和自豪。

慈溪的“撤县设市”助推了城市建设，使人们的意识跳出了“小农”的观念，大胆地朝着现代化的方向猛进。这几十年里，尤其是“撤区、扩乡、并镇”的行政区划调整之后，城市框架拉开，推进了小城镇建设，全市“四横九纵”的道路建成，把中心城区和乡镇互为贯通，我们的城市建设真的日新月异，老百姓说慈溪的变化正是一年变个样，三年大变样。如果说，一年内不到浒山街里走一走，老慈溪的人都分不清身处了哪里，呈现在您眼前的是一个面目一新的城市模样，甚至找不到回家的路呢！

进入新世纪，我到附海镇工作，我们提出建设“花卉之乡，家电之镇”的目标，当时，我们统计 24000 人口的小镇，拥有了 50 辆的私家轿车（企业），汽车的人均拥有量属全市各乡镇之冠。镇政府把拓宽“观附公路”和启动“中横线”道路建设列为大事，作为燃眉工程，我为筹措资金提出了“三个一点”：向上级争取一点，企业集资一点（摊派），财政挤兑一点。在三年的任期内，完成了拓宽“观附公路”东海收花站至老凉亭段，中横线一期工程和工业园区启动。

近年来，私家车的拥有量已翻了好几倍。原来老百姓做梦也不会想到的私家汽车，开进了普通平常的家门。就连我这个工薪阶层的人，享受到了车改政策，也拥有了私家车，回想起来仿佛生活在天方夜谭的梦境里，连自己也不敢相信的事情，真的发生了。

据说 2012 年底慈溪的轿车拥有量已达 17 万余辆，也就是每两户人家拥有一辆轿车。而且，还以每年近万辆的速度在增加。

日夜川流不息的汽车成为城市繁荣的象征，道口装有自动化的“红绿信号灯”汽车时代的城市将以越来越快的速度向我们走来，我也拥有了私家汽车！

马春婉　**农民看病也报销**

2004 年 1 月 13 日国务院办公厅转发了卫生部等 11 个部委办的《关于进一步做好新型农村合作医疗试点工作的指导意见》后，新型农村合作医疗制度试点工作在全国广泛展开。

2004 年 10 月 31 日星期日上午，市政府召开市长常务会议。市长陈政高出席了会议。在听取了法库县县长王凤波《关于法库县实施新型农村合作医疗试点工作》的汇报后，陈政高市长语重心长地说："各位到会的局长和同志们，你们家有农村的亲属吗？他们有病没钱看，不能看，很苦的呀，上医院花很少的钱看一次病也舍不得呀！"陈市长将建立新型农村合作医疗制度作为我市农村医疗卫生体系建设的根本任务，是市委、市政府在农村落实"三个代表"重要思想的又一举措，其实施对解决农村因病致贫问题、提高农民整体健康水平和质量都具有重大意义。在这次会议上，陈市长敲定：法库县先行实施新型农村合作医疗试点。2004 年 12 月 1 日，法库县新型农村合作医疗试点工作正式运行。

2003 年初，市政府建立了新型农村合作医疗工作协调会议制度，市卫生局是成员之一。在市政府各有关部门的互相配合下，对建立新型农村合作医疗的总盘子进行了充分的研究论证。由市政府政策研究室牵头，卫生局、财政局、劳动局、农发局、市编办、市统计局等相关部门，经过前期大量的调研和多次论证，提出并制订了可行性试点方案，在沈阳法库县先行新型农村合作医疗制度试点。

试点半年后，2005年5月16日，卫生部副部长陈啸宏来到沈阳，视察了法库县新型农村合作医疗工作，在大孤家子镇中心卫生院看望了住院的参合农民。“农民看病可以报销了”这一巨变改写了农民“看病难、看病贵，小病挺着、大病躺着、重病等着”的千年历史，新型农村合作医疗翻开了历史新篇章。

农村合作医疗是个老词，新型农村合作医疗是改革开放30年特有的新鲜词，“农民看病也报销”更是一件新鲜事。

1989年，我市实行合作医疗、实行免费医疗的村仅有24个。1997年，又进行合作医疗试点，新民县作为省政府的试点县，在3个乡41个村开展农村合作医疗试点。到了1998年，全市8个区、县（市）共有大病统筹功能的合作医疗试点乡34个、村767个，占全市行政村的比例为39.19%。全市农业人口250.8万人，参加具有大病统筹功能的合作医疗的人口数仅为84.2万人，占全市农业人口比例的33.57%。“合作医疗”三起三落、“春种秋黄”，让老百姓对党的合作医疗政策有疑问，对试点能否全面推广不相信。

陈政高、王玲和其他市委、市政府的主要领导再次来到法库县调研新型农村合作医疗制度试点工作情况。陈市长坚决地说：“一个都不能少，要把全市的农民都纳入到这个制度中来，要将确实保障农民的权益当成本届政府义不容辞的责任。”

2005年3月1日铁西区、4月1日浑南新区、5月1日苏家屯区相继启动了新型合作医疗试点工作。2005年5月30日，市政府对外召开新闻发布会，全市于2005年6月1日，12个涉农区、县（市）全面实行新型合作医疗制度。几年来，农民每年只缴10元钱，各级政府给参合农民的补贴越来越高。2005年，各级政府补贴20元；2006年，补贴30元；2007年，补贴50元；2008年，补贴提高到110元。东陵区、于洪区补贴已经达到120元以上，4年翻了2番。

农民参加新型合作医疗的积极性越来越高。2008年比2005年参合农民增加了35.46万人，参合率达到农村常住人口的97.89%。

农民得到的实惠越来越多。农民看病报销封顶线已经由3000元提高到2.6万元，最高可达3万元。在县内看病报销的比例由平均30%提高到了平均55%以上；农民住院费用平均下降了556元。越来越多的农民有病不再挺着了，农民小病不出村，一般疾病不出乡，大病不出县，住院人数翻了一番，全市累计补偿住院农民204.07万人次。

市政府还建立了新型农村合作医疗信息网，凡是在县内住院的农民患者，出院时就可以拿到医院垫付的报销款。农民都会算账，知道看病花了多少钱，应报销多少钱。2008年，全面启动的单病种限价，使部分疾病的医疗费用更低，农民受益程度更高，更受农民的欢迎。

为了解决农民看病难问题，沈阳市政府先后投入5500万元，翻建维修了35个乡镇中心卫生院，配备了35台救护车和600多台（件）电脑、洗胃机、心电图机、半自动生化分析仪、X光机等医疗设备。

为了解决农民到大城市、大医院看病难和偏远农村地区看病难的“两头难”问题，选择市内综合实力较强、专业技术全面的17家医院派出医疗队，长期对口支援19个乡镇卫生院。有近百名城里医生到农村医院为农民看病手术。农民高兴地说，咱也享受到城里人的待遇了，在家门口也可以让城里的专家看病了。

新型农村合作医疗正在广泛深入地开展下去，新型农村合作医疗制度已经生根开花，结出硕果，农民健康已经有了基本保障。随着社会进步和经济的发展，以及党和政府对“三农”问题的高度重视，农民健康保障水平还将会不断提高，农民“看病难、看病贵”问题将会得到彻底解决。

（作者时任沈阳市卫生局农村卫生处副处级调研员）

顾　伟　从只有一本书到藏书一万卷

民国年间，我的祖父顾文化从成立于 1907 年的“安东县官立师范传习所”毕业后，在凤城一所学校当校长兼教师。祖父的学生、后来的中共早期优秀领导人、新中国水利部部长刘澜波先生，曾在 1953 年特地到我家看望了他敬佩的老师顾文化先生，还推荐我祖父当“县参议员”（政协委员）。祖父家里汗牛充栋，是远近知名的藏书家。但伪满时因遭日伪迫害，祖父背井离乡颠沛流离，致使上千册藏书损失殆尽。虽然新中国成立后家中又陆续积攒了几百册书籍，不料在“文化大革命”中不是被红卫兵抄走就是烧掉。到 1977 年，我家只剩一本《毛主席诗词》。祖父临终遗憾地说：什么时候我们顾家才能再续书香啊？

“野火烧不尽，春风吹又生。”1978 年，党的十一届三中全会吹起的改革开放春风，给文化荒芜的中国大地带来无限生机，我家也和全国无数家庭一样，重新开始打造“书香门第”的梦想。

改革开放以后，中国的文化事业，特别是图书出版业迅速得到恢复和发展。大量古今中外优秀书籍开始出版，为经历了 10 年文化饥渴的我们这一代，提供了千载难逢的读书学习和买书藏书契机。1979 年，我刚从师范毕业参加工作，就开始节衣缩食地大量购书。到 1988 年改革开放 10 周年时，我家藏书已经达到 2500 册。而恰好在这一年，丹东市图书馆受市委宣传部和文化局的委托，负责组织开展了丹东市第一届评选“十大藏书家”活动。我十分荣幸地收到市图书馆发放的一张“丹东市十大藏书家”登记表。记得当时藏书家的最低藏书数量标准是1500册藏书。图书馆的几位同志按规定要求，到我家严肃认真核实、拍照我申报的2500册藏书。没想到最终我竟真的以第三名的身份，荣幸当选丹东市历史上首届“十大藏书家”之一。第一届丹东市“十大藏书家”颁奖仪式，在市图书馆的四楼会议室举行。由当时主管文教的副市长（后任市政协副主席）的张忠先生为“十大藏书家”颁奖，奖金是50元购书券。我用这笔钱买了我一直喜欢的岳麓出版社出版的4卷的精装本《资治通鉴》。

随着我的各种文学创作、学术研究和科学探索的开展，深深感到2500多册藏书远远满足不了我的需要，于是又大量购书。遗憾的是，只有12平方米的一间小平房（和一个我自己盖的小厦子），再也容不下到处堆摞无法统计的图书了。就在我为房子小装不下藏书而着急上火时，1992年终于住进了渴望已久的政府分配的两室一厅60平方米新居。住房面积的扩大，为我进一步增加藏书创造了物质条件。

当1998年改革开放迎来20周年时，丹东市开展“全民读书活动”并评选第二届十大藏书家时，藏书数量标准底线已经升为2600册。我以6000册藏书再次参评并当选。评选结果表明，上届的“十大藏书家”中，只有我一位“幸存”，这说明我们的社会物质文明和精神文明建设都取得了长足的进步，读书藏书的人越来越多了。让我高兴的还不是每人奖励200元购书券，而是我上初一的儿子顾然，也在这次全民读书活动中，被评为丹东市“十佳读书少年”。我们父子同台领奖，经媒体报道，一时传为佳话。

受到蝉联两届十大藏书家的鼓舞，我陆续买的书籍又使我家两室一厅装不下了。进入21世纪，改革开放更加深入人心，也深刻地转变了我的消费观念，毅然贷款购买了120平方米的三室两厅新居，终于为我“藏书破万卷”创造了良好的条件。时光真快，一转眼第三届丹东市“十大藏书家”评选，在改革开放30周年前夕举行。我以藏书近1万册第一名身份，第三次登上丹东市“十大藏书家”

的领奖台！这次的奖品是最丰厚的：除了一套 12 卷的精装本《大清帝王》和一套 4 卷 16 开精装本的《史记》，还有一个让每位获奖者都喜出望外爱不释手的，镌刻有“十大藏书家”金字的精美牌匾。

改革开放以来，我不仅辛苦藏书，更刻苦读书、创作、研究、探讨，共发表 200 万字作品、出版两部专著，有 160 多篇学术论文和征文、提案获奖。作为读书成果，我们全家 3 口人还分别获得“十大文明市民标兵”“优秀社区干部”“优秀大学生干部”等 50 多个荣誉称号。2000 年，我们家还被国家文化部授予“全国百家优秀读书家庭”称号；2008 年春天，我们家又被全国妇联授予“全国百家五好文明家庭标兵”称号，实现了从我祖父到我儿子四代人打造“书香门第”的梦想。

回顾我们家改革开放以来的变化，从住房 12 平方米到 120 平方米的历史性跨越；从只有 1 本书到藏书 10000 卷梦幻的实现，让我真真切切领悟到：没有中国共产党实行的改革开放政策，就没有中国老百姓物质生活的改善和精神生活的提高。

（作者曾任民进丹东市委秘书长）

姜艳华　**我家的四个房产证**

在我的家庭档案中保存下来四个房产证。

我的第一个房产证是 1975 年由和平区房产部门发的公有房产使用证。20 世纪 70 年代是吃、穿、烧等用品都要凭票供应的年代，房子也是公有的，实行统一分配。那时人们结婚要想解决住房是一件非常难的事。我还算幸运，1975 年当我要结婚时还真的得到一处住房。由于我老公公是居委会居民代表，业余时间代房产部门长年义务帮着收房费，当找到房产部门请帮助解决儿子结婚用房时，得到了房产部门的帮助。将我爱人家的后院一座日本老式“旱楼”的一间房子给了我们，还发了房产使用证。这间房子在二楼，约 8.5 平方米，屋子小了一点，只能放一张双人床和一个三屉桌。由于没有暖气和煤气，为了解决吃饭和冬天取暖问题，一年四季都要放个站炉子，在有限的空间架起个“大炮筒”。大量的空间被存放的木柴、煤坯占用。做饭时不但自家烟气出不去，而且楼下邻居生火做饭的烟气也从地板串上来充满了房间，就是这样的居住环境我也很知足了。

第二个房产证是由市电线厂发的单位自有住宅使用证。我爱人 1979 年由国企单位调到了市经委工作。1983 年单位分给了两水两气的 32.98 平方米的套间房，地点在电视塔对面。房证上记载房租费 5.08 元；使用人情况登记是 3 口人，产权变为单位所有，但仍然是公有制，由国有企业市电线厂管理。告别那间住了 8 年的旧房，搬进新居。我在上小学就非常羡慕、向往的住楼房梦想成真了，没有了点火生炉子的烦恼，没有了烟熏火燎的感觉，两水两气进屋，再也不用到大院内排队上厕所了，我又一次感到了知足，虽然居住条件有了明显改善，告别了烧炉子时代，使用上了方便、安全、快捷的管道煤气，但是由于是一楼，居室又临近马路，白天，楼下停满了各种汽车，到了晚上，楼下又成了夜市，因此，环境较乱，后来调到了6楼，有了一定的改观，但基本还是在噪声和污浊的空气中生活了8年。当时我常想，什么时候能居住在绿色的环境中，绿色的家庭成为了我一个梦想。

第三个房产证是市建设投资公司发的单位自有住宅使用证。1990年我爱人在市计经委工作。将铁西我父亲玻璃厂住的单间和我电视塔的套间房交单位后，分给了由市计经委和建委在万柳塘公园北面所建新楼的90平方米三室一厅房子。房证上记载房租费28.51元；使用人情况登记三代5口人，产权仍然是单位所有，由市建设投资公司管理。回想建楼时，只要是休息日就急不可耐地跑过来看一次，当时我尤其喜欢卫生间里的大浴缸，开发单位已做了简单装修，基本上可以说是开门就可以入住。我不顾当时环境较差，四周杂草丛生，全是土路，没有路灯，交通、购物和小孩上学也很不方便，甚至由于地方偏远，女同志和小孩子的出行还得由男同志接送的困难，还是下决心定居此处，一个重要原因，就是看中紧靠万柳塘公园、带状公园提供的绿色环境，我再一次感到知足了。

第四个房屋所有权证是由沈阳市人民政府发的私有产权证。1997年我爱人在市经贸委工作。交了原来住的万柳塘公园附近90平方米住房后，又分了116平方米新建的三室一厅房子，房改后，自己交了3.4万元买下了全部产权，房证由单位公有产权证变成私有产权证。当年按分房排序我们可分到124平方米的新房，在市中心，离丈夫单位又近，房子又大，但我还是选中了老院的新楼，虽然房子的面积和价值少了一些，但是绿化的环境越来越好，人们活动的空间越来越大。现在我居住的万柳塘小区和万柳塘公园经过十多年的建设，已经是一个服务功能全、基础设施配套、生态环境良好、文化交通购物方便的社区。社区种满了四季植被，春花、夏荫、秋果、冬雪编织绿色的奇迹，我已经离不开绿色的环境了。

从四个房证的变化真实反映了住房分配制度改革的变化，住房条件的改善和生活水平的提高。从最早的 8.5 平方米到现在的 116 平方米，房子由小变大，居住环境由污染变成绿色，给我们家的生活带来了美的心境。

翻开我家的家庭档案是历历在目，那大小不一、四个年代的房证，使我思绪万千。

（作者时任沈阳油漆厂工会干部）

曾幼平　“筑”福我家更美好

宁波——生育我的家乡，我虽远在他乡，但我一直梦着您，您一直驻在我的心里。每次回到宁波，总是心潮澎湃：变得太快了！变得更美了！一栋栋千姿百态的高楼拔地而起，看着那一栋栋高楼，令我联想到上下跳动的琴键。是我们伟大的党中央领导着宁波城市弹奏了这一首优美动听的住房变奏曲，激荡起和谐发展的主旋律。

前奏曲：土坯房

我是在土坯房里出生和成长的。小小的土坯房一房多用，既当卧室又当厨房又当客厅，夜晚搬进一个尿盆，它又是厕所。房内既安床又摆放着饭桌、水缸、炉子，还有一大堆杂物，狭窄的小屋显得更加逼仄。小屋雨天漏水，晴天阴暗潮湿，夏天蚊虫聚集，冬天透风寒冷。最后，悲剧发生了：房子因为常年没有修补，在一个台风天，房子终于倒塌了。幸好无人员伤亡。土坯房“寿终正寝”，我们在凄风苦雨中盼望有一个安全温暖的安乐窝。

协奏曲：砖瓦房

后来，我家搬到一个大杂院里租房住。那时的大杂院很简陋，一条狭长的通道，进去后就是四户人家的大院坝，清一色的砖瓦房，没有单独的厨房、厕所，尽管有个水井也是公用的。一家六口人挤在20多平方米的房子里。屋内的所有空间都被利用到极致——帘子把每张床隔开，推开门就是饭桌，生活用品无处摆放就只好堆在过道里。梅雨季节和台风天，砖瓦房还是不断地到处漏水。夏天，屋内闷热难耐，人人汗流浃背。天气稍转好，父母就在屋外做饭，若碰到下雨天，就只能把炉子搬进房间里做饭，屋内充满了油烟味，人人都被呛得直咳嗽。虽然砖瓦房生活比较艰苦，但我们还是心满意足的。因为砖瓦房比土坯房坚固多了，不存在倒塌的危险。就这样，我在这简陋的砖瓦房里生活了好几年。那时流行的一首歌“我想要有个家，一个不需要多大的地方……”唱出了我当时心里最大的心愿。

进行曲：套间

过了几年，父亲享受到单位福利分房的待遇，我家分到了两室一厅的套间。套间功能齐全，有厨房有厕所，还有一个大大的阳台。乔迁那天，父亲激动地写下了一副对联：住楼不忘建设者，安居更谢共产党，横批：恩重如山。此联道出了心声，道出了老百姓对党的无限感激。

新居新生活，活出新精彩。有了新居，我们就用心装修一番。粉刷的墙壁像雪一样白，地上铺上瓷砖，客厅装个大吊灯，阳台种上花花草草，变成了一个大花园。家电也陆续买来，先是电视机，接着是洗衣机，然后是抽油烟机。有了抽油烟机，用上了液化气，炒菜就轻松干净多了，母亲笑得合不拢嘴……这就是我们梦寐以求的幸福生活。

随着住房商品化的不断发展，1995 年，父亲花钱把这套单位房买了下来，我们真正拥有了自己的房子。那晚，我们激动得彻夜难眠。是啊，几十年的安居梦终于圆了！我们的生活水平步步高！

狂想曲：豪宅

以住房制度改革为开端，宁波的房地产业应运而生。随着宁波住宅的巨变，商品房市场开始蓬勃发展，各种配套齐全的商品房崭露头角，我家的那两室一厅的套间，已逐渐跟不上时代的步伐了。

2010 年，父亲打电话把在外工作的我召回，商量购房事宜。在家庭会议上，父亲说这次买房不仅要大，还要绿化好，环境优雅。母亲补充说，还要物业管理好。我则强调，还要近学校，文化氛围好。最后，我们买下了一套漂亮的豪宅，三室一厅，总面积 140 平方米。30 平方米的客厅比我们以前住的砖瓦房总面积还要大。阳光透过宽大的落地窗纱幔，洒在爷爷幸福洋溢的脸上，他经常感叹："真想不到，我有生之年竟然住上了豪宅，呵呵……"是啊，从土坯房到豪宅，我们能够感受到，宁波生活环境和居住条件所发生的翻天覆地的变化，看得见、摸得着，让宁波的每一个人，都成为了受益者。

近年来，旧貌换新颜，宜居宁波的"轮廓"逐渐清晰。一栋栋高楼拔地而起，绿意浸染的景观随处可见，蓝天、白云、碧水、绿树……富有诗意的城市让更多人充满安居乐业的幸福感。

现在我虽在外工作，但未来，我将回到故乡，因为宁波是我的根，更有我的梦。

周元福　**动迁，实现我的安居梦**

为城市建设开路　百万市民大动迁

20 世纪 90 年代的上海，伴随着浦东大开发的热潮，城市建设如火如荼地进行：高楼林立，大桥飞跨，立交盘旋，地铁蜿蜒……历经改革的阵痛，得益于城市建设大手笔的运作，上海人从低矮逼仄的阁楼和弄堂里走了出来，从拥挤堵塞的交通里解脱了出来。这种沧海桑田的变化，是上海改革开放深入发展结出的累累硕果。1992 年春，邓小平同志视察上海，给上海的建设者们提出了要“一年一个样，三年大变样”的新要求。上海人民牢记小平同志的嘱托，全心全意搞建设，一心一意谋发展，在城市建设方面铆足了劲儿，在浦东开发、旧区改造和市政基础建设方面不断创造佳绩，引领中国改革开放事业的新局面。可是这些成绩的取得，背后少不了上海人民的巨大付出，20 世纪 90 年代百万市民大动迁就是其中的典型。

当时的大动迁主要分为三大部分，一个是旧区改造，一个是市政基础建设，还有一个是浦东开发，其中浦东开发是工作的重中之重。当时上海有 11 个区，而浦东新区的动迁占到整个市中心区居民动迁总量的 1/6 强。我们现在看到的世纪大道，全部都是拆出来的，从陆家嘴一直拆到了花木地区。以前浦东的许多道路，都是依着黄浦江的走势从隧道出去，而新建的那么长的世纪大道则是笔直的，所以现在浦东的道路，很多交叉路都是斜交的。现在看来世纪大道好像法国香榭丽舍大道，可有谁知道当年拆迁付出多么大的工作量，而我们的老百姓和政府又为这道美丽的风景付出了多少心血。的确，正如本文的主人公一样，市民的动迁有力地配合了上海的城市建设，但同时他们也获得了改善居住条件、提高生活水平的机会，从以前的危棚简屋到高楼大厦，几代人孜孜以求的“安居”梦终于得以实现。

旧居新居　动迁安居

动迁之前，我原本居住在现今陆家嘴中心绿地一带，全家六口人挤在不到 20 平方米的简易平房中。这房子，是我父亲那一代好不容易攒下的家业。我的祖上来自浙江海盐，世代都是渔民，从父亲那一辈开始来到上海讨生活，仍然是以打鱼为生活的主要来源。后来，在浦东沿岸搭建了简易房子，算是慢慢定居下来了。

我们周围的邻居，大多也是从各地迁来上海的移民。就这样房连房，屋连屋，逐渐成为一个社区。每户住得像豆腐格子般大小，中间一层薄板相隔，讲话嗓门一大，隔壁听得清清楚楚。人口增长后不够住，就捅天花板搭阁楼，几乎家家都有能睡人却直不起腰来的矮阁楼。

住户越来越多，人口越来越多，居住环境也越来越差。那时是“外面下大雨，里面下小雨；外面不下雨，里面滴答滴”。一到梅雨天，家里凡是能装水的盆盆罐罐都得拿出来接雨防漏。由于地势低洼潮湿，夏天极热，而且蚊蝇肆虐，臭虫满地。弄堂口共有五个池子，一家一个水龙头，一根总水管上来，曲曲弯弯水龙头一长串。每家的水龙头上还都上了锁，大锁、小锁、插锁、挂锁、铜锁、铁锁，千姿百态。倒粪，要提着“马桶”走出弄堂，跨过马路，拐个弯，再钻进另一条弄堂。于是，常有偷懒者半夜里掀开大门外阴沟盖倒粪，使夜归居民踩一脚屎。

弄堂的过道，本来就不宽敞，每户各霸一段，破椅子、旧盆子、烂席子堆得挂得满满实实。几十家的“垃圾”都堆在那里，有几处，身子胖的人要侧着身子才勉强能通过。老房子邻里间的“战争”长年不断，起因都是些鸡毛蒜皮的事。

按照现在的位置，我当时是住在浦东的“钻石”地段。但是，20 世纪 90 年代，上海流行一句话“宁要浦西一张床，不要浦东一间房”。所以，我心里每时每刻都想着怎样才能搬离这所旧房子，让那些因房子造成的生活不便和纠纷早日远去。可是仅凭我们一家的力量，又谈何容易呢？父母年老多病，妻子工作不稳定，女儿在上小学，一家人的开销几乎都由我一个人来承担，那时我的工资也不高。弟弟已经到了婚嫁的年龄，谈了好几个女朋友，问题都出在只要女孩子一上门，看到我们家的居住情况，立刻就吹。当时的商品房虽然价格不算太贵，但是与我们的购买力相比，仍然是可想而不可得的事。

然而一切都随着浦东开发开放而改变，1990 年 4 月 18 日，党中央、国务院确定在上海浦东建立国家级开发区，自此吹响了浦东开发的号角。浦东开发首先面临的就是对陆家嘴地带的改造，要让陆家嘴成为国际金融中心。当然首先就要动迁，把此地的居民安置到其他地方，为新建高楼大厦，建造延安路隧道，实现浦东浦西联动发展腾出空间。我和我的邻居们赶上了这个千载难逢的机会，陆家嘴中心绿地的建设，需要动迁此地 3500 多户居民。当时动迁采用的是实物安置，在离市区远一点的地方建动迁房，根据每家每户的实际情况进行安置。

我家自己贴了一些钱，住进了长岛路小区一套 90 多平方米的新房子，三室一厅，另配备独立的卫生间和厨房。父母一间，女儿一间，我们夫妻一间。这套房子卧室归卧室，烧饭、就餐也各有一间，既互不干扰，又相互连接，客厅与阳台融为完整的一体。弟弟也在附近分到了一套二室一厅的房子，经过一番装修，不久就把媳妇给娶回来了，我父母开心得不得了，一桩心事总算落地了。

尽管我们刚搬到长岛路时，这里配套还不完善，公交是慢慢才通上的。整个小区大都是跟我们一样从市中心等地动迁来的，大家相处得很好。平常聊天时，还会经常谈到昔日的破陋舍：低矮、狭窄、拥挤、阴暗、漏雨、透风、潮湿、闷热、冬寒、夏炎、马桶、煤炉、杂乱、龌龊……而新住的小区，绿化很好，房子宽敞、坐北、朝南、透光、通风、煤卫、独户、舒美、便捷、整齐、清洁……一句话，自从有了单门独户的住宅，邻里间再也不会像以往那样产生那些无谓的矛盾和争吵了，人的心情不仅变得舒畅，而且对生活也更加自信了。现在，我们这里非常热闹，地铁也通了，到什么地方都方便。这几年，房价连番涨，我们也算是有百万固定家产的人了（笑），这是几代人做梦都想不到的。

心系百姓　情系民居

20 世纪 90 年代百万市民大动迁，带给市民更多的是居住条件的改善和生活水平的提高。从我乔迁新居的经历来看，主要得益于改革开放的大好时代，加上历届市委市政府领导都十分关心老百姓的生活，很多像我这样的普通老百姓通过动迁，告别了以前那种危棚简屋的老房子，迎来了独门独户、配套齐全的成套住宅，实现了安居的梦想。记得当时在动迁工作中，工作人员挨家挨户进行摸排，态度认真，工作细致，这些都给我们这些动拆迁户留下了良好的印象。说实话，动迁工作非常辛苦，甜酸苦辣样样全，有很多动迁纠纷要他们化解。我们动迁户很理解他们，都很支持他们开展工作。当然，有时也会遇到一些所谓的“钉子户”，最主要的还是由于困难。

动拆迁工作从根本上讲，一方面有利于城市建设，另一方面老百姓也得益。现在上海人的居住条件年年变，生活水平节节高，这是改革开放的必然结果，也是政府心系百姓、情系民居的具体体现。

（作者时任浦东新区某街道办事处干部）

田家新　过上了无后顾之忧的“小康”生活

我是名副其实的“老秦皇岛”。秦皇岛市的对外开放，我是参与者和见证者，也是受益者。

记得20世纪70年代初，秦皇岛市区人口不足30万，那句顺口溜“一个公园一个猴，一个交警看两头”，就是小城的写照。如今秦皇岛人口是过去的十倍；高楼大厦鳞次栉比，公园广场星罗棋布，一个新兴的旅游工业城市蜚声中外。

抚今追昔，离退休职工的生活也发生了翻天覆地的变化。

改革开放前，各类生活物资供应匮乏，衣食住行全要票证。退休职工虽然生活有保障，但只是吃饱穿暖。那时，自行车、手表在家庭财产中属于“大件儿”，人民生活可以用“清贫”二字概括。退休后，每天靠着墙根儿晒太阳，生活单调乏味，能听段收音机播放的相声或评书，就算是奢侈的享受了。如今，国家连续十年为离退休职工涨工资，企业月月有补贴。我们过上了“小康”日子，无后顾之忧了。

物质生活得到保障后，精神生活需求便成首要。如今，我的兴趣与大多数离退休职工一样，经常“光顾”第二个家。这个家就是秦皇岛倚职工生活区而设的十个离退休职工活动站。站里设有阅览室、棋牌室、台球室、乒乓球室和其他活动室，还时常举办活动，是离退休职工的第二个家。后来，应大家要求成立了秦皇岛港老年大学，我被推荐为教研室主任。从此，我比退休前更忙了。老年大学是离退休职工“活到老、学到老”的精神乐园，丰富多彩的教学实践活动，为我们增添了不老的笑颜。老年大学开设了摄影、书法、美术、工艺美术、舞蹈、模特、音乐、电子琴、太极、养生保健、微机操作等课程，有的课程还设有初级班、中级班，聘请资深的专业老教师任课，深受老年学员欢迎和喜爱。摄影班每年举办两次创作实践课，异地采风。每年还要举办摄影、书法、美术、工艺美术作品展览。

桑榆晚唱夕阳红。晚年精神上有追求，学习有校园，活动有乐园，生活可谓多姿多彩。“台球、门球、乒乓球，象棋、垂钓、健步走。趣味运动翁妪乐，童心未泯乐悠悠。”我聊发打油诗兴，为我们的离退休生活作了一番描述与概括。

每逢春天，离退休中心组织离退休职工春游，在山水间陶冶情操；夏天，寄情海景自然风光，秦皇岛求仙入海处的端午庙会和南戴河娱乐中心的荷花池边，都有我们流连的身影；秋天，中秋节、重阳节文体娱乐活动接踵不断，我们乘兴共叙友谊、锻炼身体；冬天，“金风玉露一相逢，便胜却人间无数”，每逢这时，我们或走出室外赏雪，或在室内吟诗作赋，挥毫泼墨，修文养性。因而，我将几句古诗串烧成一首反映老年生活的“四季歌”：“春踏芳草地，夏赏绿荷池。秋饮菊花酒，冬吟白雪诗。”

要问幸福哪里来？来自党的领导，来自改革开放。

（作者时任秦港老年大学教研室主任）

黄承漳　节节高的小康生活

改革开放使我家发生了日新月异的巨变。

1979 年全家因双知青上调，离开支农十四年的农村，我从农民变成工人，又从工人成为工程技术人员，从衣、食、住、行到社会地位都不能同日而语。我家从租房到买房，从一套到数套。从自行车、摩托车到汽车，家用电器也更新换代。面对衣食无忧，节节高的小康生活，真是感慨万千。

“金窝银窝不如自己家里的草窝”，当前民生大事就把安居工程放在首位。这住房是家庭生活是否安定的重要标志。记得我家四口人从农村进城，上无片瓦，下无寸土，经人帮忙收回了“文革”时被人强占的半间房屋，却连放一只煤炉的地方也没有。后求助邻居们同意，勉强在公用天井搭灶间。夫妻分居邻里纠纷，加上我工作与学习任务重，妻体弱多病，搞得我晕头转向，筋疲力尽。宁波对外开放计划后，我工作的余姚化纤厂发展很快。职工的住房逐步改善，我家终于有了三间小房间的使用权。1992 年旧城改造，我家拆迁到市郊的富巷新村，屋对面的小山上还是荒草和破棺材，蛇虫为伍，大家戏称第二次支农。考虑我儿子的婚房，在规定可分一中一小外，我又买下了部分面积，分到两个中户。两年后的房改中，买下产权，我家终于有了真正属于自己的房屋。

随着余姚城区扩展，旧时的小山变成了苗圃和公园，茭白池和荒草地变成宽敞的柏油路。修桥铺路通公交，学校、医院全配套，旧貌换新颜，市郊成了市中心。不久嫁女娶媳，一家成为三户。我购入对门的套房，夫妻有了两套房。把阳台打通，双卫双厨，总共108平方米。双休日，我家热热闹闹，为我的老年人生找到了奉献的途径。一双儿女成家后分别有了两套房，虽面积不大，至少居住宽敞。我女儿一家在宁波，有超前消费的胆量，聚沙成塔，第二套房的贷款要到我外孙20岁时才可还清。

再说交通，说来好笑，我到40岁才有了属于自己的永久牌自行车。当年凭票，是托朋友买的。十年后，第二辆凤凰牌自行车至今还在为我服务。晚辈要买电动自行车送我，均被我谢绝。我认为骑车慢慢外出办事，胜过跑步机，既可锻炼身体又不污染环境，绿色环保节能安全，利大于弊。一对儿女结婚不久，很快从摩托车改买汽车。好像世界变得小了，女儿一家双休日从宁波赶来，常回家看看，一个小时就能到达。节假日动员儿女两家父母参加，大家聚在一起，或野餐烧烤，或外出旅游，去过洪塘、朱家尖、奉化、上海，今年暑假去了温州。亲情和睦，优哉游哉，欢声笑语，其乐融融。我夫妻俩虽未出过国门，但至少乘飞机、高铁或动车、轮船，走南闯北开眼界。领略过银装素裹的北国风光、万里长城和温暖如春的三亚美景。体验过四通八达、迅捷安全的现代交通工具，品尝过风味各异的农家小吃。此情此景在支农年代，我连做梦也没有想到过。科技进步，上天入海，国泰民安，我国一跃成为全球第二大经济体。改革开放时邓小平刚在日本考察乘的动车，没过几年，就在我国自主生产、投入运行了，发展之快令人惊叹。

在家用电器中更新换代最快的就数电视和手机。我家第一台西湖牌黑白电视机还是工会担保分期付款购买的。当时没有外接天线只能看“雪花飞舞”的模糊屏幕，收视效果差，选台少。后来有了彩电，屏幕越来越大，机身越来越薄，选台越来越多，图像越来越清。同样电冰箱从单门到双门，越换越大。手机从最初像砖块一样的大哥大到小灵通，从单功能到智能手机。以前说美国的垃圾堆能拾到电视机，竟在我国也成了现实。

物质生活安定之后，精神生活也与时俱进。除前面提到的旅游外，妻热心于社区活动，我则忙于社会事务。退休前后业余除家教，还任会计，兼职数学老师。近年又在老年大学、老年电大学习，被电台、报社、国税局、市精武会、武协等聘为行风监督员、评论员、通讯员，使我的晚年充实有序，只感到有使不完的劲，做不完的事。

我的家庭和睦，子女孝顺，相继评上过“阳明街道十佳学习型家庭”“余姚市十佳藏书家庭”“市五好家庭”等。前年我孙子为他奶奶洗脚献孝心的照片不但登上《余姚日报》，而且上了新华网。党的十八届三中全会提出全面深化改革的决定，顺应民心，恩泽万家。相信今后咱们老百姓的生活像芝麻开花——节节高。

我用国庆六十周年时写的一首诗，抒发自己的感慨，作为本文的结尾：

莫道光阴随水去，甘来苦尽乐安居。
喜迎古稀三秋正，欢庆中华百事俱。
千载难逢新世纪，万年巧遇好桑榆。
退而不辍勤耕作，尤喜遨游又教书。

王亚萍　安居乐业享民生

“安其居，乐其业”是中国人民几千年来的理想与追求:《礼记》中的《大道之行》，向往着“老有所终，壮有所用，幼有所长”“天下为公”的大同社会。陶渊明《桃花源记》曾描绘了一个“土地平旷，屋舍俨然”“黄发垂髫，怡然自乐”的美丽的“世外桃源”。大唐“诗圣”杜甫也曾抒发“安得广厦千万间，大庇天下寒士俱欢颜”的畅想……安居乐业的美丽梦想仿佛近在咫尺，实现它却那么遥远而渺茫。

而今，它切实地走进了人们的生活，改善了人们的生活条件，提高了人们的生活品质，是改革开放让它美梦成真，使安居乐业真正成为一项普惠民生的实事工程。我不仅见证了它的发展历程，更是众多乐享改革开放硕果人员之一。

曾经，我是一个面对三尺讲台满怀憧憬的女孩，曾用粉笔书写黑白世界描绘彩色人生是我心中坚定而执着的梦想。今天，我已步入不惑之年，当我实现理想站在讲台上打量着下面一张张如同我当年一样幼嫩的脸时，我对耕耘教坛这份事业充满快乐和满足。三尺讲台——一个挥洒青春和描绘人生的绿地，在近二十年的工作经历中，我看到了三尺讲台在潜移默化中悄然改变，这种变化见证了宁波市的基础教育兴起与腾飞。

20 世纪 90 年代初，我走上工作岗位，到一所中学任教，当时的教室是油漆的白墙黑板和水泥地，虽然不奢华时尚，却不失明亮整洁，每天和学生一起在教室朗读课文、品味语段、书写作文，日出而作、日入而息，享受着书香独特的氤氲味道，乐在其中。

学生需要复习资料，做这些需要有专门的刻字笔和钢刻板，把蜡纸蒙在钢板上一笔一画地刻印，这样小心翼翼地刻好一张样卷后，再通过学校文印室里的石墨油印机印资料，拿到手上有一股浓厚的石墨味道，手不小心蹭上了就会有黑色的痕迹。有时为了上课需要，课前要把一些重要的字词拼音和古诗词用粉笔先抄写在一块小黑板上，上课要用时就把小黑板挂在上面，可以节省课堂板书的时间。

后来教室的水泥地被大理石瓷砖代替了，墙壁贴上了一人高的白色瓷砖，黑板也换上了防反光的材料，原来的铁窗户被大而宽的塑钢玻璃取代。再后来，简易的讲桌换成宽大的柜子，一头安置了幻灯投影设备，另一头安放着电脑，与黑板上方可升降的荧幕、天花板上的摄像头组成了先进的多媒体设备，通过影像、图片、声音更生动直观地展现课堂内容，内容翔实丰富生动，学生的积极性和注意力提高了，课堂变得更生动有趣了。

如今，原来尘土飞扬的泥土跑道早已被干净整洁的塑胶跑道取代，风雨操场、多功能厅、专业实验室配备科学而齐全，喷泉叮咚、绿荫环绕、花香袭人的校园风景宜人，美不胜收。多媒体更是将白板取代，板书、演算、课件资料均可在上面操作运用，上课也更灵活迅捷了。准备资料、试卷不像以前那样麻烦，而是变得更快捷了，网上快速搜索，鼠标轻轻一点，就可以找到很多相关的资料，拿到学校的复印机上几分钟就可以全部弄好，效率提高了很多。

学生呢，换了一茬又一茬，“00”后们比我们那时代显得更成熟更独立更有主见，知识面也更丰富许多。科学技术的飞速发展，社会日新月异，带来了三尺讲台的时代变化，带来了老师和学生共同学习、与时俱进的新观念。乐业如此，夫复何求?

我在庆幸于从事教育这一份快乐而幸福的职业时，也庆幸于自己拥有一个温馨而舒适的小屋。

曾几何时，大都市生活让不少年轻人趋之若鹜，纷纷涌入北、上、广等一线城市，然而一番挣扎浮沉后，又爱又恨，爱它繁华文明、兼容并蓄、时尚独立。恨它天涯孤苦、人间冷暖和昂贵的生活成本，尤其是高房价让人望而却步，有一个自己的小窝成为多少年轻人为之奋斗的梦想。

我是其中的幸运者，没有栖身之地的后顾之忧，大学毕业后分到一所中学任教，和一同毕业的几个年轻老师一起住在学校操场后面的筒子楼里，虽然楼道狭小阴暗，房间也不甚宽敞明亮，但年轻人在一起却其乐融融，大学寝室的集体生涯似乎得到了延续。

后来成家了，正为住房一事忧心忡忡时（那时还没有商品房），却赶上了住房的最好福利——房改房最后一批末班车，当凑足房款领到全新的钥匙搬进新居时，心里洋溢着满满的幸福。遥想当年杜甫发出的“安得广厦千万间，大庇天下寒士俱欢颜”的慨叹，我对所处的时代充满了感激，感激自己赶上了改革开放的好时机，也唯有辛勤耕耘、努力工作来回报一二。

时光流转，一晃到了新世纪，城市节奏更快了，社会发展变化更大了，随着一条条道路伸向远方，一幢幢高楼拔地而起，人们住房安居工程也迅猛发展，我有幸买下了第一套商品房，小区有绿化，有物业，住的也更安心舒心了。每当夜幕降临，我在阳台小憩，遥看城市万家灯火，想象着每一盏温暖灯光后每一户如我一样家庭的幸福生活，由衷地感谢这个时代。现在为了工作方便，也买了代步车，上班来回路上避免了风吹雨淋之苦，算是有房有车一族，日子过得安心、称心、舒心。

时光飞逝，我由一名幼稚孩童，如今步入不惑之年，我的人生成长经历见证了改革开放的巨大飞跃，我努力奋斗，创造并享受着改革开放所带来的成果，古人所说的“安居乐业”在我的身上得到了很好的体现，而我，只是这万千人海中的一个小小身影。在改革开放的路上，我们继续前行，奔向那蔚蓝的“中国梦”。

第三章

家乡巨变

屈效东　**我所经历的一场农村变革**

党的十一届三中全会召开之后，社会上掀起“实践是检验真理的唯一标准”的大讨论，这场讨论也影响到我国广大农村。那时，不少有志有识的农民在反思农村以生产队为“一家”的生产模式究竟有什么优越性。

1980年春，离我们村很近的宁陵县金厢公社小郭庄大队竟然把面积很大、长满草的荒地全分给社员。可这些常年长茅草的荒沙地一旦到农民手里，他们便拿抓钩刨去野草茅根，施肥后点上花生、大豆，秋后就结出好果实来。到了种麦时节，靠分荒地尝到甜头的小郭庄大队，又瞒上不瞒下地把队里的可耕地划分给社员。于是，该村的社员为解决耕作问题，就出百儿八十元钱买回牲口，及时种上小麦。我县这场农村变革就这样拉开了序幕。

我村离小郭庄只三里远，那里的变化和“动静”自然会传到我村群众的耳朵里。于是，社员就在茶余饭后或在结伴出工时议论着这些事情，说生产队里干活窝工，生产队干部有瞎指挥现象，还有吃、拿、占、贪表现，这些现象和表现，耽误着生产发展。

群众这些话自然会传到干部耳朵里。一天傍晚，生产队长敲铃召开社员大会。他在会上讲：“我苗岗大队焦林坡生产队是远近闻名的先进队，我们队里的社员每年能分到180多斤麦子、150斤谷子、三四百斤鲜红薯。到年底，各家多则能分到百十元红利，劳力弱的也能分到二三十元红利钱。你看，从宁陵往西数18村，哪个生产队有咱队的收入高、分成好？可有人身在福中不知福，现在正鼓捣着要学小郭庄来分地。他小郭庄在咱金厢公社属落后大队，那里的社员穷得叮当响。咱不管他们咋着，咱的队不能散，咱的地不能分，谁要回头走资本主义道路我也不答应。再说，我队造这坏舆论的人，都是一些落后社员。他们平常出工不积极，习惯开小片荒，希望热爱集体的社员别轻信他们的话，别学落后村小郭庄，今后他们说不定要倒霉！”

我们的队长所讲的这番话多少有点“道理”。因为我村有两眼好机井，又有两台手扶拖拉机，这几年在种田时又注重选种和施用化肥。再加上队里只有百十余人，社员又是善良本分的老实人，所以生产效益在附近村寨是数一数二的，社员一年分到的粮米几乎比小郭庄村人多了一倍。可看到小郭庄村农民在分到小片荒之后，把打下来的豆子、花生拿到市场上换了大钱，分到可耕地后种的麦子长势良好，我村的社员又坐不住了。几位本家叔叔要我到县里打听打听：上级对农业到底要制定啥政策？小郭庄村走的路能不能行得通？

我从1971年开始学习写作，在县里文化部门也有几个熟人，文化部门的人对党的政策是很敏感的。于是，我就带着乡亲的嘱托到县委宣传部找我写新闻的辅导人赵自培老师。当我说明来意后，赵老师沉思一阵然后才说：“分田分地的事，争论由来已久，啥事不能太出头，仍需等等看看。尤其是你，因为在报上常发表文章，在农村会有一定的影响，当前说话做事要谨慎！”

转眼到了来年麦收时节，小郭庄村农民自耕自种的麦子取得了好收成，每家打的粮食大囤尖小囤流，我队的社员看到眼里再也坐不住了，又一次议论起“分地风”。我队的干部又一次召开社员会，狠批起这股风气。可一月未过，县里开起三级干部会，要求全县推行生产责任制，实行“大包干”。

当时上级推行责任制的口号是“农民分了地种着责任田，一有责，二有权，三有利，打下的粮食交了国家的，留下集体的，剩下的都是自己的！”上级制定了明白的政策，我队的干部就很无奈，可他们却推行“分田到组不到户”的政策，把“大集体”变为“小集体”。于是，我队便把 171 人分为四个组，把 351 亩可耕地、52 亩荒废地、24 头骡马耕牛和两台手扶车分到四个组。

与我们一起相隔的朱槐村，在土地分到组的当夜又偷偷地把土地分到各户。俺村分为四个组之后，仍然沿袭着派工记分的办法。结果一年内，组内仍出现种种矛盾。1982 年种麦时，我村农民看到把可耕地“一捣到底”的做法很优越，就酝酿起“分田到户”的做法。可分田到户比生产队分田到组遇到了更多困难：一是组内的农机牲口农户不能家家分担，二是分组一年后村内人员有增有减，死去的人要不要再分地？添的人口要不要来分地？大家为这事争论不休。这时，金厢公社党委发现我村存有这些问题，及时派出司法助理耿玉启前来坐镇指导“大包干”的推行工作。耿玉启农村工作经验丰富，人又很善良随和，他走村串户征求各方意见，终于把耕地分到各户。农民分到责任田后，一些一没牲口、二没机械的农户，浇地、犁田都存有困难。可这些困难也不是不能克服。于是，一些兄弟、爷儿们、邻居就自愿组成临时“互助组”，他们结伴搁使机械、耕牛，及时解决了耕种、浇地的诸多困难，及时种好了麦子。

生产中的困难再多，农民也可通过帮扶和积累逐渐克服解决。可人们若对党的政策信不过，或思想保守不解放则势必要吃亏。与我村一河之隔的皮堂村，有位叫刘天民的农民是方圆有名的“小精灵”。他在分到责任田后，看到旁人在种麦时换良种、施化肥感到很可笑，他曾对人说：“别看你种麦时恁下劲，到收麦时说不定会刮来一场‘合队风’，到时谁投资多谁吃亏！”

刘天民带着这个想法在种麦时，8 亩地里没上一两肥料，一春天没浇一遍水，没打一遍药，庄稼长得“稀巴松”。小麦成熟了，他还没听见“合队”的消息。这年麦收后，邻居的小麦亩产都在 400 斤以上，可他家的麦子亩产只有百余斤。看着别人拉着大袋小袋的麦子往自己粮囤里放，他开始后悔起来。

作为一名党报通讯员，我抓住这一典型写出《刘天民不相信党的政策小麦减了产》于当年 6 月 22 日登在《河南农民报》上。阳驿乡党委也抓住这一典型，在全乡广泛宣传党在农村的政策，并在完善农村生产责任制时做了大量的工作。

来年种麦时，刘天民积极地备良种、买化肥，并精耕细作，结果取得了好收成。我经过实地采访又写出《刘天民再不当“小精灵”了》，1983年7月2日，这篇稿子又被《河南农民报》采用。这段往事虽过去很多年了，但至今在阳驿乡还流传着这段佳话。

在农村改革期间，农民按照党的惠民政策，一步一个脚印地向小康之路迈进。其间，地方虽有加重农民负担乱收费、乱摊派的歪风，农民也遇到过“卖粮难”“卖棉难”、假冒种子农药坑农害农的事，可这些事毕竟是农村变革前进中主流里的支流。

广大农村通过“农税改革”“乡镇机构改革”和农业多项补贴，“三农”工作前进的路子已初步理顺，广大农民种粮的积极性空前提高，外出打工挣钱的路子越来越广。以我村为例，我村人口虽然比分地时多了100人，可人均年占有粮食已达1500斤以上，人均年纯收入已达3200余元。这两个数字跟1978年相比，分别翻了8倍和20倍。近几年，我村新建楼房10座，家家有彩电、洗衣机、电动车、电话、手机、机动三轮车，还有2户农民有小汽车。更让人骄傲的是，富了的我村农民把钱用到教育上，在20年里养育出32名大学生，成了远近闻名的“状元村”。

现在，农民谈起国事与家事，大家都不约而同地说，农村要不是有这场伟大的变革，还停留在“生产队”的基点上，大家连肚子也难填饱。

广大农民相信：农村政策会越来越好，农民阔步进入小康社会决不是一句空话。

（作者时为河南省宁陵县政协文史委干部）

殷成明　一场变革造就出农民新面貌

对外开放，使烟台经济实现了跨越式发展，使城市基础设施建设跃上了新台阶，使城市居民生活环境开始发生巨大变化。在开放大潮中的烟台农民有什么变化呢？

1992 年邓小平同志南方谈话发表不久，我陪同新华社山东分社社长徐光耀、记者丁锡国在牟平、福山、栖霞、蓬莱、龙口、莱州等县市区，踏访了一个又一个村庄。在举目可见的别墅式农舍、装饰华丽的舞厅、时髦的服饰、强劲的迪斯科之后，我们更惊喜地看到，一场精神的变革正雕琢着新的烟台农民形象。

走出封闭的视野

1992 年 8 月初，我们到福山区东陌堂村采访。村党支部书记唐与山给我们讲了一段非常有趣的事儿：前不久，北京电影制片厂有位导演来到东陌堂村。这位走南闯北的大导演万万没有想到，农民兄弟向他“讨教”的，竟是苏联、东欧剧变对世界、对中国的影响。东陌堂这个 2000 多口人的村子，岭多地薄，历史上 70% 的农户粮食不够吃。从 1983 年起，他们开荒造园，发展林、果和养殖业，逐步形成了以国际市场为导向，以索具、肉食鸡为龙头，以养殖、加工系列为骨干的外向型经济格局。这片沉睡了千年的土地，第一次与国际政治、经济的神经对接在一起。祖祖辈辈面朝黄土背朝天的东陌堂人，也开始关注起世界风云的变幻。

世界，对于开放后的烟台农民已不再遥远。即使在远离城区的偏远山村，我们也看到了通达世界各地的国际程控电话。它们不仅缩短了地理的距离，也把烟台农民的自豪和实力展示在世界面前。烟台农民企业家的身影开始出现在香榭丽舍大街，出现在罗马帝国古道，出现在雾都伦敦街头，烟台农民正作为一个新的竞争对手跻身于国际经济的舞台。

坐落在胶东屋脊上的栖霞县城关村，击败国内外的众多竞争对手，赢得进军海南省杨浦港的机会，购买600多亩土地，为日本熊谷组区配套建设度假村。走出山坳的城关人，与美国和中国台湾地区的合作伙伴一起，在海口、在深圳、在上海、在青岛，联合生产电子元件、高档家具，经营房地产。当年58岁的村支部书记史桂开描绘起城关村的明天，显得信心百倍："外国人能在咱们国家搞企业，咱为什么不能到外国办企业？我们的计划，就是要把自己的企业办到国外！"

摆脱旧观念的束缚

在几个县市区一路走来，我们深切地感受到，对外开放后的烟台农民正痛苦地否定着自己。他们艰难地，但是顽强地冲击着小农经济的樊篱。在烟台农民的词典里，开始出现时间观念、冒险精神、创新意识……

在昔日的农民那里，"不误农时"算得上他们最严格的时间概念了。他们用日出、日落安排一天的起居，用"农时"安排一年的劳作。商品经济的锻打，使今日的农民发现了时间的宝贵。在龙口市西台村，我们看到村办企业——烟台新华印染厂开始用打卡机实行打卡考勤的方法。严格的打卡，记录下员工进厂的一分一秒，并与奖金的增减联系起来。那些从来不把分和秒当回事儿的农家子弟被激怒了，不少人擂着那件冷冰冰的机器大骂。渐渐地，他们认识了时间的价值，懂得了现代化生产已不再容许过去的散漫。

烟台农民的视野开阔，带来了无尽的追求。它作为一条正在隆起的分水岭，分隔着农民的昨天和未来，把目光短浅、小富即安、安贫乐道留给了历史，而把无限的进取献给明天。在那些有着几千万元固定资产的村庄，人们并没有分光吃净，一大半的收入用于公共积累。

具有战略眼光的烟台农民企业家们，把发展高科技当作经济腾飞的新起点，把人才的教育和储备当成事业长兴不衰的动力。蓬莱市石岛村与香港合资运用生物工程技术制造药品，引进意大利技术改造蓄电池厂，两大高科技项目相继上马；栖霞县城关村依靠自己的技术力量，以购买专利的方式，在村办四个主导企业分别引进了高科技项目。

重视科技教育，已经成为烟台农民的一种共识。在我们走访的村子，村村建有高档次的幼儿园，小学教育全部免费。有的村庄每年拿出纯收入的 10% 用于文化、教育建设，大专学校正在筹备，中专教育已经普及。在莱州市神堂镇丁家村，聘请专家、教授和有关技术人员讲课的业余技校，自 1983 年创办以来从未间断，先后培训学员 500 多名。一批青年被选派到大城市的大专院校去进修。

打开狭隘的胸襟

8 月初，我们到牟平区西关村采访。有一天晚饭后，村党总支书记李德海邀请我们去看他们村的农民文化中心。夜幕初降，华灯初放。文化宫乐声悠扬，笑语朗朗；灯光球场上，身强力壮的庄稼汉拼抢激烈，喝彩声迭起；舞厅里，华尔兹舞曲舒缓、浪漫，一对对舞伴旋转、起伏，如醉如痴；球场一角，有六七十岁的老婆婆扭胯送腰，小脚恰如其分地踩着迪斯科节奏；录像厅里，一位身着齐腰毛衫、宽松萝蔔裤、留蘑菇发型的姑娘，在卡拉 OK 伴唱机边手持麦克风轻声细诉。

有一天晚上，在福山区东陌堂的舞厅里，21 岁的农村姑娘唐冬青大方地接受记者的邀请，翩翩起舞。她是村里第一批跳舞者。当初，看不惯搂搂抱抱的村里人说什么的都有，母亲每天晚上都把她“看管”起来。“但没过多久，妈妈抵不住新生活的诱惑，虚心当了我的学生。”唐冬青边舞边说，然后朝一位50岁开外正走着吉特巴花步的妇女呶呶嘴：“我妈妈，她也‘下水’了。”

开放打开了农民的胸襟。“要发展事业，就必须改造自己。要改造得你不再是你，我不再是我。”牟平县西关村党总支书记李德海在村办《明珠报》上向他的父老乡亲发出如上宣言。在这张村办报纸上，我们读到一篇《批“牛皮”》的文章。文章尖锐犀利，坦率辛辣，直指小生产者的褊狭、懒散、忌妒和目光的短浅。文章写道：“中国农民的架子是‘死犟孙’，什么都是老的好，抱着僵尸不放，似乎接受了新鲜东西就是背叛了祖先。正是这种架子，造成了中国农民长期的保守与落后。”我们惊讶于这些农民敢于无情解剖自己的勇气。

开放之初，当人才的活水流向烟台时，那些封闭的小小村落无法容忍南腔北调的外来者，冲突迭生。当一座座厂房矗立在莱州市草店村时，邻乡近县的人走进了草店村的领地。眼看着外地人大把大把地在自己的村里挣钱，草店人不可忍受了。“草店养肥了你们！”不止一个草店人这样教训过“看着不顺眼的”外地人。但毕竟时势不同，在现代化的车间里，面对精密复杂的机器，外地人操作娴熟，而草店人却不知从何下手。无情的事实，逼迫草店人接受了一个道理：“商品经济社会，得靠本事吃饭。”当时，在草店村大大小小17个单位中，一半以上的管理干部来自外地。

在烟台的那些富裕村，已类似“移民社会”。莱州市丁家村宏祥实业公司的730名职工中，来自4个县、13个乡镇、96个村的外地职工占70%，有500多人。他们当中，被选为副厂长以上的有30多人，科室干部70多人。牟平县西关村，有来自全国15个省市的几千名外地人。在这些南来北往者的汇集过程中，烟台农民正锻造着容纳百川的胸怀。

（作者时任中共烟台市委宣传部新闻科科长）

陈德新　开放，圆了黄金村的“黄金梦”

1975 年 8 月，我从大队会计徐汉民处筹借 63 元钱，与三个知青办起了描图社。时隔一年，我通过兴东绣品厂的陆秀明与上海绣衣四厂的关系，办起绣花厂。1980 年我与大队党支部书记昝圣明商量后，在绣花厂的基础上建办了南通县绣衣厂。1984 年，全国推广厂长负责制，我承包了绣衣厂。1985 年春，我抓住南通成为首批沿海开放城市的机遇，组建成立南通县绣衣厂日本西田专设车间，引进了日本的先进技术和管理经验，使企业上了新的台阶。

我们黄金村曾经以贫穷落后而出名，村里有十几根讨饭棒，年轻小伙子光棍儿多（因为穷，讨不到老婆）。村民们渴望过上黄金铺地的富庶日子，就将村名改成了黄金村。然而，直到 1975 年，全村人均收入还不足 60 元。是党的改革开放政策的指引，特别是南通被列入首批沿海开放城市之后，黄金村才发生了翻天覆地的变化。

记得 1987 年一个深冬的夜晚，我和张慎涛老书记及上海聘来的张一飞三人乘坐轮船去南京，我们的目的是想与省丝绸公司达成工贸联营的协议，以得到稳定的外贸生产订单，而且还希望得到他们资金上的支持。我们三个坐在四等舱的下铺上商讨着如何让省丝绸公司的领导相信我们有能力把外贸产品保质保量生产好，而且让他们愿意把钱投放到我们厂里来。当时我们看到，睡在我们上铺的是一个穿粗布衣服的中年人，很像一个庄稼汉，因此，我们没有顾虑地商讨起来。老书记张慎涛认为，要把困难想得多点，方法上再考虑周全些；上海的张一飞认为，从建办绣衣厂到夺金杯，我们一路走过来很顺利，这次省丝绸公司的几位领导也不会为难我们。而我认为，这次工贸联营非常关键，搞不好，定不下来，我们要想组建企业集团，横向联合 4 省 9 县 21 家单位，就不可能成功。因为底气不足，没有外贸撑腰，谁会相信你？当我们的讨论出现分歧时，睡在上铺的那个中年人突然翻身坐起来问："你们是兴东绣衣厂的吧？你们的谈话我都听到了，你们要搞工贸联营我很赞同。"到这时，我才看清他的面容，啊，原来是南通市的张佑才市长。我和老张书记不约而同地喊了声："张市长，您好！"张市长指着坐在我身旁的说上海话的小伙儿问我，他是做什么的？我简单地介绍，他是我厂从上海绣衣四厂借聘过来的技术师傅，叫张一飞，最早我们搞绣花厂时，去上海都是住在他家中的。听完介绍张市长讲，上海人都来帮助你们，我们市政府也一定支持你们，只要你们有开拓者的胸怀，有改革家的胆略，有实干家的精神，你们的事业就一定会成功。张市长还说，现在你们搞工贸联营，搞横向联合，是搞的劳动密集型产品，将来你们还要搞资本型、知识型、高科技型的产品，真正把黄金村搞成苏北第一村。

1988 年初，我和村支书昝圣明再次抓住改革开放的大好契机，与江苏省、南通市丝绸进出口公司共同投资 1010 万元，兴办了"工贸合营南通县绣衣厂"，实行合股经营、控股分红，有效地提高了产量，扩大了产品出口。接着，又以黄金村为大本营，以南通县绣衣厂为核心，于 1988 年 1 月 18 日成立了"江苏省南通绣衣时装集团公司"。这是一家跨地区、跨行业、跨所有制、技工贸结合、产供销一体的外向型经济实体（由 4 省 9 县 21 家单位组成），是国家命名的贸工农联合出口商品生产基地，也是全国第一家村办外向型经济实体和出口基地。集团建成以后，每年的产值利润均以 50% 左右的速度递增。1992 年，黄金村完成工业产值 2.15 亿元，实现利税 1500 多万元，为国家创汇 3000 多万美元，全村人均纯收入达到 4100 元。

这么多年过去了，黄金村人圆了“黄金梦”，南通人也以“开拓者的胸怀、改革家的胆略、实干家的精神”建成了一个美好的新南通。我深信，随着改革开放的不断深化，南通的未来一定更加美好！

（作者时任江苏南通绣衣时装集团公司副董事长、副总经理）

李存明　我们村的腾飞故事

新牟里村地处牟平城区北边。1985 年，村里组建山东新牟联合企业总公司。1992 年，更名为新牟国际集团。改革开放以来，这里的农民演绎出了许多曾经震惊一方的敢闯敢试的故事。

我于 1980 年到这个村的一个下属企业工作。1990 年进入领导层，先后任总公司常务副总经理、党委副书记；总经理兼邢台新牟钢铁股份有限公司建设总指挥、总经理；新牟里村党委书记兼村委会主任。我在新牟国际集团工作 24 年，见证了集团在中国乡镇企业发展史上创造的县、市、省乃至全国的若干个“第一”。回首往事，我深深感受到，是对外开放铸造了新牟国际集团的辉煌。

创办全县第一家中外合资企业

1984 年，烟台市成为全国首批沿海开放城市，开始引进外资加快发展。当时我任新牟集团公司办公室副主任，负责财务及各种经济信息搜集等工作。1987 年 6 月，我获得香港季星有限公司有意在内陆寻找合资伙伴的重要信息，并立即向集团主要领导做了汇报。领导当即决定，由我负责与香港季星有限公司取得联系，千方百计把这个合资项目拉到新牟里村来。通过两个多月的电话、传真反复联系及面谈，对方终于同意在北京进行预备性谈判。考虑到我虽然年仅 26 岁，但已参与接待过各级领导、中外来宾、商界精英和媒体记者，稍有经验，领导决定让我全权负责这次谈判。

为了不负重托，我拜牟平县（当时还没有撤县设区）外经委徐平科长为师，认真学习《中外合资企业法》等法律法规和《合资谈判应知应会》等基础知识，并准备了大量推荐新牟里村的材料，还与徐平科长进行了多次“模拟谈判”。凡是能想到的事情，我都做了充分的准备。

1987 年 9 月 6 日，我在烟台市外经委王玉明科长、牟平县外经委徐平科长的陪同下，以新牟里村主谈代表的身份，坐到了北京饭店会议室的谈判席上。谈判对方是香港季星公司的高级代表。双方自我介绍、互致问候之后，我开门见山，将新牟里优越的地理位置、秀美的周边环境、便捷的海陆空交通条件等一一作了详尽介绍。

我的介绍拉近了双方的心态距离，赢得了对方的赞许。谈判进入技术性阶段，我与港方代表反复磋商合资企业的投资规模、双方出资比例、产品科技含量、市场前景和销售渠道、设备产地与报价、效益预测及投资回收、董事会人员构成、高级管理人员聘任等细节。在谈判过程中，我既据理力争，又适当让步。由于提前做了大量详细的准备工作，既考虑了本公司的利益，也充分考虑了港方的诉求，谈判进行得十分顺利，当天拍板签约：合资企业定名为“烟台新孚标准件有限股份公司”，项目总投资 441 万美元，合同吸引外资 150 万美元。主营业务为生产多种型号的标准件，绝大部分产品销往国际市场，以出口创汇为主。

消息迅速传遍了牟平大地，上自县委、县政府领导，下到新牟里村村民，无不喜出望外，都翘首企盼全县第一家合资企业早日建成投产，实现招商引资“零的突破”。

香港季星公司高层密切注视着新牟里的办事效率。因为当时办理合资企业的审批手续十分复杂，不仅要起草多份规范性文件，而且要到县、市、省多个部门报批。领导对我在谈判中的表现十分满意，决定让我继续“闯”下去，把创办第一家合资企业这件事干到底。

为起草报批必需的规范性文件，我或买或借弄来一套相关书籍，又跑到烟台市外经委找关系，学习了烟台市刚刚成立的一家合资企业全套规范性文件。然后组织了一个工作班子，聘请县外经委徐平科长为顾问，开始向那个陌生的领域发起了冲击。为提高办事效率，我们不分昼夜埋头苦干。我晚上参与起草、讨论文件，白天坐车往返于牟平、烟台、济南之间，向相关政府部门报送定稿的文件。经过艰苦努力，我用十多天时间就办齐了全部报批手续，领到了省外经委颁发的批准证书和省工商局颁发的营业执照。办事效率得到香港季星有限公司的高度评价。

根据领导部署，我又与合资企业拟任总经理一起策划采购标准件生产设备。为确保万无一失，我们到深圳咨询了多位专家，认定日本几家知名公司生产的此类设备具有世界领先水平。做好了充分准备后，我们与季星公司代表一起飞往日本，开始考察订购标准件生产设备。一连几天，我们马不停蹄地参观了日本的几个标准件设备生产企业。通过多方考察和五轮谈判，我们适时拍板，以最低的价格为烟台新孚标准件有限公司订购了具有世界领先水平的专用设备和热处理生产线。

经过紧张筹建，烟台新孚标准件有限公司引进的先进设备一次试车成功，实现了当年建设、当年投产、当年见效。几年后，烟台新孚标准件有限公司在全国乡镇办同类企业中第一个通过了ISO9000标准认证，生产的数百个规格型号的标准件销往西欧、北美、日本等70多个国家和地区，同时成为国内知名的海尔、长虹、小鸭、新飞、美菱、轻骑等大型企业集团稳定的供货商。

烟台新孚标准件有限公司的创办成功，进一步砥砺了新牟里人搏击国际市场的雄心壮志。时隔不久，新牟里村相继创办了牟平县第一家中外合作企业——烟台新鲁针织有限公司；第二家中外合作企业——烟台香平毛衫有限公司。我负责这两个项目的可行性论证、合同章程的谈判、各种文件的起草、办理批准证书和营业执照、筛选采购设备，为项目的尽快建成投产做好了前期准备工作。这两个项目总投资375万美元，合同利用外资105万美元，年产各类针织衫35万件、各类羊毛衫15万件，绝大部分产品销往国际市场。

一个中外合资企业和两个中外合作企业的创办成功，不仅为牟平县利用外资起到了引领作用，而且大大提高了新牟里村的知名度，吸引了更多外商前来投资，先后办起了14家中外合资（合作）企业，形成了门类比较齐全的以出口创汇为主导的产业体系。新牟里也因此连续多年被省、市政府授予“出口创汇先进企业”称号，并于1992年登上“全国出口创汇第一村”的光荣榜。

创办全国第一家东西合作扶贫企业

1992年4月1日，七届全国人大五次会议新闻中心举行“三农”问题中外记者招待会，新牟国际集团董事长、全国人大代表常宗琳同志应邀出席。他在回答记者提问时明确表态：先富带后富，走共同富裕的道路，是党中央、国务院做出的重大战略决策。依靠党的改革开放政策率先富裕起来的新牟里村，有责任、有义务在东西结合、开发式扶贫中做出应有的贡献，愿意利用我们的资金、技术和人才优势，扩大对内开放，寻找合作伙伴，共同兴办开发式扶贫项目！

1992年7月16日，常宗琳同志出差在外，我以常务副总经理的身份接待了来自河北省邢台县南石门镇马峰村的党支部书记张建鹏。在集团公司的接待室里，我俩以心碰心地交谈着。张建鹏说：我和乡亲们看到了电视播出的全国人大记者招待会，听了常董事长的谈话，我是来寻求合作的。我们村地处太行山区，煤矿、铁矿、石灰石矿等矿产资源丰富，因为缺资金、缺人才、缺技术，至今没有大规模开发，资源优势没有变成产品优势。许多小伙子忙完农活半年闲，找不到地方挣钱。我也是党的基层干部，看到乡亲们守着金山受穷，心里真不是滋味。革命老区的农民人穷志不短，我绝对不是到新牟里村来“讨饭”吃的。乡亲们盼望新牟里出资金、技术、人才，利用我们那里丰富的矿产资源和大量剩余劳动力，共同兴办钢铁企业，把乡亲们带上致富路。

听了张建鹏的介绍，我脑海里闪过一个念头：“好主意，值得闯一闯、试一试！”常宗琳同志出差回来后，我便向他汇报了接待张建鹏的情况，以及自己的初步想法。商定由我带队考察，为可行性论证奠定基础。

7月26日，我带领曲志义、曲宏伟等七人考察组，昼夜兼程赶赴河北省邢台县南西门镇马峰村。在张建鹏的陪同下，我们参观了邢台市范围内的几个钢铁厂。得到的确切信息是，一个规模很不起眼、设备非常简陋的小钢铁厂每天的纯利润竟然高达一万多元。我不禁喜上眉头：“确实是赚大钱的好买卖！”

在马峰村附近的一座山上，张建鹏随手抓起一块黑石头，说：“李总，这就是铁矿，含铁量很高。我们这里到处都是，而且多属露天矿，开采成本低得很。”我们还走访了邯郸钢铁设计院。几位专家听说我们来自大名鼎鼎的山东新牟国际集团，都毫不保留地介绍了国家的产业政策、市场现状、发展前景、当地的资源状况，以及举办钢铁企业必须关注的要害问题。紧接着，我们拜访了邢台市郭市长、邢台县委赵书记、南石门镇党委张书记，说明了新牟国际集团可能到邢台投资兴办钢铁厂的意向。三级领导高度重视，表示合作一旦进入实际性操作阶段，不管遇到什么困难，他们都会全力以赴帮助解决。

8月21日，我赶回新牟里村。在扩大干部会上汇报完考察情况后，我谈了五点看法：一是新牟国际集团到革命老区兴办钢铁厂，符合党中央、国务院关于东西结合、中西结合，实行开发式扶贫，先富带后富的战略决策，符合董事长在全国人大中外记者招待会上的承诺；二是目前的钢铁市场需求远大于缺口，发展前景广阔；三是在邢台兴办钢铁企业必需的各种资源应有尽有，储量丰富，不愁“无米之炊”，开发成本相当低廉；四是邢台地区欠发达，农村工副业处于起步状态，剩余劳动力很多，人力成本相对低廉，投资效益可观；王是河北各级党政领导对新牟国际集团前去开办“造血性”扶贫项目，持期盼、支持的态度，投资环境优越。最后，我加重语气说：我们拜访过邯郸钢铁设计院的资深专家，他们认为乡镇企业创办钢铁企业，可以为大钢厂拾漏补缺，满足批量较小、供货期限短的用户需求，市场不成问题。但是用规模效益的规律分析问题，新办企业如果小打小闹，其弊端显而易见：设备不可能十分先进，产品的技术含量不可能快速提高，产品的可比成本不可能大幅度降低，长远发展不可能不受阻碍。专家建议我们高点起步，全面规划，分步实施。一期工程如果能投资 2.3 亿元人民币，形成年产生铁、钢坯、钢材各 15 万吨的生产能力，就能形成可观的规模效益。以后再用一期工程形成的利润滚动发展，兴建二期、三期工程。

与会人员议论纷纷，提出了各种各样的问题。我根据考察了解到的情况，一一做了说明。经过反复论证，扩大干部会议做出一项重大决策：挺进太行，进军邢台，兴办一期工程年产生铁、钢坯、钢材各 15 万吨的开发式扶贫项目。企业名称为邢台新牟钢铁有限公司，简称“新牟钢铁”。并决定成立“邢台新牟钢铁建设指挥部”，任命我为总指挥。

9 月 26 日，我肩负着新牟人的重托，率领“新牟钢铁”建设指挥部一班人马，踏上了新的创业征途。安营扎寨后，我进行了战前动员，希望大家风雨同舟、心往一处想，劲往一处使，铸成一块铁板，握紧一只铁拳，建设一支特别能吃苦，特别能战斗，特别能奉献的“新牟铁军”，在项目建设中刷新“新牟速度”！

与此同时，我为指挥部成员作了明确分工，让他们“人人肩上有担子”，希望大家都能用聪明才智和干事创业精神谱写出彩的人生。我主要负责协调上下左右关系。从此，我马不停蹄地往返于河北与山东之间，展开“穿梭外交”，争取到河北省、邢台市、邢台县以及山东省政府、烟台市政府及银行等部门对“新牟钢铁”建设的高度重视和强劲支持。河北省政府将“新牟钢铁”列为挂牌督办的重点工程，指示省直有关部门：对于邢台新牟钢铁的建设，凡是政策允许的事项，必须确保一路绿灯；凡是政策规定不够明确的事项，允许适当“变通”。这样一来，我仅用两个月就完成了“新牟钢铁”的立项报批、土地征用、“三通一平”等先期工作。

我向邢台县委、县政府汇报了先期在当地招聘了 1000 多名青年，已经送到国家级大型钢铁企业培训等情况后，县委、县政府打破常规，开创了跨省建村的先例，批准成立了“河北省邢台县新牟里村”，为这些户口在农村的青年解决了后顾之忧。我带着交通不便的难题求助于邢台市政府时，市长当即带领市、县政府有关部门的负责同志，到“新牟钢铁”现场办公，当场拍板开通从市区直达“新牟钢铁”的15路班车；还批准成立了“邢台新牟钢铁居委会”；并决定大、中专毕业生分配优先照顾“新牟钢铁”。一次现场办公会解决了许多新牟人自己难以解决的问题。在“新牟钢铁”建设如火如荼、在当地影响越来越大的情况下，县纪委及时给“新牟钢铁”挂上了“重点保护企业”的铜牌，发出文件规定任何部门、单位和个人不得到“新牟钢铁”吃、喝、卡、要、报，如有违犯，一经发现严肃查处。县公安局在“新牟钢铁”居委会设立了派出所，防止当地的“刺头”到“新牟钢铁”找茬添乱。我通过外交努力，为“新牟钢铁”创造了企业与地方和谐相处、办事顺手、员工舒心的发展环境。

在指挥部其他同志的共同努力下，公司的规划设计、厂房建设、设备选购、员工招聘、岗前培训也在同步进行。我们齐心协力、艰苦奋斗一年，占地730亩、总建筑面积4.6万平方米的厂房拔地而起；11万伏双回路变电站、供排水、循环水利用和污水处理等基础设施全部建成；矿山、选矿厂、烧结厂、炼铁厂、炼钢厂、轧钢厂、动力厂等部分建成；面向全国招聘的拥有中、高级技术职称的管理和技术人才，被委以重任；1000多名在当地招收的员工分别从首钢、济钢、邯钢培训归来；现代化水平较高的进口和国内配套设备部分安装调试成功，全面试生产正在紧锣密鼓的准备之中。经新牟国际集团董事会批准，我的职务由“新牟钢铁”建设指挥部总指挥变更为总经理。此后，我还被邢台县委、县政府聘为副县长。

“新牟钢铁”不但为当地安排了近2000名青壮年就业，使他们有了稳定的工资收入，而且在当地带起了一批为之配套服务的小微企业。围绕“新牟钢铁”，邢台县兴建了中型水泥厂，利用钢铁厂的钢渣生产优质水泥，年产30万吨。附近村庄围绕“新牟钢铁”办起了石子厂、石灰厂、铸造厂、机械加工厂、建筑公司、商店旅馆以及专门为“新牟钢铁”员工加工工作服的服装厂，安排了大量剩余劳力，增加了大批为新牟钢铁服务的运输车辆，强劲带动了当地经济发展和农民增收。

新牟里村异地兴办开发式大型扶贫企业的举动，在全国引起轰动。《人民日报》头版头条发表了《西进太行第一师》的长篇通讯。多位党和国家领导人先后亲临视察，给予极高评价。国务委员兼国务院开发扶贫领导小组组长陈俊生同志实地考察后动情地说："新牟国际集团组成西进太行第一师，到革命老区兴办钢铁企业，站得高，看得远。这对急于脱贫致富的邢台人民来说，是雪中送炭；对新牟国际集团来说，是跨地区联合低成本扩张的明智之举，互利双赢的空间十分广阔。这将在我国开发式扶贫史上留下光彩夺目的一页！"河北省省长叶连松、省人大常委会主任吕参赞亲自带队到现场办公，给予了大力支持及关怀，并对新牟钢铁取得的成绩给予充分肯定。1994 年，国务院开发扶贫领导小组与《半月谈》杂志社联合评选"全国首届十大扶贫状元""全国首届十大扶贫状元单位"。由于"新牟钢铁"已经产生巨大的扶贫效应，常宗琳当选为"全国首届十大扶贫状元"，新牟里村当选为"全国首届十大扶贫状元单位"。

创办全省第一家村办企业上市公司

1993 年 9 月，集团董事会决定调我回到新牟国际集团，重任常务副总经理，主持集团公司的日常工作。

9 月 27 日，我出差到北京办事，住在劲松宾馆，偶然碰到烟台市体改委的史科长。我是在办理"新牟钢铁"的报批手续时结识他的，我们一来二往成了无话不说的好朋友。闲聊中，史科长向我介绍了两位新朋友：一位是"烟台冰轮"的刘立新，一位是"烟台华联"的张伟光。我随口问道："你们几位在忙什么？"史科长说："他们两家企业在烟台都是发行过股票的股份有限公司，国家体改委要对前期批准的股份有限公司逐户进行规范。我们正在准备资料，需国家体改委进一步规范化确认。"我又问："通过确认以后，对企业有什么好处？"史科长说："可以申请股票上市融资。"

听了这话，我心头顿时一亮，却装着漫不经心地问：“难吗？”史科长说：“难得很！光材料就有这么一大摞。不但要求苛刻，而且手续烦琐。”我把烟台冰轮的那一摞材料从头到尾翻了一遍，然后对史科长说：“新牟国际集团也有一家股份制企业，你能不能帮助我们规范一下？”史科长大笑一阵，说：“你开什么玩笑？全国的股份制企业总共 89 家，都在国家体改委备过案，你们怎么会有股份制企业？”我说：“我们的毛纺总厂是以补偿贸易方式引进国际一流设备兴办的大型骨干企业，产品全部出口，经济效益非常好。为扩大生产规模，1988 年发行过股票，就是股份制企业。”史科长根本不相信，说：“你有体改委、人民银行的批文吗？”我说：“你们国有企业由体改委批准，我们乡镇企业由乡镇企业局批准，我们有批文。如果我们的毛纺总厂股份制手续齐全，你给不给我们往上报？”史科长毫不犹豫地说：“那是不可能的。”于是，我开始软缠硬磨：“看在老朋友的面上，无论如何你得帮我这个忙。”史科长只好答应我试试看，说：“咱把丑话说在头里，恐怕连 10% 的希望都没有。你们如果瞎忙活了，可别埋怨我。”我大喜过望，说：“有你这句话就行，有 1% 的希望我就会尽 100% 的努力。你就等着看奇迹吧！”

于是，我急急忙忙赶回新牟国际集团，向常宗琳董事长汇报北京之行的偶然收获。我说：规范化的股份制企业是当今世界最流行的企业组织模式。有利于建立现代企业制度，完善法人治理体系，实行科学管理、民主管理。我们的毛纺总厂经烟台市乡镇企业局和人民银行批准发行过股票，属于股份制企业，但是不够规范。如果能够进行规范化改造，得到国家体改委进一步规范化的认可，就能申请股票上市，吸引社会投资，用股东的钱更新改造设备，扩大生产规模，把企业做大、做强。

董事们不约而同地问：“难吗？”我实事求是地回答：“很难。”我告诉大家，到目前为止，全国在国家体改委备案、正在进行规范的股份制企业只有 89 家，烟台市只有“冰轮”和“华联”两家，都没有达到规范化的标准。两家企业各有一个工作班子在北京，做继续规范化的准备工作，已经搞了很长时间。到目前为止，全国的乡镇企业还没有一家在国家体改委挂上号的股份制企业。不过，即使难于上青天，我也想试一试、闯一闯，办成这件关系新牟国际集团可持续发展的大事!

董事会成员一致认可我的建议，并决定由我全权负责筹备相关事宜。此后，我多次跑到北京，拜访相关部委的领导和专家，详细了解股份制企业规范化改造的基本要求和报批程序。我聘请烟台市体改委史科长为顾问，在他指导下学习钻研国家体改委《关于股份制试点企业规范意见》，吃透了精神实质。在此基础上，我们聘请专家帮助毛纺总厂健全了公司法人治理结构，完善了公司章程，委托中介机构对公司股本金进行了验证，对公司资产状况进行了评估，对公司财务状况进行了审计，并制作申报材料。一切基本就绪后报请市体改委批准，将企业更名为“烟台新潮实业股份有限公司”，简称“新潮实业”。经国家体改委严格审核，于1993年12月30日以“体改生〔1993〕224号”文件将“新潮实业”确认为继续进行规范化的股份制试点企业。经过我们的长期努力，使新潮实业的规范化达到了国家的相关要求。

经中国证监会发文批准，“新潮实业”1400万股社会公众股股票，于1996年11月21日在上海证交所正式上市挂牌交易。此后“新潮实业”实现两次配股，一次增发新股，累计募集资金8亿多元。强劲的资金支持和资本运营的成功，为新牟国际集团的后续发展插上了腾飞的翅膀。

（作者时任山东新牟国际集团常务副总经理、总经理）

王新林　喜看家乡变化

改革开放的过程，在福州发展的历史上，有一些很值得回味的记忆，许多年过去后，当我们想起当时的情形，除了咀嚼回味，还有对社会发展的感慨。

人们在吃的方面：城市里每月成人人均 30 斤定量，其中细粮大米和白面各 1 斤，3 两油，半斤肉。吃不饱的人很多，不过肥胖症很少见。大部分农村很少吃肉，除了产区，很少能吃上细粮。

穿的方面：新三年，旧三年，缝缝补补又三年。穿带补丁衣服的人多的是。衣着色彩单调，女人不许穿裙子，否则就是资产阶级思想的表现。

住的方面：城市里最困难的，有结了婚生了孩子带孩子住独身宿舍的。一家四五口人住十几平方米很常见。农村房子一般是土坯房或干打垒，有拿塑料薄膜代替玻璃当窗户的。

学习方面：城市交小孩学费并不困难，农村仍然有困难的。大学有助学金，人数极少的工农兵学员，基本上不用考虑上大学的问题，因为属于天上掉馅饼，不知道砸到谁头上来。

出现自助餐厅

1987年，福州开始出现自助餐厅，闽江饭店、台湾饭店、于山宾馆等高档酒店陆续推出自助餐。刚开始时，自助餐的价格相当贵，一般是面向接待外宾，或会议招待。

何谓自助餐厅，今天我们觉得司空见惯。可是当时，对于大多数福州人来说，自助餐厅是相当陌生的。

1987年，福州东百商场展示销售电动玩具，有会跑的汽车、会走路的小鸭子、会跳舞的小女孩……这些在现在看来很普通，甚至已经落伍，但当时摆在东百的一层楼入口处最引人注目的地方，不仅小孩们看得津津有味，连大人们也很好奇。

首家麦当劳开业

1994年4月24日，福州首家麦当劳开业引来大批警力维持秩序，玻璃门都被挤碎了。老长的队伍，从玻璃门口一直排出来，绕过了当时的南星澡堂，排到了如今的江滨路上。最后，拥挤的人群终于把玻璃门挤破，以至于不得不借助警力来维持秩序。

门被挤破的原因是，麦当劳免费赠送开业后的头200个汉堡。对当时的福州人来说，这种促销手法“史无前例”，加上前期铺天盖地的广告，当天麦当劳店所在地台江华联商厦附近被挤爆。挤破的玻璃门很快就被打扫干净，工作人员用红绳拉出了弯曲的通道。很多大人都是带着孩子去的，很多孩子都是冲着广告上宣传的“可以拿玩具”，才心甘情愿地排队。

所谓玩具，其实就是印有M标志的红色太阳帽和几个彩色气体球，在14年前，这些颜色鲜艳的赠品，还是给了消费者很大的心理刺激。

跟这些快乐相比，福州人第一次吃汉堡时的尴尬就不值一提。一大块牛肉、一片生菜，菜叶再抹上淡黄色的吉士，面包片一夹，这就是当时的吉士汉堡。“很多人吃不惯，就把吉士刮掉，先吃肉，后吃菜，最后就着可乐把面包片吃完。”刘晓霞回忆起当时情景，乐不可支。当时一个汉堡 + 一包薯条 + 一杯可乐的套餐，要 20 多块钱。张沐那年读初中，早在一个月前，家里几个表兄弟就跟家长磨，透支了 3 个月的零花钱，才赶在开业当天吃了顿洋快餐。更多的市民被当时的火爆场面“吓”着了。一位福州饮食集团公司的员工，分到几张麦当劳券，头天过去，那队伍长得见不到头，赶紧回家。直到半个月后，麦当劳的门口不再“堵”了，才把券给用掉。

半年后，第一家肯德基店在东街口开业，从此，福州进入洋快餐时代。很少有人知道的是，这两家快餐品牌的引入，其实都是由当时的福州市饮食服务集团公司操作的，两家店址也都是租用福州饮食服务集团公司的店面。

听说要造车被人笑掉大牙

三十几年前，如果有人提出福建要造车，肯定会被人笑掉大牙。当年，工业基础薄弱的福建属于“三无”省份：没技术、没人才、没资金。然而，造车，造我们自己的汽车是福建几代人的梦想，更何况它对地方经济的拉动作用实在是太大了。

回忆那段艰辛的创业史，福建省汽车工业（集团）公司董事长凌玉章仍禁不住感慨：“人家都说我们无知无畏，其实不然，我们对自己是什么家底当然是了解的，只是我们太想做了。”1994 年凌玉章上任时，福建省委主要领导对他说：“希望你能牵头拼一回，能做就做下去，做不下去福建就宣布再也不做汽车了。”这番话听起来有些悲壮，但是它也显现了当时主政者的决心和魄力。1994 年，福建省汽车工业（集团）公司底下有两家汽车厂，一年的产量都只有几百台。面对这样的产业基础，凌玉章很清楚，想发展就必须借助外力。

于是，凌玉章找到了国内汽车工业的老大——一汽，希望能够得到“老大哥”的帮助，把福建作为一汽在东南沿海的一个窗口。但是，在得知福建的产业基础之后，当时一汽的许多人都劝福建不要做了，只有时任一汽老总的耿绍杰表示，希望还是有的。

“听到这句话，真是一股暖流涌上心头。”耿绍杰的肯定，给了已经做足被泼冷水准备的凌玉章更加坚定的信心，凌玉章提出：“能提供资金、技术最好，如果实在困难，就给我人才也行。”然而，耿绍杰以委婉的口气回绝了凌玉章的最低要求：“我们现在的工资待遇不低，以你们现有的情况，恐怕提供不了这些条件。”

不过，一汽最后还是答应给福建派个顾问团，包括一个副厂长和 5 名专家。但是顾问团来福建考察一番后只有摇头。就这样，投靠国内老大一汽的想法告吹了。

一汽不行，还有二汽。凌玉章又向二汽提出了同样的请求，结果二汽一样没有答应。欲投靠国内兄弟企业的初步设想就这样彻底破灭了。

之后，凌玉章找到了日本的马自达，想由马自达提供技术，但最终还是因为马自达看到福建汽车缺乏资金后而不了了之。巧合的是，当时台湾最大的汽车企业——裕隆集团的“中华汽车”，来到大陆寻找合作伙伴，结果双方一拍即合。

其实，早在 1988 年，“中华汽车”就来过大陆寻求合作，当时也找过福建，只是福汽集团那时候还没有成立。随后，他们又找了其他的汽车生产企业，结果也都没有成功。“中华汽车”在兜了 6 年之后又一次与福建相会，双方当即决定携手共创福建汽车工业。

“其实，我们的想法很简单，就是要把福建汽车工业的这膛火给生起来。”谈到与“中华汽车”的合作，凌玉章用了一个很形象的比喻，找对象一定要找个门当户对的，这样什么都好谈。高攀了，人家看不上你；低就了，又觉得委屈自己。

1995 年 11 月，东南汽车正式成立，它秉承了以两岸优势互补的合作形式发展民族工业的思想，成为经国家正式批准的最大的海峡两岸合资汽车企业。1996 年 7 月，东南汽车的第一辆新车“得利卡”正式下线。虽然东南汽车生产的第一辆是面包车，但其工艺、装备全是按照生产轿车的标准配备的。这一点又一次彰显出凌玉章作为当局者的长远战略眼光。

2003 年，福建的第一台轿车——“菱帅”在东南汽车诞生，这让福建汽车人彻底地扬眉吐气，原来外界对福建汽车的质疑不攻自破。1997—2003 年，东南汽车平均每年增长 40%—50%。“最好的一年能赚 8 亿多元，而我们原始国有资本仅仅投入了 2.8 亿元。”谈起这些成绩，凌玉章仍不免引以为豪。

然而，随着市场的发展，汽车工业的竞争日趋激烈，几近白热化。先天底子不足的福建汽车也在发展中遇到了瓶颈。凌玉章说，近几年，他们主要的工作就是“补课”，所谓“补课”就是引入更高端的技术，同时推出自主品牌汽车。

2007 年，对于福建汽车来说是意义非凡的一年，对于凌玉章来说，也是神清气爽的一年。去年，福汽集团在原有与“中华汽车”的合作基础上，又与三菱、奔驰、克莱斯勒这三大国际汽车业巨头洽谈合作，自此登上了国际舞台。

“目前，我们是国内唯一一家与美、日、德三大汽车强国都有合作项目的企业。”不仅如此，令凌玉章倍感骄傲的是，福建汽车还建立起了自己的自主研发中心。

经过十多年的发展，我省汽车工业的技术水平、管理水平以及产业链配套早已今非昔比，这也为自主品牌的诞生奠定了坚实的产业基础。2008 年 10 月，东南汽车的首款自主品牌——V3 菱悦正式上市，它是第一辆完全依托本土技术力量研制出来的汽车，浓缩了东南汽车高标准国际品质的产业发展理念，是东南汽车在自主创新的道路上所取得的阶段性成果，目前市场反映良好。

今天是昨天的延续，明天则是今天的延续，其间贯穿社会经济发展的内在逻辑。福州在改革开放中，取得了辉煌的成就。这些成就体现在社会经济的发展，体现在人民生活水平的提高上面。

（作者时为福州日报记者）

陈怡玲　改革开放后的福州公交

民国七年（1918 年）4 月，福州成立了首家城市汽车客运公司——延福泉汽车股份有限公司，拥有 3 辆汽车，经营由水部至台江 6 公里长的客运线路。此为福州汽车客运之开始。

1945 年抗日战争胜利后，福峡、复兴两公司重新组成联营处，七拼八凑了 10 余辆旧车。第二年又增加了 10 辆旧车，勉强恢复大桥至鼓楼、大桥至西门、大桥至水部、大桥至峡兜等线路。可是动荡的年月，因军队征车频繁，兵痞流氓霸道成风，联营处濒临破产。到福州解放前夕，社会治安混乱，兵痞流氓和军警特务强坐白车，加上原材料、燃料价格飞涨，企业亏损严重，职工数月领不到薪水，迫使公司将全部破车分给职工，以抵欠薪。民兴长途汽车公司亦从此停业。至 1949 年 8 月 17 日福州解放时，市内公共汽车无一保留，很多地方已通车的线路也全部停顿。

新中国成立后，由福建省运输公司调出 2 辆“小道奇”小客车，组成省运输公司福州支公司客车队，经营肃威路至解放大桥一条线路。至 1952 年元旦，以客车队为基础，正式成立了福州市公共交通公司，统一营运市区公共交通线路。但是 1952 年，我国汽油供应紧张。没有了汽油，公交车又陷入了停滞状态，如何将车轮转动起来？当时的福州市公交公司经过反复研究决定，采取改、代、修等办法，对仅有的 24 辆公交车进行改造，以木炭代替燃油，坚持营运。他们在车厢的尾部加装一个煤气发生器，烧炭制取瓦斯以驱动引擎，于是所谓的木炭车应运而生。那时的车子没有现在大，只有一个乘客门。售票员站在门边，车子到站时，手动打开车门，让乘客上下车，然后关门、吹哨示意司机开车。1954 年，福建省运输公司福州分公司 8 个车队中有 2 个车队设在台江区，专营长途汽车客运。1969 年，他们将长途汽车站移设五一中路国货路口。

20 世纪八九十年代的福州公交

20 世纪 80 年代初期，福州个体出租的 5 人座小客车（俗称“的士”）开始发展。1983 年，为缓解当时福州公交客流量急剧上升的压力，公交公司在客流量最多的 51 路公交车上进行尝试，将原有的公共汽车改造为无轨电车。于是，1983 年 9 月 29 日，51 路公交车作为福州第一辆无轨电车驶出火车站公交站，福州成为全国第 26 个拥有电车的城市。据介绍，当时的电车是两节车厢组成的绞节车，载客量比较大，一趟车大概会载 200 人左右，那时一般单节车厢的公交车载客不到 100 人，无轨电车大大缓解了五一路上的交通压力。可是，社会日新月异，车轮的速度还是无法赶上时代的脚步，几年之后，51 路车仍然承载不了如潮的人流，无轨电车也渐渐退出了福州公交的行列。1989 年，又出现个体出租的“中巴”汽车。

至 1990 年，福州市公共交通公司在台江区设有广达路、台江路、台江广场、支前路 4 个始发站，拥有 22 条线路，乘车站点 77 个（含公共汽车、电车、小交通车）；福建省运输公司福州分公司在台江区五一中路国货路口设的福州长途汽车站，建有行李房、售票房、候车大厅、停车场等配套设施，营运省内外线路 102 条，日发班车 280 班次；市区私人出租汽车有“的士”374 辆、“中巴”21 辆。

空调大巴的变迁

1997 年左右，那时，我从外地到福州工作，开始接触福州的公交车。由于工作关系，开始对福州公交产生兴趣，如今已经经历福州公交十余年的变化。1998 年，原 801 路（现更名为 101 路）是福州市首条空调公交线路。不久后，又将 1 路公交车升级为空调大巴，正式开始了空调公交时代。此后连续两三年，不断有许多条公交线路更新换代，不仅新开通了几条 8 字头的空调大巴线路，而且现有线路也升级为空调大巴。当时按照省物价部门审批，开启空调期间，市民都必须加投 1 元空调费。此后，全市所有空调公交车都按这标准收费。

直至 2009 年 8 月 2 日，经福州市委、市政府研究决定，福州公交公司宣布除了通宵公交 201、202 路等个别线路外，福州城区所有公交线路将免收空调费，此举首开全国公交之先河。取消公交空调费是市委、市政府深入贯彻落实科学发展观，落实“公交事关普通民众、公交事关城市形象、公交体现政府作为、公交代表城市交通发展的重点和方向”重要指示精神，大力实施公交优先发展战略，建设宜居城市的一项具体措施。空调期开启空调所增加的直接成本，由市财政部门承担，以解决公交企业运营成本增加等经营困难，确保公交行业稳定发展。空调费免收后，福州市公交空调车夏季全部开启空调。同时，市有关部门将加大对公交行业监管力度，确保空调费免收后，公交行业服务标准不降、公交职工待遇不减，广大群众真正得到实惠。

公交车型的变更

2001 年 3 月 13 日晚上 11 时 35 分，最后一班无轨电车上的最后两名乘客下车，福州唯一一条无轨电车消失在百姓的视野中。第二天，51 路变成了福州第一条双层巴士观光线，售票员除了售票，还要向外地游客介绍五一路、五四路上的新变化。

2004 年起，福州市区全部改为无人售票的公共汽车，双层巴士也退出了公交行列。2008 年 9 月 19 日，市区正式开通了 201 路（白湖亭—左海公园西门）、202 路（火车站—金山公交总站）两条“通宵公交”线路，“点亮”福州市夜间公交客运市场的同时，也给广大市民夜间出行带来了实惠与便利。

2003 年到 2004 年，福州曾购买了几十辆新车，有的在现有线路上替换掉旧车；有的添加新车在几条现有线路上，与旧车一起使用。2006 年，康驰新巴士公司成立，获得福州 10 多条线路的经营权，并给其所用车辆更新换代，所换的车为黄海和申沃，现在所有的 18 条康驰公交线路全部换车完毕，包括两年多以前刚划归康驰公司并换车的 809 路。2006 年底开始，福州公交换车达到了高潮，相继有几条公交线路换上了新车，尤其有新崛起的福州本土制造的新福达客车。

三山巴士公司主要经营中巴线路，2001 年前用的一直是 6 米中巴，90 年代，使用的是福州客车厂制造的小巴，1997 年开始购买了牡丹，从此中巴线路开始了“牡丹时代”；那时候中巴线路还没有 9 字头，2000 年所有中巴线路的路号前面全部加了 9 字；从 2001 年开始，中巴开始采用 8 米车，并实现无人售票，而后慢慢开始了中巴换车的高潮。2006 年底开始，三条中巴线路相继换上新福达空调车，从此“牡丹时代”在中巴车的地位逐渐被“新福达”代替。

我最怀念的是铰接车和无轨电车，我印象中福州曾经有过 1 路、8 路、17 路的柴油铰接车，以及 51 路铰接无轨电车，所用的车型都是上海客车厂制造的。后来在网上听说，4 路、7 路、30 路也用过铰接车。我也亲身经历了铰接车和电车消失的时代：约 1997 年 1 路换上长江单节车（前几年换上了新福达）；1999 年 8 路换上沈飞日野单节车（2001 年又换了新沈飞）；同年最后一条柴油铰接线路 17 路消失，换上了太湖单节车；到 2001 年，51 路因五一路和五四路改造，取消了铰接电车，换上了普通单节车，铰接车和无轨电车从此在福州消失；同年 10 月，51 路换上了金龙 12 米单节车。

2012 年，闽运公交公司引进了 20 辆油电混合动力公交车，投放在 310 线路上运行，自此，福州有了首条油电混合节能环保公交专线。油电混合动力公交车，就是采用汽柴油发动机和电动机相结合动力系统的公交车。油电混合动力公交车与普通公交车相比，可以实现发动机和车载电源有效互补，大大减少公交频繁制动造成的高损耗。同时，油电混合动力公交车在时速低于20公里时用电驱动，因此可以有效实现节油。据了解，混合动力汽车的能量利用率可以提高到90%，节油率达20%—40%，尾气排放污染减少一半。此外，油电混合动力公交车不需要充电，只需要加油，电池组由发动机过剩动力充电，因而此类公交车不会因为电力不足半路抛锚。这次新引进的油电混合动力公交车，首次采用了程控开关门系统。所谓程控开关门系统，就是车辆开进公交站点后，必须在车辆停稳、零速度的情况下等待4秒才能打开车门；旅客上完车后，前后两个车门必须全部关闭才能开动车辆，这可有效解决乘客上下车存在的安全隐患。近五年来，福州在加快公交车更新的步伐中，突出了车辆服务的科技化和人性化。

目前，许多公交线路已采用了油电混合动力公交车型。长12米、设32个座位的油电混合动力公交车，算得上目前最大的公交车型之一。此外，公交车上车门踏板更低了，下车门也更宽大了，此类新型公交车成为福州公交的主打车型。

公交精品线路的亮相

福州市政府不断加大对公交事业的财政投入和政策扶持力度，加大购新车力度，2010年内全部淘汰公交行业现有欧Ⅰ和非欧排放标准的公交车，增加公交专用车道，大幅度增加运力，优化公交线网布局，解决大学新区、金山新区、五四北片区以及社会保障房较为集中区域群众公交出行。

2007年5月1日，福州有了首条公交专用道——五一路、五四路公交专用道。现在工业路、国货路也设了公交专用道。今后福州市还将增设一批公交专用车道，构成市区“三纵三横”公交车专用车道网。“三纵”除现有的五一路、五四路公交专用车道外，还将在南北向的八一七路、六一路修建公交专用车道；“三横”除工业路、国货路公交专用车道以及即将建设的杨桥西路公交专用道外，还将延伸杨桥西路至东大路，并在古田路、福马路修建公交专用车道。

福州城区首条“精品公交线”——K1线正式投入运营，K2线也于2009年6月投入运营。继K1、K2之后，K3精品公交线也投入使用，大大方便了福州城区居民。如今，福州共有120多条公交线路，2200多辆车，日运送乘客150万人次，公交出行分担率约21%。

（作者时任闽运公交公司运营部负责人）

方　琪　**火车站的变迁**

福州火车站是福州对外开放的重要窗口之一。改革开放以来，福州火车站发生了翻天覆地的变化。它以大跨度大空间的建筑设计、新颖独特的通透式“伞型”结构，在蓝天白云的衬托下，成为展现榕城风姿的一扇亮丽的窗口，海峡西岸一颗光彩夺目的璀璨明珠。作为一个老铁路人，每当我看到这雄伟壮观的火车站时，都会感慨万千。

福州火车站始建于 1958 年，当时我还是一名高中生。那年参加修建火车站义务劳动的情景，至今记忆犹新、难以忘怀。火车站建成后，我曾到车站参观，设备十分简陋，运营初期仅有 3 条股道，木结构沙黏土夯填的站台 1 个，毛竹构筑的站房 1000 平方米，货物仓库 1500 平方米。

1959 年，福州火车站由福建省建设厅设计院设计，铁道兵 8511 部队房建营施工，同年 2 月动工，1960 年 6 月底竣工并交付使用。新站房共三层 5940 平方米。此后，陆续进行一些小范围的扩建和改建。到 1995 年年底，福州火车站占地面积 72000 平方米，到发线 4 股，存车线 5 股，修车线 1 股，卸料线 1 股，专用线、段管线 9 股。办理客运业务面积 5398 平方米，候车厅 1602 平方米，行包房 1014 平方米，站台 2 个，站台雨棚 2 个 8680 平方米，人行地道 1 处。每到春运、暑运期间，候车大厅容纳不下候车旅客，许许多多旅客只得在站外广场露天等候上车。福州春运期间多是风雨潇潇，暑运时又是烈日当空，广场上候车旅客无遮无挡，苦不堪言。尤其是看到携儿带女的旅客瑟瑟缩缩站立在凄风苦雨之中，我的心头一阵阵发痛。

我自 1988 年开始当选福州市政协委员，连续当了三届，整整 15 个年头。每年我都围绕老百姓关注的热点问题撰写提案。在此期间，我曾多次到福州火车站调研，广泛听取火车站干部职工和广大旅客的意见。大家纷纷提出，福州火车站已远远落后于经济社会的发展，必须尽快扩建和改建。2001 年，在福州市政协大会召开之前，我又专门征求了福州铁路分局领导和广大群众的意见，写了《关于扩建和改建福州火车站的建议》。在大会分组发言时，我还在会上作了详细阐述。市委和市政府领导听了我的发言后十分重视，常务副市长方贤明约我当面交谈，并表示福州市政府一定在征地、税收等方面给予大力支持。

2002 年，由铁道部、福建省、福州市三方协商，共同投资 1.68 亿元，在福州火车站原址修建新站。当年 5 月动工，历时两年多，2004 年 8 月正式投入使用。福州火车站新站雄伟壮观，结构新颖，设备先进，总建筑面积 2.6 万平方米，站前广场 2.1 万平方米，旅客乘降采取“高进低出”模式。

2008 年，随着福建经济社会的发展和铁路发展步伐的加快，福州火车站再次启动站房改扩建工程，建成后，站房面积增加 2.7 万平方米，形成 7 个站台、南北“双向”进出站条件，站房建筑自东向西，依次是贵宾候车室、软席候车室、自动售票区、售票大厅等客运设施，经过两层电动扶梯来到跨越 7 座站台的高架候车室，可同时容纳 6000 多名旅客休息候车；车站售票大厅设 20 个售票窗口和 27 台自动售票机。新近又添置了 10 台互联网票窗。新站房的负一层是宽敞明亮的出站通道和集商品、饮食、商务于一体的商贸城，满足不同层次旅客的需求。新火车站设有集旅客引导、广播系统、查询系统、到发系统、消防控制、中央空调等为一体的自动化系统，为旅客提供更为智能化、现代化的服务。每年春运期间，福州火车站还在广场上搭建高大宽敞的临时候车厅，并设置电开水炉，24 小时供应开水，供广大进不了站内候车厅的旅客候车休息。现在，再也看不到旅客站立在寒风冷雨之中等候上车，我的心中好是宽慰。

随着铁路发展步伐的加快，东南沿海铁路上的福州至温州铁路、福州至厦门铁路、宁波至杭州铁路、杭州至宁波铁路和厦门至深圳铁路的相继开通运营，以及向莆铁路（又名昌福铁路）的通车，福州火车站成为连接东南沿海铁路、向莆铁路的客运枢纽。目前，福州火车站日均到发旅客列车 136 列。客车每日始发至北京、上海、沈阳、西安、太原、深圳、洛阳、青岛、合肥、成都、重庆、贵阳、长沙、南京、武昌、南昌、南平、吉安、厦门、武夷山、温州、宁波等 20 多个城市。日均到发旅客 3 万多人，春运最高峰日到发 10 万人以上。站房改扩建完成后具备开行动车组条件并已开通，远期最高开行客车对数可达 159 对。年旅客发送量最大可达 1300 万人，最高旅客聚集人数可达 6000 人以上。

改革开放以来，福州火车站始终牢记"人民铁路为人民"的服务宗旨，秉承以人为本、诚信服务的经营理念，确立"建海峡西岸铁道'空港'，创全国铁路模范车站"的发展战略，致力于实现服务人性化、售票航空化、候车舒适化、设备现代化、环境园林化、管理科学化。2006 年创建迎宾第一岗——王威服务台，使优质服务真正做到个性化、亲情化，受到广大旅客的赞赏和社会的好评。

福州火车站连续多年保持铁道部"文明车站"和省级"文明单位"称号，并先后获得"全国用户满意单位""全国卫生车站""铁道部安全优质车站"等荣誉称号，2005 年被中央文明委评为"全国精神文明建设先进单位"。王威服务台先后获得了"全路职工技术创新示范岗""全国青年文明号""国家优秀质量管理小组""福建省五一劳动奖状"等荣誉称号。2011 年，福州火车站被中央精神文明建设指导委员会授予"全国文明单位"荣誉称号。

每当夜幕降临，我经常到灯火辉煌的福州火车站站前广场闲庭信步，想起我曾经为它的改建和扩建出过微薄之力，一种欣慰之情油然而生。回想往事，心潮澎湃；展望未来，前程似锦。福州火车站正在时代的滚滚洪流中乘风破浪、与时俱进，向着美好的明天前进。

（作者时任福州铁路分局史志办公室主任）

李倩玲　出入境窗口见证时代变迁

“洋插队”势头不减，因私出入境服务中心应运而生

20世纪80年代初，上海年轻人开始出国留学。当时出国留学人群主要分三类：一是“文革”后的大学毕业生自寻机会。二是公派。三是经历过“土插队”，纷纷自找门路出去“洋插队”。第三类人群学历较低，人数众多，社会各阶层都有。他们以留学为手段，希望通过出国打工，迅速改变个人命运和家庭经济状况，一般选择对中国学生开放、经济发达、就业机会多、劳动报酬高的国家。当时这类国家对中国学生要求比较低，只要你有钱，交得起学费就行。如日本劳动力报酬比国内同行业高出10倍以上。中国学生有了高中文凭，被对方一所语言学校录取（门槛非常之低），即有可能东渡日本。当时社会上不断传某人出国后，不到半年或一年时间，就往家里大笔大笔的汇款，而且是外汇。这类信息很有诱惑力。哪家孩子出国了，家人会非常自豪，周围亲朋好友也会非常羡慕。

这时“黄牛”出现了。所谓“黄牛”，就是有给你介绍国外学校的，也有帮你换外汇，而且私下把钱带过去。如果用“出国潮”来形容当时的出国留学热，恐怕一点也不为过。当时老百姓不像今天有钱，为了出国通常要全家动员，家里凑

不齐，就只能借，用当时的话叫“砸锅卖铁”。身边人动员起来为一个人出国，一个人出国，又消着一些人的出国梦想。办理出国手续的过程中，由于缺失正规渠道，状态完全失控，引发很多问题。在日本，为了接纳这批热情空前高涨的中国留学生，就出现了“学店”。这种“学店”没有教学规模，更谈不上教学管理，师资也不能保证。如果办事不顺，学生被拒签，“黄牛”人间蒸发，学费就可能追索无门了。

一面是出国留学热潮势头不减，一面是引发众多社会问题，甚至有时在领事馆门口有人静坐示威了。由于这是私人行为，政府很难采取强制的方法说不能出去。但是政府如果不加以干预的话，对当时的社会稳定、对大批已经或者将要出国的学生及家人的工作和生活会带来巨大的负面影响。于是，上海市委、市政府决定由团市委出面，成立一个机构，采取社会化方式稳妥地处理这件事情，由此就产生了我们这个“中心”。

出入境服务中心门庭若市，连玻璃门窗都被挤碎

我们“中心”是 1987 年开始登台亮相的，从全国来看，是最早的一家。最初，办公地点设在瑞金宾馆对面的“卡门舞厅”，一个沿街面的房子。那个时候，这间大屋子每天挤满了 18 岁到 30 岁的年轻人，挤不下了，就挤到马路上，有一次我们的玻璃窗也被挤碎了。考虑到这种状态有碍观瞻，经营场所太局促，在有关部门协调下，找到了乌鲁木齐路 15 弄 4 号房子，是一个独立院落，在弄堂尽头，我们把“中心”搬了过去。

周围的居民见“中心”搬来了，也带来了那么多的青年学生，不嫌吵闹，反倒高兴，因为“发财”的机会来了。那个时候，我们是每天叫号服务的，好像每天发 200 个号，排在后面的可能当天就无法办理手续，因此，周围的居民摆小凳子做起了代排队“生意”，而且生意非常好，另外卖茶水的，卖水笔的，生意也不错。有人戏言：出国的还没有发，他们倒先发起来了。

当时来办手续的人实在是多，“中心”的社会知名度也越来越高，打车到“中心”不用报地址，只说去办理出国的地方，就准能找到门了。我们的院子外围着铁栏杆，再配上黑色的大铁门，完全是票证时代出售热门商品地方的那种感觉。现在，哪个公司、哪个企业会是这样啊！

我们这些在中心工作的人员也成为炙手可热的人物了。我记得有段时间进出中心的大门，不敢随便与不熟的人点头致意。因为我曾两次亲耳听见有人在向别人（可能打算出国的学生家长）夸口，说“中心”有个老总是女的，是他的朋友，出国的事情包在他身上好了。

那个时候，国外的学校也会到中国来招生。他们可能是信息不灵，不知道上海已经由我们“中心”归口管理了，就自己找了一个地方，开招生说明会，结果被市公安局出面制止，因为这是违法的，国外学校是不能直接来上海招生的。在经过一番说明、教育以后，给他们指一条路，就引到了我们“中心”来了。

讲管理讲服务，保护中国留学生利益

在当时的情况下，政府的指导对我们的工作是很重要的。当时有一个领导小组，组成单位是市教卫办、市外办、市公安局出入境管理处（现为出入境管理局）。这个领导小组指导下的上海市因私出入境服务中心，作用和使命是明显、清晰的。首先，我们合法机构存在，使“黄牛”没有生存空间。真所谓是“修明渠，堵暗道”。其次，我们与招留学生国家的教育管理机构取得联系，请他们帮助甄别境外学校的真伪和水准；与符合条件的学校建立契约关系，明确双方的权利义务，尽可能保护中国学生的合法权益。

我们讲管理，也讲服务。成立之初，我们一方面对那些在前期办理出国留学中受到经济损害的学生进行登记，在报纸上进行公告，然后到日本去“化缘”，一些中日友好人士对我们这样的机构比较信任，对中国留学生的状况比较同情，于是我们募集了一些钱，回来以“中心”的名义给这些学生一些帮助，体现了我们这个社会对受害学生的关心，于法也是很顺理成章的。

当时护照还是很难申领的，但是学生拿着带有“中心”印章的证明，即可顺利地申办护照。境外学费的缴付也是个问题，有关部门特事特办，专门发了一个“红头文件”，特批了一个外汇账号。我们还特别规定，在学生还没有拿到签证时，学费不得汇出。学生们很欢迎，他们没有了后顾之忧。国外的学校也能理解，因为有我们的担保，学校也不担心签证出来了，学生不交学费。更重要的是，我们一方面站在学生的立场上与境外学校积极沟通，尽可能地帮助学校了解中国学生的需求，努力维护中国学生的各方面权益；另一方面，又站在学校的立场上，帮助它们对学生的学习动机及学习能力加以评估，使国外学校招收到真正有留学意愿的学生。

同类中介机构雨后春笋般地起来了

我们“中心”作为正规途径成立的留学中介机构，确实起到了一个管理、疏导和服务的作用，并在较短时间内使上海地区留学事务逐渐规范起来，对当时社会的稳定起了积极的作用。然而随着中国经济的蓬勃发展和对外开放的不断扩大，我们这种以管理为先的服务方式已不能适应现实需求了。

就境外教育市场而言，除了日本、澳大利亚、新西兰之外，欧美的一些国家也逐步向中国留学生开放了。像英国、法国、德国等欧洲国家，加拿大、美国等美洲国家，这些国家的教育机构对中国留学生的开放呈现一种上升态势。一些优秀的教育资源、一些主流的教育机构，对中国学生越来越给予了关注。

中国自费留学生的构成也发生了很大的变化：年龄趋向小龄化，多以高中毕业生赴境外上大学及大学毕业生去读研究生为主。学习目的清晰，学习能力较强，对专业的选择有较强的独立性。简单地讲，就是“出国留学”的重心不在“出国”，而在“留学”。

在这种情况下，我们的工作重心开始调整：管理越来越往后退了，教育服务、专业化指导放到前面来了。

与此同时，一家或者几家出国留学中介机构已经不能满足社会的需要了。我们的工作已经成为一个行业，已经有了业态了。不光是上海，在全国范围内也是这样。所以，在20世纪末，我记得国务院当时有一个工作小组，是教育部、公安部组成的，到我们“中心”来了两次，一起研讨留学中介服务工作。后来，教育部就发了两个关于开展合法的留学中介工作的指导性文件。留学中介服务行业如雨后春笋般地发展起来了。

这是一个新兴的行业，但是这个行业完全是根据社会的需要而产生的。它未来的走势，也完全是根据社会发展的需要而变化的。随着社会开放度越来越大，互联网的运用，学生外语水平大幅提高，公共教育信息越来越丰富，我们的服务如果不上几个台阶，一定会被学生和家长抛弃。所以我们现在留学业务的工作重心在于凭借对境外教育资源的深入了解，根据学生的心智特征，把握未来三到五年国际人才市场走势，为学生精心设计最佳留学方案，强调境外服务等。

从原来“一边倒”出国，到“海归”

20世纪80年代出国的那些人，后来回国时，有一些学生会来看我们，因为这里是他们的出发地。当时，我感到他们最大的骄傲是，在国外留下来了；有时是父母来，告诉我们孩子在那里找到工作了，那是非常骄傲的事情。

可是，慢慢地，你会发现情况变了。开始有我们的留学生作为国外企业的代表被派回上海工作了，或是作为办事处的首席代表过来了。因为我们“中心”还有一个业务，是日本的商务签证代理。有些人在办理签证时会说，自己当初是从“中心”出去学习语言的，现在又作为日方的代表派过来了。这个时候你感觉到他为以国外企业那个身份并能回国工作而骄傲。

后来又不一样了，有人直接回来求职了，到“中心”求职的也有。就是说，从我们这里走出去的学生又回到我们这里来了。所以我们公司现在的留学顾问中，有相当一部分是在国外留学回来的，其中就有从我们“中心”出去的。

20世纪七八十年代，社会上很担心一些优秀的学生出国，会造成人才流失，现在这种观念已经彻底改变了，显示出从容自信的状态。现在有大批优秀的人才学成回归。因为中国是全世界最瞩目的地方了。上海作为中国最发达的经济中心，其受关注的程度是不言而喻的。

所以，从最初留在国外到学成即归来，这是一个很大的变化。我们不是说有“海归”嘛，其实在“海归”热潮出来之前我们早就感觉到了。当“海归”成为一种社会的普遍现象的时候，我们已经对这种现象熟视无睹了。

再后来，是外籍人士的加入了，希望到上海、到中国工作。在三四年前加拿大的一个合作院校，由院长带着几个教师，到我们“中心”来招收留学生，我带着他们参观上海市容，还走访国内院校。在招待他们吃晚饭的时候，几位教师对上海赞不绝口，有老师当即向他们的院长申请要在上海留下来工作，后来真的有两位教师在上海工作了一年。还有国外的人才中介机构与我们联系，提出同我们合作，把国外的人才引荐到中国来，我们还在沟通中。

我们有幸身处社会巨大变革的时代，即令是从“中心”这个小小的窗口，也能够看到整个社会翻天覆地的变化。

（作者时任上海市因私出入境服务中心有限公司副总经理　袁志平 / 整理）

李　军　且敬“税月”一杯酒

20 世纪 90 年代，我毕业分配到地税局，庞姐是我的同事，她是 1982 年招干考进税务局的，她在税务战线上一干就是 30 多年，从青丝到白发，这一代税务人用他们的脚步，记录着“税月”的深沉与欢歌，她见证了财税分家后的调整适应，见证了国地税分设，见证了国地税的合并，记录着税务人的汗水与成就，见证着国力强盛带来的安康与幸福。20 世纪 80 年代，她开税票的那会儿，是拎着手提袋，拿上小算盘，走在菜市场，捧着小本本……她的税票是层层铺上印蓝纸，用圆珠笔用力摁着写，然后把税票联（发票联）撕下给纳税人，自己用存根联去报账。

我刚参加工作时，办公桌上是老式的四通机，屏幕只有一把尺子长宽，绿屏黑字图符显示，打印表格最多只显示三行，足够地锻炼人的想象力。启动时要用启动盘，操作时要用 DOS 系统口令，删个文档都必须退出，认真打上 Delete 某文件才能删掉。刚入“江湖”时初学打字用的是五笔，一边打字一边口中念念有词，捏诀云“王旁青头戋五一，土士二干十寸雨”，“啪”地一击键盘，“一指禅”相当地霸气。待到打满三页纸，看到落款的年月日，伸伸懒腰，长舒一口气。突然，停电了。三页纸都没有存盘。我坐在屏幕前，一句话都说不出来，眼泪掉下来许久都不曾察觉……原来，当时的文档都没有缓存的。

2000 年，小金通过公务员招考进了地税局，在办税厅里开税票，她用的是当时最为先进的286主机，外配针式打印机，而那个开票软件至今想来简单的出奇，不联网，可当时就是觉得酷。从录入纳税人号码，余下就是连回七次车，面对柜台外人山人海的纳税人，每个开票员的手指都具备了盲打数字的功能，那时几千个体户全部上门纳税，且涌在最后几天来。在紧迫的时间里，小金也练就了手指判断真伪钞的“特异功能”。那个时候，许多纳税人是带足了一角二角一块两块的“毛票”来交税。几十元能数几摞。到了下班时，那可真是“两鬓苍苍十指黑”。那时，小金每天都要步行去银行缴款，因为严格的票款制度，她总要把钱和票抱在怀里，沿途要防暴防抢防盗，出门缴款时她总是豪气干云地挥手说：“票在人在，票亡人亡。”

2018年，小李通过公务员招考进了地税局，这时候，税款都是直接联网划拨入库了，开票员每天步行去银行缴款已是历史了。现在，纳税服务从现金缴款，到转账，到库银联网，到网上办税厅，电子税务局，同城通办，异地办理……足不出户，已是天下税事尽知尽办了。以前的针式打印机已变成激光打印机、复印机、扫描仪、一体机，比之当年办公室用的声振屋宇的滚筒式印刷机，不知先进了几多，那时印个文件，惊天动地的滚动声简直就是头顶上驰过一辆火车头……现在，甚至连废纸也不再手撕火烧了，都是标配的碎纸机了。

2018年，当我们来到窗明几净的办税厅里，看到休息区的办税人员在使用叫号系统后，悠闲地坐在那里读书、看报、用手提、玩手机、喝水、交谈……比之当年穿街走巷的拎人造革包的庞姐，比之当年人声汹汹攘臂向前拥挤不堪的办税厅月缴期，现在何其安宁、明亮、舒适。由于全面推进网上办税，办税厅现场的人流量减少了近90%之多。而税务人的业务也趋向精准的后台服务和风控管理。

在看不见的数据流动里，“税月”正无声地流逝，像庞姐这样的税务人退休在即，新考进的税务人鼎力跟上，一代又一代的税务人见证着经济发展带来的繁荣与稳定，见证着税收在经济发展中的杠标与平衡作用，见证着国家日新月异的上升与进步，而时代之轮仍滚滚向前……

（作者时任安徽省明光市地税局科员）

李致忠　国家图书馆实现跨越式发展

国家图书馆的前身是京师图书馆，成立于1909年，我个人自20世纪60年代供职于该馆，迄今已历40多年，回顾它在历史上几个阶段的发展，尤其是在十一届三中全会以后的沧桑巨变，令人十分鼓舞。

馆舍的扩建

1931年以前，国家图书馆没有专门馆舍。1909年虽经晚清政府正式批准成立了京师图书馆，但中经辛亥鼎革，迟至1912年8月27日始在今什刹海东北隅的广化寺开馆。可是开馆不足两个月，即同年10月，教育部便“部议本馆馆址湫隘卑湿，不宜存贮图书，拟更诸爽闿者，以谋永久，因暂停办”，并立即派本部社会教育司佥事鲁迅率部员前去组织督办。

既然广化寺不宜开办图书馆，就要另谋他处以开之。经过鲁迅等人将近五年的努力，到1917年1月26日才又在安定门里方家胡同原清代国子监南学旧址开馆。京师图书馆在国子监南学办馆十余年，不断遭到批评。认为此地偏居北京东北一隅，交通不便，读者寥寥。故到1928年10月又将方家胡同馆舍改为京师图书馆分馆，而将本馆搬到中南海居仁堂，于1929年2月重新开馆。20年间馆无定舍，舍无定所，颠沛流离，三迁馆舍。直到 1931 年 6 月，利用庚子赔款退款所建的专门图书馆始在北海西涯正式落成，面积 1 万多平方米。新中国成立以后，在原地虽又扩建了书库，并先后新建了三栋小楼，但总起来不过 3.4 万平方米。这就是国家图书馆 78 年内所积累的自有馆舍。书刊无处收藏，就由政府先后拨借神武门城楼、北海松坡图书馆、故宫西路寿安宫、柏林寺、甘水桥皮肤病研究所及其门诊楼等，为当时的北京图书馆解决藏书上的燃眉之急。但书分多处，藏书不便，阅览不宜，加之周围环境复杂，更构成了安全威胁。故国家图书馆一直想在文津街老馆院内进行扩建。

1973 年 10 月 29 日，当国家图书馆老馆扩建计划呈送到周恩来总理手中时，总理“看了北图的扩建计划和模型以后指示说：‘只盖一栋房子不能一劳永逸，这个地方就不动了，保持原样，不如到城外另找地方盖，可以一劳永逸。’”但那时还在“文革”当中，无法实施。1978 年十一届三中全会之后，党和国家的工作重心转向经济建设，实行改革开放，国力不断增强，才有了为国家图书馆建设新馆的可能。

1980 年 5 月 26 日，中央书记处第 23 次会议，听取馆长刘季平关于图书馆工作的汇报。6 月 1 日发出《中央会议决定事项通知》，指出“关于新建北京图书馆问题，会议决定，按原来周总理批准的方案，列入国家计划，由北京市负责筹建，请万里同志抓这件事”。其后经过一系列的筹划和准备，到 1983 年 9 月 23 日下午，新馆在风景秀丽的紫竹院公园长河北岸破土动工。同时，邓小平同志在百忙中为北京图书馆题写了馆名。1987 年 7 月 25 日新馆落成，10 月开馆接待读者。总面积达 14 万多平方米，设有 3000 个阅览座位，可容纳 2000 万册（件）藏书。这样，连同文津街老馆 3 万多平方米，国家图书馆就拥有了 17 万多平方米的馆舍，在当时的世界上排名第二位。这是国家图书馆在馆舍建设方面的跨越式发展，也实现了国人盼望已久的夙愿。

2001 年，国家图书馆二期工程暨国家数字图书馆工程获准立项。2004 年 12 月 28 日，国图二期工程暨国家数字图书馆工程举行奠基仪式。设计总建筑面积 8.0353 万多平方米，国家总投资 12.35 亿元人民币。目标是建成世界上最大的中文文献收藏中心、中文数字资源基地和国内最先进的信息网络基地。工程将于 2008 年 6 月竣工，7 月试开馆。届时国家图书馆又新增 2900 个阅览座位，每日可再增加接待读者 8000 人次。这样，国家图书馆将拥有 25 万多平方米的专门馆舍，成为亚洲第一大图书馆，世界第三大图书馆。

从 1909 年到 1987 年，时间长达 78 年，国图积累拥有自己产权的馆舍面积只有 34000 平方米，平均每年增加不到 436 平方米。而 1987 年至 2007 年整整 20 年，馆舍面积却猛增 22 万多平方米，平均每年增加 11000 平方米，是前 78 年每年净增的 25 倍多。这个数字太惊人了！这是我国改革开放 30 年国力增强的直接表现，是国家在文化建设方面大力投入的有力证明，是掀起文化建设新高潮的坚实基础。我为此而欢欣鼓舞，更为这个伟大的时代而自豪。

藏书的增长

一个图书馆的发展象征，传统的衡量标准，一是看其馆舍建设的跟进速度；二是看其藏书积累和每年净增幅度；三是看其接待读者的能力和书刊流通的规模。今天由于计算机技术、数字信息技术和网络传输技术的发展，读者利用图书馆的方式和图书馆为读者服务的方式都发生了深刻的变化。但作为肩负积累民族文明和人类文明的国家图书馆，上述的有关内容仍不失为衡量的尺度。

中国国家图书馆的馆舍建设已如上述，与馆舍建设同样惊人的还有文献信息资源建设（过去称为藏书建设）也十分令人鼓舞。

前边说过了，国家图书馆的前身是京师图书馆，成立于 1909 年。但到 1949 年，也就是在 40 年的时间里，虽然迭经馆员百般搜采，到北平和平解放时，所积累的藏书也只有 140 万册（件），平均每年净增书刊 3.5 万册（件），其中还包括 1929 年北平北海图书馆合并到国立北平图书馆的藏书、1945 年 8 月 15 日日本投降北平光复后接收敌伪单位的一些藏书、1949 年松坡图书馆合并到北京图书馆的部分藏书，真真正正京师图书馆自己的藏书还到不了这个数字。其藏书增长可谓慢如蜗牛。

1949 年，伴随北平的和平解放，国家图书馆回到了人民的手中，事业得到恢复和发展。1950 年至 1978 年，总计是 29 年，国图各方面都有了新的进展，其中藏书净增 755 万册（件），平均每年净增书刊 26 万册（件），是新中国成立前 40 年累计总藏量的 5.4 倍，是 1949 年以前年均净增量的 7.5 倍。这是一个很了不起的跨越。但截至 1978 年底，也就是国家图书馆走过 69 年历程时，其藏书总量也只是 891.5 万册（件），平均每年净增 12.9 万册（件）。这在当时的世界上还不能跻身发达国家图书馆的行列。而从 1979 年到 2007 年，又是一个 29 年，藏书净增则是 17480842 册（件），年均净增 63 万册（件），是 1950 年至 1978 年那个 29 年年均净增的 2.4 倍，是 1909 年至 1949 年年均净增的 18 倍。如果我们按照 2007 年以前年均净增 63 万册（件）计算，到 2008 年底，国家图书馆的藏书总量将达到 2700 万册（件），较 1978 年以前的藏书总量增加了 1800 多万册（件），这是何等惊人的速度！

1978 年国家图书馆的国拨购书经费是 210 万元。第二年，亦即 1979 年，国拨购书经费是 275 万元，比上一年增加了 65 万元。而到 1988 年，国家改革开放已经十年，国家图书馆紫竹院新馆也已经落成开馆，读者量陡增，书刊流通量成倍增长。这一年政府财政拨款 1655 万元，专供国家图书馆购置书刊报纸等文献信息资源，比十年前的 1979 年多拨 1380 万元，年均增拨 138 万元。而到 1998 年，政府下达给国家图书馆的购书经费已到了 8000 万元，较 1988 年增拨 6345 万元，年均增长 576.8 万元，是 1979 年增拨的 8.9 倍，是 1988 年增拨的 4.2 倍。而到 2008 年，国拨购书经费已达 14500 万元，是 1978 年购书经费的 69 倍，1979 年的 53 倍，1988 年的 8.7 倍，1998 年的 1.8 倍。这即是说，2008 年国家图书馆购书经费的零头都要比 1978 年、1979 年两年国拨购书经费的总和还要多。这种表面上不合逻辑的增长速度，反映的是党的工作重心有效转移、改革开放 30 年经济社会协调发展、综合国力不断增强等合乎逻辑的投入。当然，30 年来书价上涨也不少，有一种不太准确的说法，世界书价大概每年以 15% 的速度上涨。我们扣除这些涨价因素，其国拨购书经费仍然保持着逐年增长的可喜态势。这是国家图书馆藏书量倍增的根本原因。

读者服务能力的增强

传统图书馆的阵地服务能力，一是取决于藏书量多少，二是取决于阅览座位多少，三是取决于每年开馆天数及每日的开馆阅览时间，还有就是利用书刊外借外延阅览范围。1931 年至 1978 年，国家图书馆的阅览座位，各处全算上，充其量超不过 1300 个，读者接待能力受到了严重制约。1987 年紫竹院新馆落成后，一下增加了 3000 个阅览座位，使多年排队领号入馆阅览的窘况得到了根本性的改观。2008 年国家图书馆二期工程暨国家数字图书馆工程落成后，又将新增加 2900 个阅览座位。这样，国家图书馆所拥有的阅览座位可达到 6400 个，其接待读者能力将会大幅度提高。

为读者服务是任何类型图书馆的天职，所以都要千方百计地创造条件，提高自己的服务能力，改善服务态度，提高服务质量。当然，主观服务意识强，可以弥补一些客观条件差的缺失，但要从根本上解决问题，还得两者都要具备。改革开放以来，不仅仅是国家图书馆实现了跨越式发展，各省馆及大城市图书馆，也先后新建或改扩建了馆舍，提高了读者接待能力。

1949 年至 1977 年接待来馆读者反比新中国成立前 20 年年均少接待 3 万多人次，问题出在十年动乱。1966 年至 1970 年的五年，因动乱而闭馆，接待读者为零，1971 年以后逐渐恢复开馆，至 1977 年七年总共接待读者不过 762900 人次。1978 年至 1987 年这十年虽然还在文津街老馆，但通过挖掘潜力，延长每日开馆时间等措施，接待读者却达到了 597 万多人次，年均接待量接近 60 万人次，可是平均到每天也只不过 1600 多人次。

从 1987 年 10 月迁入新馆以后，从 1988 年至 1997 年，这十年的读者接待总量为1370多万人次，是前一个十年（1978—1987年）的2.29倍。如此巨大的变化，原因很简单，就是1987年新馆落成，馆舍面积净增14万多平方米，读者阅览座位增加到了3000多个，接待读者能力实现了跨越式提升，同时学习的风气重又浓厚起来。

1998年国家图书馆实行全面改革，特别是1999年实行365天全天候开馆以来，加之突破多年来大学三年级以下学生不得进馆的陈规，允许18岁以上公民都可以来国家图书馆阅览，来馆读者逐年猛增。1998年当年尚未看出明显效果，1999年则跃升到298万人次，比前一年多接待127万人次，一年等于前十年平均接待读者的两倍，日均接待量是前十年的2.18倍。2001年全年接待读者453万余人次，是1998年全年接待读者人次的2.7倍。2002年接待读者498万人次，日均接待13644人次，可以说一年接待的读者差不多与1929年至1948年20年接待读者的总人次，与1949年与1977年29年接待读者的总人次相埒。这只是读者服务工作中的一种统计，尚不是全貌，且只统计的是来馆读者，也就是我们自己所说的阵地服务。

图书馆的核心价值就是服务，服务就有效益。读者来馆阅读，就会增长知识，获取资料、促进创造、做出学问。这些既是读者的成果，也是我们图书馆服务的效益。“20世纪80年代初，我国要引进一个特大项目的全套设备，对方对此报价将近10亿美元。弄清这个项目的合理价格，是一个重大的经济分析课题。承担这个课题的研究、为价格谈判做好准备的主要任务落到了我的肩上。我深感任务艰巨。为全面搜集有关资料，我来到北京图书馆，查完全部有关这方面的书籍报刊，也从其他方面搜集了资料。查资料和分析用了一年多时间，分析各方面资料得到的结果一致，使我有了充分的信心。我认为应该把对方报价压低20%—30%，压低的价格为2亿美元左右，大家对我的看法表示吃惊。在谈判中我主谈，我把从北京图书馆查到的对方国内有关这个设备的价格拿了出来，有报纸报道、对方的书面材料、对方著名经济专家的论文，等等。第一轮谈判结束后，再也没有人不同意压价20%—30%的目标了。在第二轮谈判中，经过领导的努力，项目以压价 24% 的结果成交，实现了我方的谈判目标，为国家节省了 2 亿多美元。回顾这段往事，不能不深深感谢北京图书馆这座知识宝库给我们的重大支持。”这是国务院核电领导小组办公室副主任罗安仁的一段回忆。这个例子所反映出来的服务效益，就远不止长一点知识，做一点学问，而是利国利民的直接经济效益。

国家数字图书馆的建立

上面所举的各种统计数字，都还是传统图书馆的传统统计，反映不出当今数字图书馆，特别是国家数字图书馆的发展状况。20 世纪 90 年代，伴随互联网的迅速发展，数字图书馆应运而生，解决数字资源采集、加工、组织、管理、保存和服务的重任，又落在国家图书馆肩上。1997 年 10 月，李岚清副总理视察国家图书馆，在汇报座谈时谈到图书馆的未来发展，李岚清同志指出：“未来图书馆的模式，就是数字图书馆。”“数字图书馆是没有围墙的图书馆，但有围墙的图书馆是没有围墙图书馆的中心。”指明了数字图书馆与传统图书馆两者之间的关系。从此，国家图书馆便开始了有关数字图书馆的深入调研。1999 年开始酝酿“国家图书馆二期工程暨国家数字图书馆工程”。2001 年 11 月，国家图书馆二期馆舍建设项目获得国务院批准。2002 年 12 月，项目可行性研究报告通过国家发改委的审批。2004 年 11 月，土建部分施工通过国家发改委审批。12 月 28 日，破土动工。2005 年 10 月 11 日，国家发改委批准国家数字图书馆工程初步设计方案及投资概算。目标是要将国家图书馆建设成世界上最大的中文文献收藏中心和中文数字资源基地。

国家数字图书馆，将构建数字资源采集、加工、发布、保存技术支撑平台，配备软、硬件系统设备，满足公众通过网络索取数字资源的需求；构建数字图书馆与服务所需的网络、服务器、存储和通信平台，不但实现自己馆区的网络连接，还要实现与教育网、科技网以及中国电信的连接，并实现卫星、数据广播的有线传输及双向网络连接，接通短信网关和呼叫中心接口，从而实现广泛的网络服务；

同时还要完成馆内各个数图业务子系统的建设。国家数字图书馆工程完成后，将配备 1500 台读者使用计算机终端，8000 个信息节点，有线网、无线网同时覆盖，每日可以满足网站读者 5 万人次的点击，实现“让读者回家去”“国图随时在你身边”的新型服务理念。这种发展，是国家图书馆革命性的变革，是历史性的变革，它将带领国家图书馆进入真正复合型图书馆的时代，并继续阔步前进。

（作者时任国家图书馆善本特藏部主任）

马志伟 “大美”的背后——我与三江源生态保护

我出生于北京，15 岁到黑龙江“接受贫下中农再教育”插队改造，三年后又从黑龙江来了青海。

讲生态才能讲出青海价值

“当好青海人，说好青海话，做好青海事”一直是我在青海干事的座右铭，青海情结在我心里很重，我已完全把这里看做是我的故乡。

三江源位于青藏高原腹地、青海省南部，被誉为“江河源头”“中华水塔”，生态地位非常重要。据统计，黄河 49% 的水量、长江 26% 的水量、澜沧江 16% 的水量从青海流出，每年向中下游省区输出的水量超过 600 亿立方米，惠及 20 个省区市，哺育了中国一半以上的人口。可以说，三江源不仅是中国与东南亚的江河之源，是数亿人口的生命之源，也是整个流域经济社会发展的动力之源。三江源独特的高寒生态系统，是地球生态链的重要环节，是地球生物多样性的重要载体，是许多珍贵基因的重要宝库，是我国草地类型最全的地区和生物物种形成演化的中心之一，为人类提供了不可估量的价值。作为世界上海拔最高、地形最复杂的独立气候区，三江源区发挥着几条大江大河水循环的初始作用，对我国和东南亚甚至整个地球北半球的大气环流都有极其重大的影响。可以说，这里是世界气候变化的敏感区和启动区，也是气候变化的气象哨，对抵御全球气候变暖有着重要作用。从 20 世纪 90 年代，青海先后建立了隆宝、可可西里和三江源三个国家级自然保护区。其中三江源自然保护区是全国面积最大的国家级自然保护区，总面积 31.8 方平方公里，江泽民总书记亲笔题写碑名。

2002 年，我到党派工作。此时，保护三江源进入了我的视野。三江源最初引起我的关注有两个原因。一是青海生态环境的恶劣。这有的是气候变化造成的，如黄河的源头玛多县，过去有“千湖之县”之称，现在连 500 个湖泊都没有了。也有过度放牧、无序发展畜牧业等人为原因，加上沙害、鼠害等，草场被破坏得很厉害。二是青海在国家的位置。关于青海的省情，我讲“两个 0.3”。第一个“0.3”，就是青海各族人口一共约 593 万，占全国的 0.3%；第二个“0.3”是 GDP，青海的 GDP 不足 3000 亿元，跟全国比，又是 0.3%。整个省情可以用四个字来概括：“大”——地域面积大、“小”——经济总量小、“多”——资源富集、“少”——人口少。

所以我当时想，青海就要强调生态，讲生态才能讲出青海价值，才能讲出青海在国家的重要位置。

努力初见成效——生态保护与补偿

2002 年，我提出三江源生态保护和生态补偿机制，当时这在全国是比较超前的。记得当年就是在民革中央参政议政会议上呼吁开展三江源生态保护、建立生态补偿机制。那时我的认识相对朴素，就是少破坏三江源的生态、多争取国家的支持，让青海人民生活得好一点。提出的方案也比较简单，就是国家给青海按照 1 吨水 1 毛钱的标准进行补助。后来，在民革中央主席何鲁丽同志、副主席周铁农同志的推荐下，我在 2003 年的“两会”期间，面对面向时任国务院副总理吴邦国同志进行了汇报，得到充分肯定。同时，我提交了《关于三江源自然保护区法制建设与补偿机制的建议》的提案。提出：

根据《中华人民共和国自然保护区条例》，自然保护区建设和管理费用由当地人民政府和保护区所在地地方各级政府安排。这对青海这样一个穷省来说，无异于雪上加霜。随着三江源生态工程的实施，青海省将限制区内工矿资源开发、中草药采挖和加工，对部分不符合生态保护的企业，还要停产、关闭或异地搬迁重建。同时为了保护区内的生态环境，还将采取减少草原载畜量、封闭草场等措施，从而导致地方税源大大减少，而政府在维护草山、草场、恢复生态植被等方面的投入也将不断加大。2001 年省人民政府颁布公告，要求在全省范围内停止砂金开采，仅此一项就造成 2002 年 4 州 16 县财政收入减收 4000 多万元。一方面是财政收入的减少，另一方面是财政支出的大量增加。长此以往，可以想到三江源区就不可能取得很好的效果。因此鉴于青海省地方财力弱，难以承受三江源保护区生态建设与保护的支出，及三江源保护区对江河流域中下游地区的生态意义要大于青海当地的客观实际，我们认为应立足于国家经济社会的可持续发展，立足全国，建立三江源保护区生态保护与建设补偿机制。

这一提案被列为重点督办提案，得到全国政协有关专委会和国家有关部委的关注。当年 7 月，全国政协副主席韩启德带队来青调研三江源生态保护工作，并向中共中央、国务院报送报告，得到胡锦涛总书记、温家宝总理的批示。之后在青海省人民政府及有关部门共同努力下，启动了国家投资达 75 亿元的三江源生态保护一期工程。2004 年，我向全国政协报送了《关于青海湖环湖湿地保护的建议》，再次得到全国政协的重视，全国政协副主席李兆焯带队来青调研，最后促成了国家投资达 23 亿元的青海湖湿地保护工程的实施。

“国家公园”——青海生态的再思考

2002年提出生态保护与生态补偿之后，2007年，青海又提出“生态立省”，成为全国最早提出生态立省的省份。在这一理念下，也是在对青海省情认识不断加深的过程中，省委省政府又提出了“大美青海”。当年全国都在进行基础设施建设，青海也特别想搞，但是没钱，就停下来了。然而，“塞翁失马焉知非福”，青海却因此“得益”，生态基本没有破坏。青海直到现在都保留了原始、粗犷的生态美。青海的昆仑山被誉为万山之祖，是人类与中华文明的发祥地。据此我们就把青海称为“大美”。

另外，这个提法也是一种无奈之举。一方面，党中央、国务院对青海提出了保护生态的要求，这对于青海来说，就必须处理好保护生态与发展经济的矛盾；另一方面，在别的省区都在大搞投入、建设的时候，青海无力投入，“大美”也算是另一方面的“保护”成果，将青海的经济落后用粗犷、原生态、未经粉饰之美给“保护”起来了。

这样，一直到2011年，我们一直在提三江源的生态保护和补偿。国家有关部门也一直都给回复，继三江源生态保护一期工程之后，2014年，国家启动了投资达160亿元的三江源生态保护二期工程。2016年3月，中共中央办公厅、国务院办公厅联合下发了生态补偿办法，为我国生态文明建设提供了强有力的政策保障。

2011年，在世界各地行走的广东民营企业家马卫东先生发现了一个现象，即大致在同一纬度的青海省北部地区的地理地貌与美国黄石公园有相同之处且各具特色。一次偶然的机会，马卫东先生向我提出他心中的疑惑：黄石公园为什么会成为世界级公园，而我们的处女地还在沉寂？这一问题引起了我的深思：打造属于青海省的国家公园是否就是一条破解青海省发展瓶颈的希望之路呢？

经请示省政协领导后，我组织了两个团队，一是以马卫东先生为主的团队，二是抽调省政协、民革的精干人员，进行全方位调研。我们了解考察了美国黄石国家公园、加拿大国家公园以及我国黑龙江省汤旺河国家公园、云南省普达措国家公园，等等，在学习借鉴的基础上，提出了“昆仑国家公园”的设想，旨在实现四个方面的目标：一是实现人与自然和谐共生，使之成为世界和亚洲生态保护的典范；二是使其成为产学研相结合的科学研究和教育基地；三是解决西部发展出路，使其成为西部地区、民族地区、宗教地区和欠发达地区转变发展方式、全面建设小康社会的示范区；四是解决青海可持续发展和长治久安的问题。

我的想法刚一提出，得到了省委主要领导的高度认可和高度评价，但也有不少的质疑之声。这在当时也是可以理解的，与经济发展相比，生态问题还不像今天这样受重视。从青海地方发展讲，要改善老百姓的生活，就要发展经济，当年拿 GDP 论英雄、论成败，地方领导要政绩、要作为、要发展、要让老百姓的日子好起来。但是如果把青海保护起来什么都不许动，还能有什么发展？靠伸手朝国家“要饭”过日子，不如把自家地里的东西拿出来卖。青海矿产资源丰富，有 139 种资源，其中 30 多种储量名列全国前三位，价值几十万亿元。像青海的可燃冰，就现在可探的储量，可以使 13 亿多中国人用 100 年。青海只有 500 多万人口，开采出这些宝藏的话，老百姓的日子比北京上海都好。

一个新生事物出来，总要经受各方面的考验，像美国的黄石公园，就是经过了 100 多年论证才得以确立，而今天它被全世界认为是标准的国家公园。因此，我尽最大可能向有关方面、部门及媒体不断宣传国家公园的设想。我去了中国工程院、中国科学院、国务院参事室、电台、网站……另外，因为我是全国政协委员，通过提案、小组发言、联组发言、大会发言……在各种场合讲国家公园。

我们连续不断呼吁国家公园概念的过程，也是国家生态文明建设提速的阶段。2015 年 12 月 9 日，习近平总书记主持召开中央全面深化改革领导小组第 19 次会议，审议通过了《中国三江源国家公园体制试点方案》，这标志着三江源生态保护和国家公园建设取得突破性进展。

我看到下发文件，欣喜不已，艰辛、委屈一下子都烟消云散。十几年来，支撑我不断为青海生态文明建设呼吁建议的信心和动力有这样两个方面：就我个人来讲，就是当好青海人，说好青海话，做好青海事，我不是给哪个领导当，不是为哪个领导说，也不是给哪个领导做，我是为青海的老百姓。

国家公园的未来方向：国家公园体系

十八届三中全会之后，我与我的工作团队在认真研究国家公园体制的基础上，不断对原有的思路突破、更新。我进一步认识到，国家公园制度应该是资源保护与开发利用相结合的管理模式。

目前的三江源国家公园只体现了生态保护的内容。比如生态移民，把核心区的老百姓移出来，安排他们做管护员，发给补助，确实解决了这些人的生活问题。但是，如果按精准扶贫的要求，这种做法实际上稳不住。原来是“藏族占山”，藏民在山上就是住藏包，住帐房。而帐房需要流动，藏民的牛羊马也是要流动的。现在，核心区的老百姓都被迁出，让他们从睡帐房改成睡床，这和几千年的生活、文化习惯相背而驰。另外，人下来了，牛羊没法跟着走，只能卖掉，就得宰杀。这些做法，不是保护自然、尊重自然，而是一种割裂的保护；不是文明，恰恰相反，是野蛮。

2016 年我参加了全国政协第 55 次双周协商座谈会，围绕会议主题“自然保护区建设与管理”，我在发言中说，国家对三江源国家公园有巨大的投入，200 多个亿对一个经济小省、人口小省来说，是个大数字，但是，它是临时救助性的，是“救急不救贫”，跟老百姓没有关系，解决不了青海的可持续发展与长治久安。

中国的国家公园应该具有中国的特点。什么是中国的特点？就是 960 万平方公里的土地要养育 13 亿多人口。我们不比美国，黄石国家公园可以三个月对外开放、九个月封闭式保护，把人与自然割裂开来。中国做不到，我们到处都有人，生存环境再不好的地方，照样有老百姓，包括海拔 4000 米左右、环境非常艰苦恶劣的地方都有人住。所以，我们的国家公园要有中国特色，要兼顾老百姓的生存、生活，不能照搬照抄美国。

所以我认为，十八大和三中全会的决议，特别是 2015 年 12 月通过的《中国三江源国家公园体制试点方案》，是解决了体制和机制问题，但这不是我们追求的最终设想和目标。为此，我们专程赴中国科学院地理科学与资源研究所考察调研，咨询国家公园体制建设的思路，并在此基础上形成“一主多辅”的国家公园体系建设的思路：以综合属性特征较强、地理标识明确的三江源国家公园为统领，建设昆仑国家公园、祁连山水涵养国家公园、柴达木沙漠国家公园、青海湖湿地国家公园、可可西里国家公园等多个属性特征较为单一的主题国家公园。具体来说，青海 72 万平方公里的土地，除了国家循环经济试验区，国家批准可开发的地下煤、油、气等资源区，以及军事禁区，剩下的土地都应该划成国家公园，根据各个国家公园不同的性质、不同的内容，制定不同的国家公园发展体系。这既解决了青海的经济发展，也解决了生态保护，做到生态保护和经济发展共生共赢，人与自然和谐发展，真正实现生态文明。

我担任了七届省政协委员，一步步从政协委员走到政协常委、副主席，共 30 多年；担任三届全国政协常委，也就是 15 年。据我了解，在早些的政府工作报告里，很少提到青海。而时至今天，在国家领导人的报告、讲话里，多次提到青海，提到青海的生态：国家公园、青海湖的水质保护、草原黑土滩治理……我很欣慰，青海不仅在国家有位置了，在世界上也有了位置。

这些年，人们第一次认识青海，是 2002 年开始的“环湖赛”；第二次是青藏铁路；第三次是玉树地震；第四次是三江源国家公园。这第四次，不仅是让中国认识了青海，也让世界开始瞩目青海。

我的梦想就是，能够在青海创造出一个新的国家公园体系模式，将来有一天，一提国家公园就是讲青海，一说青海就是国家公园。

（作者曾任青海省政协副主席　高芳/采访整理）

朱长福、李德、徐铎 **从“满家滩”到“金石滩”**

又一列从大连火车站出发的快轨抵达金石滩国家旅游度假区，熙熙攘攘的中外游客从车厢里走出，很快融入众多的景点之中……

看到这熟悉的景象，我们不禁心潮万端，不能自已……

曾经金石滩不叫金石滩，而叫满家滩，是大连市金县的一个乡。满家滩是伸进黄海的一个半岛，土地面积 62 平方公里，海域面积 58 平方公里，有 33000 人口，人均收入不足 200 元。但是，这个乡的景色却是远近闻名：东部海岸有九亿年前生成的地质奇观，鳌滩、南绣园、恐龙探海、玫瑰园、龟裂石、大鹏展翅、刺猬礁、擎天柱、贝多芬头像等一步一景，凡是到过这里的人无不啧啧称奇，赞叹不已；西部海岸沙滩绵延，灿灿黄沙与阳光和大海交相辉映，令人心旷神怡；曲折的海岸线环抱着一个个海湾，静谧而美丽，令人神往。

这些神奇的旅游资源像一座沉睡的宝库，静静地等待着人们的开发。终于，20 世纪 80 年代，在改革开放的大潮中，迎来了盼望已久的机遇。

1984 年国家批准在金州马桥子建立经济技术开发区。在进行开发区规划的时候，距开发区所在地只有 26 公里的满家滩进入了规划者的视线。当年 5 月 23 日，在大连市委、市政府召开的会议上，市委第二书记崔荣汉提出了将满家滩留作发展旅游区的意见。

1984 年 10 月，大连经济技术开发区建设正式启动。开发区的启动鼓舞着大连人民，同时也启发和鼓舞了金县人，金县县委领导同志在调查研究和充分论证的基础上，提出在满家滩发展旅游事业。年底，金县县委决定成立旅游开发总公司，负责金石滩的旅游开发。时隔几日，朱长福一行八人就到兴城进行考察、学习。兴城是滨临渤海的一座古城，改革开放以后，旅游事业蓬勃发展，古城面貌焕然一新。兴城的经验对我们启发很大，也坚定了我们发展旅游事业的决心。回来以后，我们对金石滩的发展做了全面的规划，至此金石滩的旅游业开始起步。

当时通往金石滩只有一条土路，第一批进驻金石滩的十几个同志没有住的地方，只能住在敬老院里。没有通勤车，没有食堂，常常吃不上饭，同志们只好到海边去捡海浪打上岸来的海带当菜吃。因为海边潮湿，睡觉的被子潮湿得能拧出水来，不少人的身上都生出了红疹子。大家睡不着觉时，买上一瓶酒，凑作一堆谈天说地侃大山。

领导分给徐铎和王心令的任务是专门为金石滩写民间传说和故事，同时，要为那些奇石怪礁命名。沿着海岸线走一趟，需要半天时间。两天时间，两人踩在锋利礁石上的鞋子便割碎了。如今人们耳熟能详的著名景点“大鹏展翅”“恐龙探海”“九龙壁”“神龟寻子”等都是徐铎和王心令命名的。

1985 年年初，旅游开发总公司按照县委规划在满家滩开始了大规模的绿化、美化。那时的金石滩成了一个大工地，到处洋溢着开发建设的高潮。运输工具少，部队军车前来支援。绿化的人手不够，金州区的各个单位也动员起来了，利用休息日，到金石滩植树。地处沿海的金石滩，海风中的盐碱度高，树苗栽了一茬死一茬。如今树木葱茏，郁郁葱葱的金石滩，凝结着金州人民的辛勤汗水。据统计，在金石滩开发建设初期，共有 20 余万人次到过金石滩植树。

海上改造，资源保护，旅游宣传和推介也在那时开展起来。徐铎和李德和局长跑到鞍山钢铁公司去招揽旅游客源，区委区政府的领导们也利用出差的机会到北京去张贴广告宣传画。经过几个月的筹备，1985 年夏季到来之时，旅游公司就开业了。开业那天，已经有些名气的得胜农民铜管乐队在海边吹吹打打，鼓乐震天，迎来了潮水一样的观众和游客。那个夏天非常火爆，金石滩仅有的一个酒店里面住满了客人，餐厅里也是人满为患。

金县发展旅游业得到了时任中共中央总书记胡耀邦同志的支持。1985 年 10 月，胡耀邦同志亲笔为我们题词“金石滩”。胡耀邦同志的题词极大地鼓舞了金县人民，从此我们把满家滩改名为“金石滩”。

到 1985 年年底，金石滩建成大宾馆、小宾馆各一处，小别墅四栋，并配备了餐厅、商场、会议室等服务设施，旅游业发展有了一定的基础。1986 年金县成立旅游局，主管金石滩的发展建设。1986 年 3 月，时任乡党委书记的李德和被任命为旅游局党委书记、局长。

旅游局刚成立，就传来了国家正在准备设立国家级风景名胜区的消息。李德和为之一振：这不正是金石滩大展宏图的好时机吗？他马上和市规划局的领导联系，请来规划师，准备绘制规划图。驻地部队给了很大帮助，利用航拍，绘制出精细的规划图。李德和担心耽误了时间，带着几个人直接到了北京，将申报资料、规划图交给了建设部。在等待批复的日子里，他们几个人住的是大通铺，一张床只需两元钱。有一次，李德和去部里打听消息，雇的是一辆平板车。坐在车上冷得浑身上下直打哆嗦，于是索性请下蹬车的老大爷，自己飞快地蹬起来。

1987 年夏的一天，建设部来人考察金石滩。正赶上雷雨交加的天气，飞机无法降落，最后通过与相关部门协商，使飞机降落在土城子军用机场，再急忙赶过去把客人接到金石滩。第二天，又带着客人到金石滩实地察看。1988 年 8 月，金石滩作为 42 个国家重点风景名胜区之一批复下来，大家那个兴奋啊，简直没法提。

应当说，金石滩的旅游发展思路一直走在行业的前头。从 20 世纪 80 年代末，我们已经开始研究旅游方式的转变——尝试搞旅游开发区的建设模式。我们一边调研，一边与上级旅游部门协调，与青岛、厦门等几个沿海城市沟通，共同研制出了新中国诞生以来第一个旅游新模式，那就是搞区域性的度假休闲型的旅游模式。这是一次引领中国旅游业改革的新模式、新尝试，引起了党和国家领导人的高度重视。经过调研，国务院做出了批复，同意先在中国 14 个沿海城市搞旅游度假区。这是中国旅游的试验田，也是旅游行业的一次革命。

1991 年 7 月 12 日，市政府向省政府上报《关于建立大连金石滩旅游开发区的请示》，省政府同意请示内容并于 7 月 19 日向国家旅游局上报《关于建立大连金石滩旅游开发区的函》。1992 年 8 月 31 日，国家旅游局在北京召开国家旅游度假区会议，会上公布了包括大连金石滩在内的八个国家旅游度假试办区名单，国务院副总理吴学谦在会上提出“要思想开放，可以邀请外国专家按国际水平进行规划，各度假区要注意客源和经济效益，要重视利用外资”等重要指示。1992 年 9 月 4 日，国务院下发《关于试办国家旅游度假区通知》(国发〔1992〕46 号文件)，规定了有关国家旅游度假区开发建设的八项优惠政策。1992 年 10 月 4 日，国务院正式批准建立大连金石滩国家旅游度假区。

1992 年 11 月 12 日，中共大连市委、市政府在金石滩为大连金石滩国家旅游度假区的建立举行奠基仪式。1992 年 12 月 7 日，市政府正式批准成立大连金石滩国家旅游度假区管理委员会，至此金石滩的旅游事业登上了大台阶。在市委、市政府的主持下制定了度假区的总体规划，并请日本濑户内造园株式会社、东京都市计画研究所制定了详细规划和总体设计。在市委、市政府的领导下，招商引资力度进一步加大，基础建设投入进一步加强，景区面貌焕然一新。2006 年国家建设部又把金石滩的东部沿海命名为“海滨国家地质公园”，进一步提高了金石滩的知名度。

多年来，金石滩投资近百亿元，在全区范围内进行环境整治，绿化美化，海上动迁，景观保护，发展旅游产品，打造各种旅游新品牌。现在，区内到处绿荫覆盖，花团锦簇，交通纵横交错，旅游车辆穿梭往来，木栈道伸向海边各个景点，使游客观景赏景更加方便愉快，餐厅旅馆一应俱全，各种珍馔美食风味独具。以高尔夫球场、海滨浴场、马术基地、中华武馆为主的体育运动游，以海滨国家地质公园、奇石园、蜡像馆、发现王国为主的观光娱乐游，以模特学校、鲁美学校、沈阳音乐学院为主的文化艺术游，以狩猎场温泉、鲁能海洋温泉、金湾生态园、金石谷乡村俱乐部为主的环保生态游，以国际会议中心、狩猎场为主的商务会议游，以发现王国度假酒店、国际会议中心大酒店为主的度假休闲游，以渔家农户为主的乡村农业游，功能各异，门类齐全。同时，每年还举办各种旅游节庆活动，国家乃至世界级的赛事连年不断。金石滩大旅游的格局已经形成，已经成为中国乃至世界的旅游目的地。2009年，金石滩进入“中国最佳生态环境保护十大风景区”行列；2011年1月，金石滩景区通过国家AAAAA级旅游景区验收，进入全国A级景区最高等级行列。

展望未来，金石滩发展潜力非常大，很多在建和待建项目档次更高，内容更丰富，金石滩的明天一定会更美好，这是我们这些“老开发”的愿望，也必将成为现实。

（朱长福，时任大连金石滩国家旅游度假区管委会副主任；李德和，时任大连金石滩国家旅游度假区管委会副主任；徐铎，时任大连金石滩国家旅游度假区政研室主任、工会工作委员会主任）

郎连和　开发区记录着我的青春岁月

一个人的一生有多少个 12 年?

第一个 12 年，我还只是一个懵懂的顽童，也许在老师眼中还算聪颖；

第二个 12 年，我从青涩少年成长为一个青年，十年寒窗，也算学业有成；

第三个 12 年，正是我青春的 12 年，开发区与我的青春做伴。时光荏苒，离开开发区又是一个 12 年。

在大连经济技术开发区工作的 12 年，是我一生中的黄金岁月。那段让我饱含深情的激扬岁月，记录着我们那一代“小老开发”的无悔青春，就像一坛醇香的美酒，时间越久，越回味悠长。

选　择

1984 年，我从东北大学自动化专业毕业，被辽宁省委选送到省委党校第四期青训班学习。结业后，近百名学员几乎全部分配到改革开放的前沿——大连。

不过，我当时的分配去向不是开发区，而是大连市内的外贸系统。缘定开发区，不得不提到那次让我铭心刻骨的“沙滩讨论会”。其实“沙滩讨论会”的出席者，只有我和李连斌两个人。那时的开发区还是荒土一片，但年轻的我们坚信，一张白纸才好画最新最美的图画。我们俩毅然决然：到开发区去！

热　爱

建区半年之后，我胸怀理想踏上这块土地。那时的条件的确艰苦，整个开发区只有银帆宾馆的一个基座，我们简易的宿舍门前还是一片荒草地，时常有野兔出没。

就是在这样一种环境下，我和我的伙伴们开始了我们的“开发创业”。

苦吗？真苦。但我们似乎丝毫没有在意。那段日子，我背着黑白 120 相机经常到处跑，想方设法留下开发区开发创业的影子。看着开发区一天天地变化，心中有种说不出的喜悦和骄傲。12 年来我坚持每年给开发区拍一组照片。一幢幢高楼、一排排厂房拔地而起……开发区一天一个样，怎能不让人激动和感慨？

那个时候，我真的无法形容和表达自己对开发区的那份热爱，我几乎是第一个把妻子的户口从大连市内迁到了开发区。紧接着，我又把我们结婚典礼的日子定在了 10 月 15 日——开发区奠基典礼的那一天。我结婚的时候是 1988 年，当时，开发区除了林立的厂房外，只有三座比较著名的建筑：写字楼、银帆宾馆、邮电楼。我把这三座建筑“搬进”了我的新房：写字楼是我们的梳妆台、邮电楼做了储信箱，银帆宾馆变成了我们的书架，载着我们驶向知识海洋的彼岸……

当时，我跟未婚妻表达了我“生活事业化”的主张，让自己生活的诸多内容融入事业当中。结婚前，我还挤出时间参与了开发区的一次演讲会，那是开发区举办的第一次演讲会，也是我有生以来第一次演讲，也许是情真意切，我的演讲竟然获得了第一名。我在发表获奖感言时放言，要把自己的家变成个“特区”，这也许是个玩笑，但我确实将我的生活紧紧地与开发区连在了一起。与开发区同呼吸、共命运，就是我那个时候的真实愿望和奋斗目标。

追　求

当时，我是一个特别普通的无名小辈，但我时刻要求自己以一个主人翁的姿态，参与力所能及的开发区开发建设，而且当仁不让地冲在改革开放的前沿。作为年轻人，我是第一个主动请缨到街道挂职的。那时真是激情澎湃，我作词、谱曲，创作了一首叫《扬帆》的歌，尽管没有唱响，但绝对是开发区“第一歌”。我还和何守林等共同创办了一期报纸《拓荒》，尽管只出了一期，但也算是开发区“第一报”。当时，像是着了魔，天天思考开发区如何发展。我提出的“欲建国际城，先树国际人”“BBST 理论”“回”和“品”发展模式等都得到了上级的肯定和采纳。在开发区“献计献策”数万条建议中，所采纳的 75 条合理化建议，我个人就占了 15 条。1991 年，开发区开展“爱我区、爱事业、做主人、做奉献”“两爱两做”主题活动，我勇夺第一尊“奉献杯”。1995 年开发区建区 10 周年时，我还获得“十年创业标兵”称号。

在开发区那段日子，最难忘最让我魂牵梦萦的要属“青年夏令城”了。1988 年开发区建成一座五彩城，在全国闻名遐迩。1989 年（一期）西街 A、B、C、D、E、F 六个区域建成投入使用，1992 年东街（二期）G（美食村）、H、J、K、M 五个区域建成投入使用。五彩城建成伊始，曾作为开发区的标志和象征，吸引八方游客到此观光旅游，建筑风格迥异，壁画斑斓绚丽，充满了异国情调，当时设想的初衷是建一座集旅游、观光、购物、文化、娱乐于一体的现代化新城区。但是，五彩城建成后却尴尬地“人烟稀少”。当时的管委会主要领导视察五彩城时，对这里的“无人气”很是不满和担忧。

五彩城门庭冷落，而另一方面，成千上万的打工仔、打工妹却无处可去。面对这种情况，时任区团委书记的我，毅然决定，举办“青年夏令城”活动。从 1992 年开始，每年的 6 月 20 日到 9 月 20 日，连续三个月，天天有活动、晚晚有内容。一下子，五彩城热闹了，开发区沸腾了。开城期间，开发区人头攒动，多姿多彩的五彩城真的变成了欢乐的海洋。开发区人气旺了、投资者多了，发展怎能不快呢？就是现在，当时的参与者一提起“青年夏令城”仍然眉飞色舞……

那时正年轻，胆子也大。开城的前一天，我一个电话打到了团中央书记处，请团中央领导参加我们的开城仪式。结果，团中央真的派来了团中央常委郭庭洞同志参加了五彩城“青年夏令城”的开城仪式。接下来的几年，我们还请陆海空三军年轻的将士为我们助阵，场面宏大、气势恢宏，真让人振奋和鼓舞。我们还邀请了著名作曲家铁源作曲、胡宏伟作词，创作了城歌，又亲自动手设计城徽、宣传册、宣传画，这些在现在看都是很普通的工作，但在当时的开发区是很难想象的，我们一群年轻人真的创造了很多“第一”。

“青年夏令城”一搞就是五年。“做就做最好，干就干第一”。当时，在改革开放大环境感染下，年轻的我们真是“敢为天下先”。不懈的追求，锻炼了我们的意志，净化了我们的心灵，也丰富了我们的人生。

开发区那段青春做伴的岁月，永远珍藏在我的记忆中，和那些渐渐变黄的照片一样，慢慢地变成历史。而我和我当年的伙伴们，也将在各自的人生舞台上迎来自己更加宝贵的第五个 12 年。但是，开发区的那个黄金 12 年注定将和坚定的意志、澎湃的激情还有拼搏的精神一道，成为我生命中的一段华彩乐章！

（作者时任大连水务局党委书记、局长）

李德良　见证苏州河上最后一班轮渡

我是1968届知青，1979年从黑龙江农场顶替父亲来苏州河轮渡工作。苏州河摆渡从小给我留下深刻的印象。小时候，我们家住浜北的交通路，当时要看场电影，只有乘苏州河渡轮到浜南的江宁电影院距离最近。记得有一次，我的爸爸有两张江宁电影院的电影票，想想苏州河轮渡过个江蛮便当，我们提前半个多小时到了苏州河轮渡准备过江。想不到这时候正逢来往船只很多，这班轮渡从浜北摆渡到浜南足足花了我们一个多钟头。到了电影院，电影已快散场了，这件事对我印象很深。有了轮渡，方便之处还是有的，毕竟当时桥少，公交车不便，许多家住浜北的乘客每天总乘我们的渡轮，一来二去，大家都关系蛮好。学生到浜南去上课，来乘渡轮的人也不少，不用吃吃力力去绕道了。当年摆渡费很便宜，单人来回过江只要1角，自行车、助动车是2角，每天的客流量高时超过了3000人次。我当站长时，船名是"沪船客107号"，额定载客120人，船长秦骏，水手黄兆鸣、胡友强。强家角渡口共有8名工作人员。上下班高峰时，自行车特别多，一班轮渡只能乘几十人，为挤进最后一个乘客，码头水手把乘客"硬塞"进去的事是不稀奇的。

从1992年6月至1997年12月16日撤销苏州河上最后一班强家角轮渡，这段时间，我一直担任着上海市轮渡公司苏州河轮站强家角渡站站长。在这五年的工作中，我见到了苏州河轮渡运输客流的变化，也理解苏州河轮渡最后撤销的原因，对改革开放给上海市政设施带来的变化感受很深。

轮渡的发展历程

当年在苏州河上有七个轮渡站，从东到西分别为通济渡、潭西渡、西康路渡、强家角渡、长宁路渡、光复路渡、北新泾渡。从西康路第一个撤渡到我们强家角最后撤渡，主要原因都是苏州河上几座桥梁相继建成所致。强家角开渡是 1928 年，至撤销时已有 69 年历史了。在这段时间内，1937 年抗日战争爆发，强家角渡轮被迫停航八年，直到 1945 年复航。新中国成立后，苏州河两岸发展速度加快，但市政交通很难及时跟上。为方便居民出行，从 1955 年起，强家角轮渡改用了电动轮渡，就是轮渡船顶上架一条高压线，与从码头上拖过来的高压线相连，以产生轮渡的电动力。渡站一只渡轮，在近 50 米的强家角江面摆来渡去。

随着内河运输的发展，苏州河上来来往往的货船逐年增多，既有上海港驳船运输公司和上海环卫运输船队的船，还有外省市的运输船队。这些船队，多数是前面一只拖轮，后面拖着一只接一只的驳船，有的船队拖着十几只驳船。见到这些船队开过来，我们轮渡驾驶都要耐心地等待，我们的口号是“宁等三分，不争一秒”，尽量避免碰撞。但你不碰他，他有时会碰你。我们轮渡碰撞小事故时有发生。除了来往碰撞的不安全因素外，还有一个不安全因素，这就是受落潮的影响，乘客上下船经常会遇到候船室与连接轮渡的囤船码头坡度过大，如骑车乘客不注意上船减速，自行车、助动车都很容易冲入苏州河造成大事故。

记得在 1996 年，一个星期日，有一个急匆匆想过江的乘客，骑着一辆助动车，车上还载着一个小孩急着登船。由于当时正逢落潮，这位乘客没有把好刹车，一个冲势，助动车与大小两人都掉进了苏州河。经人们奋力抢救，车沉江底，小孩获救，但大人却溺水而亡。这一痛心事故发生后，轮渡公司领导为贯彻“安全重于泰山”等指示要求，产生了撤渡的决心。

上级有关部门考虑到市政发展的需要，也准备在强家角造一座人行桥。到 20 世纪 90 年代初，苏州河上的渡轮仅余光复渡（1991 年拆除）、北新泾渡（1995 年拆除）、强家角渡三处。光复渡和北新泾渡被拆的原因，主要也是为了安全、制止亏损及陆上市政交通的改善所致。如光复渡当年为化工研究院职工提供摆渡服务多，后来该院接送职工有了大巴士，光复渡就无生存的必要了。

这五年中，改革的东风也吹进了我们轮站。当时有一个提法，叫“一年一个样，三年大变样”。现在回想起当年的轮渡改革至今我还忘不了。当时票价低，公司收入少，轮站员工要发工资奖金、船要维修，有时又有事故赔偿，整个苏州河轮渡处于入不敷出状态，年年亏损。

为了改变现状，为企业减少亏损，调动员工的积极性，轮渡公司在 1992 年推出了竞聘上岗的改革方案搞经济承包，我担任站长，也是站里的承包人。当时许诺员工，工资由上级的轮渡公司负担，但奖金要靠大家多收筹码做出来。根据我们轮渡四班三运转的作息制度，我实行了“分灶吃饭”，收筹码的员工一人一只投筹箱，收到的筹码全部折价给员工发奖金。这样一来，收筹码的员工积极性大增。当上下班高峰时，收筹员眼睛睁得大大的。通过这项个人收益与实绩挂钩的改革，员工的奖金明显提高了。改革第一天开箱数筹码，竟有 60 多元。这与以往有时收不到 30 元相比，真是一个大变化。

记得有一天，我们收到了 300 多元筹码。过去员工见熟人过江，眼开眼闭的现象没有了，随意离岗，“笳三胡”等劳动纪律松散的现象都没有了，有些老乘客风趣地说：“现在你们承包了，我们揩油也不好意思了。”改革使员工和企业都尝到了甜头，一度我们小轮渡员工的月奖超过了工作比我们辛苦的黄浦江大轮渡员工。一年后，公司劳资科科长来找我，要求我们多为亏损的企业挑担子，对以往的改革再做些调整，要求我承担站里的员工工资，奖金改由轮渡公司发。我考虑到上下利益，最后同意，站里的营业额与公司对半分，一半上交给公司，一半给站里员工发奖金。公司最终同意了我的意见。这个方法一直实行到强家角收渡。

收渡已成必然

当年强家角轮渡每天营业时间为 05：00—23：00。为了防止苏州河来往船只碰坏我们渡轮，我们非营业时间船上也安排值班人。有时遇到居民看急病要到长宁区中心医院，我们半夜也会开渡行个方便，为此还收到过居民送来的表扬信、感谢信。但苏州河上货物运输的船只实在多，我们的轮渡多年航行也“年老体弱”了，确实容易造成事故。

有一次，我们附近北新泾渡轮由于避让船只，再加船舵失灵，撞坏了一家单位的码头。公司来处理后，再次权衡利弊，决定停渡，北新泾轮渡就这样早于我们强家角轮渡一年左右收渡。事有不巧，我们强家角轮渡不久也出了一起事故。一条来往于苏州河的船只把我们轮渡“照牌头”的顶部高压线撞断了。顿时，渡轮失去了动力，随潮水向下漂去。苏州河沿途的码头多，撞上哪个码头都是要拿出来钞票赔偿啊！渡船上的乘客干着急，幸亏我们员工临危不乱，迅速攀绳爬顶，果断地接上了高压线，才有惊无险使轮渡恢复常态。这两起事故加快了公司领导停掉强家角渡的决心。

当时，强家角桥已进入了建设阶段，公司领导也积极为停渡走访了两岸得益苏州河轮渡的有关单位，提请得到他们对我们收渡的理解和支持。这些单位领导都很通情达理，如浜北的原第四纺织机械厂、眼镜一厂、中药二厂等单位，他们有的备好了在沿线接送职工的大巴士，有的和公交公司挂钩派车接送等。公交公司也配合我们改进了车辆布线。为强家角轮渡的最终关闭奠定了基础。市政府为加强水陆客运安全管理，也在 1994 年下半年制订了有关规定。公司根据规范管理规定，终于下了撤销强家角轮渡站的指示。

难忘收渡那一天

1997 年 12 月 16 日，让百姓盼望已久的强家角桥建成通行了。我们也迎来了历史悠久的强家角渡轮最后一班渡轮的收渡时刻。当天 9 时半，上海市轮渡公司经理忻顺康从浜北上船，与载着数十位乘客的渡轮一起过江，船停靠在浜南轮渡码头。忻经理以他激动的嗓音宣布：在改革开放东风的推动下，苏州河轮渡客运今天正式完成历史使命！我们和乘客都热烈地鼓起掌来。当时，上海东方电视台的记者也摄下了乘客登岸、沪船客 107 号轮渡、鲜艳的国旗和市轮渡徽旗等珍贵镜头。值得一提的是，东方电视台编导宋凯如为拍摄电视专题片“苏州河上的最后一班轮渡”，曾 10 余次来到我们强家角轮渡，前后辛勤工作，总费时一年多。由于出差，他在收渡时没能赶来，但却不忘让记者捎来了他对我们全体员工的问候，他的敬业精神令我感佩。纪录片全长 20 分钟，成片后，他还特地送给我一盒以作留念。

作为苏州河最后一班轮渡的见证人，我深感幸运。渡船撤销后，我站的员工都得到了公司领导的妥善安置。因要处理船只和码头等事宜，我又在强家角留守了五年，直到 2000 年被领导安排在轮渡筹码组工作。

（作者时任上海市轮渡公司苏州河轮站站长　张维章 / 整理）

张　绮　**告别最后一家煤球厂**

以补贴得生存的计划经济年代

我是 1966 届初中毕业生，1968 年毕业分配到上海市煤炭供应公司杨浦煤场工作，1990 年调任上海第九煤球厂副厂长，1995 年担任厂长。

上海第九煤球厂是成立于 20 世纪 30 年代的老企业，地处杨浦区路 407 号，占地 4000 平方米，最早厂名为华顺煤球厂，后改为公私合营的榆林煤球厂，20 世纪 60 年代改为上海第九煤球厂。

作为一家全民所有制的老企业，我们厂管理成本高。记得在 20 世纪 80 年代时，厂里除了约有 100 名职工外，还要负担 100 多个退休职工的工资，来报销医药费的退休工人经常要排队。尽管开支大，负担重，但当时一直有计划经济的政府财政大力扶持，在相当一段时期内厂里日子还可以过。

当时政府领导经常讲“黑（煤）、白（粮食）、绿（蔬菜）”是关系民生的大事，一定要高度重视。为此，我们厂工人上班天天“三班倒”，每月生产 10 万多吨煤灰和少部分煤球，逢年过节，职工都加班。职工们都知道，老百姓要吃饭，没有煤球烧，这可不是小事！我们厂职工工作条件是艰苦的，平时工人都像从煤矿里出来一样，一脸乌黑满身灰，只有眼珠里还有点白色。当年虽有些防护设备，但要做煤球，不把运来的煤轧成煤粉，就做不成煤球和煤饼，煤的粉尘在空气中难以消除，造成工人体表沾煤粉，吸入煤灰等现象难以避免。附近居民家的面粉，如不注意储存，没多久就被煤灰污染不能食用了。厂里有台老式煤球成形机，操作员截断手指头的事故发生过多起。男青工当时要找女朋友很困难。

虽然在这样条件下工作，当时我们厂里的职工干劲还是蛮足的。关键是有财政补贴，日子还好过。记得当年政府每年补贴我厂 100 万元呢！每年春节前，上级领导总会来慰问，杨浦区区长在春节前也经常来到我厂慰问职工，给大家鼓劲。工人虽苦，但奖金不低，记得在 1993 年后，运输组搞承包，工人每月奖金有的拿到过 2000 元左右。当年我们月产煤球等煤制品达 1 万多吨。这种有苦有乐的日子，现在想起来也真的难忘。

燃气业和市场经济发展让小厂深感压力

从 1995 年后，我们厂里就感受到压力了。主要原因，一是上海燃气业的快速发展。从 1978 年改革开放后，上海市民的住宅建设发展速度大大加快，传统的煤球炉在新公房内的立足之地越来越少了。1990 年上半年，市政府出台了发展燃气业的初装费和煤气债券改革方案，使上海燃气用户数量大增。随着社会的发展，家庭用的燃料品种多了，煤气、液化气、天然气的用户日益增加，电炉也开始走进了家庭，用煤球、煤饼的需求相应减少。

我们生产从开三班制到实行二班制，到 2000 年改制前，全厂月产煤制品仅 2000 多吨。二是私营企业发展很快，给我们这样产品成本高的老企业带来了不小的压力。如我们当时卖出去的煤球、煤饼一吨是 300 多元，而私营企业生产的成本低，产品质量也不像我们正规企业有检验制度及检验员把关，他们卖价就比我们一吨低几十元，使我们的产品销售受阻。面对市场，私营企业与我们打价格仗。尽管我们企业主观上也努力挖掘潜力，如最大限度加大煤球中黄泥的比例，组织业务员外出搞促销，人员搞下岗分流等等，但还是拼不过私营企业。鉴于我厂在市场经济中产量实际需求的下降，政府每年补贴给我们厂的资金减少了，到了1995年以后，随着燃气业的大发展，煤球在居民中已不成气候了，为此政府年补贴我厂10多万元。到了1997年，上海市政府明确提出，对“黑白绿”的保护全部放开，我厂不再享受财政补贴了。我们于1999年12月30日立案改制，由上海第九煤球厂改为帆星工贸合作公司，主要以汽车维修为主业，走上了股份制企业的改革之路，2000年，我们挂上了新公司的招牌。

“上海第九煤球厂”作为上海最后一家煤球厂，厂牌也被上海博物馆收为藏品。对我们的改革，当时中央电视台和《经济日报》及有关媒体都做了相应的报道。

经受了改革“阵痛”

从1999年12月30日上海第九煤球厂撤牌改制，到2000年9月20日上海帆星工贸合作公司执照批下来，这9个月，我们为适应市场，压缩成本，先后有30多名职工下岗，有的职工“买断工龄”回家，还有的签了“协保”（不发工资，工龄照计，协议保留劳动关系），进了“再就业中心”等。最后留下26位职工，征求了他们的意见，每人出资不少于1万元，全部作为帆星公司的股东。我们留下来的职工，共同集资50万元，注册成立了上海帆星工贸合作公司，不再吃国家的补贴，走上了自负盈亏之路。几年来，我们努力寻找市场求生存，搞起了汽车修理，一直维持到现在。2005年底，我们接到通知，我们这块地将纳入动迁范围。我们相信，乘改革开放的东风，我们的前程一定会越来越好！

（作者曾任上海第九煤球厂厂长　张维章/整理）

第四章

世界如此之大，又如此之小

魏敬先　**我与发绣外交**

“发绣外交”在国内外打响了，我作为创始人和见证者心中留有许多的感触。如果没有将温州列为对外开放城市，是没有民间的“发绣外交”的，也没有我的艺术影响力的。

我于1963年南京艺术学院美术系毕业后，被分配到温州一家集体所有制刺绣厂搞美术设计。通过几年实践，我看到工厂从业人员中，会画的不会绣，会绣的不会画，画绣脱节，技术上难以拓展，再加上“文革”时期，工艺美术被作为“四旧”被打得“落花流水”，一蹶不振。

在这种情况下，我就试着拿起绣针和工人一起穿针引线了。为更好地发挥我的绘画功底，使之用于刺绣中去，自画自绣制作现代人物肖像。自20世纪70年代起，我开始了现代人物肖像绣的研究和实践，在缎面上创作了第一批人像发绣作品《孙中山》《爱因斯坦》等名人肖像，获得好评。为了让这一传统技术得以发扬光大，我决心在这条画绣结合的道路上走下去。

发绣人像，是以人的头发为原料，用绘画的原理在缎底上精心制作的特种工艺品。用人的天然发丝制作的现代人物肖像，更富有立体感，形象逼真、高雅，又能经久保存，千年不变，因而它被人们誉为“东方一绝”。从那以后，我用发丝先后绣出了古今中外文化名人、政治领袖百余幅。对于传统发绣来说，既是继承，又是开拓和创新，以至成为我终生的追求。

发绣人像，一般是用虚实绣法来表达的。不像中国传统刺绣那样，凡墨线画到的部位皆需绣满、不露墨痕。现代人像绣是用虚实针法，即深的地方施以密绣，高光部位不绣，以缎底作白。每一针力求起到传神的作用，以其针脚的疏密、粗细、长短、深浅来塑造形象，表达质感和光感。

为苏联总统戈尔巴乔夫绣肖像

中国丝绸进出口总公司为促进中苏关系正常化，加强两国人民之间的贸易往来，将在莫斯科举办中国丝绸服装博览会。为使博览会更加隆重、友好，总公司拟制作一幅戈尔巴乔夫彩色绣像，作为“重头戏”摆放在会场中央。指定由浙江省丝绸进出口公司委托我来完成。1989 年 2 月底，我接受这一任务后，立即进行制作。共用四个多月时间精心绣制完成。

戈尔巴乔夫肖像绣好后，于 6 月底运往苏联，9 月展出。据说，展出期间受到苏联观众的交口称赞，被称为“东方一绝”“了不起的艺术”。

展览期间，主办单位特邀请戈尔巴乔夫夫人赖莎莅临参观，参观之后随即将这一幅精美的绣像赠送给她。为使受赠者了解这幅绣像的珍贵，特附了一份文字说明，介绍绣像作者和制作技巧。出乎意料的是，戈氏看后十分高兴，并且得知作者是中国一位画家后，于 1989 年 11 月 8 日，写了一封热情洋溢的亲笔信，同时赠送给作者一幅由戈氏夫妇亲笔签名的照片。亲笔信全文如下：

尊敬的魏敬先同志：

衷心感谢您馈赠的礼品。

看了您别开生面的艺术作品，对中国美术家的精湛技艺和勤勉精神的叹服之情不禁油然而生。我认为，你的作品是多世纪中国民间艺术的优良传统，不断发扬光大的良好例证。

我还看到，你的作品鲜明体现了中国人民对苏联的友善感情，也体现了你对增进我们两国的相互谅解、睦邻关系与有效合作所作出的个人贡献。

祝您长寿，并在创作中取得新成就。

敬礼。

戈尔巴乔夫

这封信送到苏联驻华使馆后，准备派遣文化参赞和秘书将亲笔信送来温州。12 月中旬，由于东欧形势急剧变化，这件事也随之发生了变化。1990 年 1 月 8 日下午 3 时，在浙江省丝绸进出口公司会议室举行了亲笔信交接仪式。参加交接仪式的除苏联驻华使馆文化参赞杜新先生和二秘泽连科夫先生以及我外，还有省丝绸进出口公司副经理赵洪其同志，前温州师范学院院长谷亨杰教授，省外办外事处姚雪艮副处长以及有关业务方面负责人共 20 多人。当晚，省丝绸进出口公司设宴招待，9 日在杭州游览，10 日和有关方面交流，11 日中午，苏联客人设宴答谢，下午 3 时离杭返京。

正因这样，我的发绣作品成了外交交往的珍贵礼品，我也开始了发绣外交的经历。

日本石卷市市长说我的作品了不起

1989 年 11 月间，正值温州市和石卷市结为友好城市五周年之际，时任温州市委副书记张友余为团长的温州市政府和经贸代表团一行 20 余人访问日本，并在石卷市举办以经贸文化为主题的“温州展”。我和市书法家林剑丹各带了自己的部分作品随团展出，并现场表演自己的拿手技艺。

我带去了自己的水彩画和几幅人像绣作品，并现场为石卷市平家真治郎市长制作了一幅丝线素描绣像。为更好地展现这幅绣像的华彩，预先在家完成绣像的 95% 左右，剩余部分现场演示一下，让人们亲眼看到这幅绣像的制作过程。

那是11月5日上午10时左右，“温州展”开幕式过后，张友余副书记陪同石卷市市长以及石卷市政府官员和应邀来参加开幕式的贵宾，到各个展区参观。当他们来到我的展台前，我便停下了手中的活计起身将绣绷架立起在展台上，突然一阵鼓掌，一片哗然。我知道，他们是为我绣的这件作品形象逼真，又有被绣者本人在场而叫好。这时，市长先生登上展演台，高兴地和我握手，连连向我道谢。

通过翻译和我对起话来：

问：这叫什么绣？

答：丝线素描绣。（我递给他一枚绣针和分丝很细的一根丝线）

问：绣一幅像要花多少时间？

答：大约三个月。

问：绣像比画像要难的吧？

答：是的。用笔作画可以随心所欲，而刺绣就不同了，除要区分用线的粗细，又要注意针脚的长短，针路的转折，还要穿针、记针、打结等等，绣到面部的细微之处，一条丝线要分丝到三十分之一呢！

市长说：你的技术真了不起。日本也有刺绣，据说也是从中国传过来的。我看过日用品刺绣，风景、山水一类绣品，还没见过人像绣，而且绣得那么传神。

答：刺绣是中国的一项传统绝技，已有上千年历史了，我是专门研究现代人物肖像绣的。

问：你研究刺绣多少年了？

答：大约30年了。

市长：（竖起大拇指）你的技术真了不起，绣得很像我。年龄要能倒退20年，我也想跟你学习刺绣了。

市长的谈话引起大家一阵笑声。

另外一次。1990年10月应日本吴市“吴·温州经济技术交流协会”的邀请，“中国·温州艺术展”在吴市和广岛举办，展出了温州艺术家我和林剑丹、叶玉昶、袁纲平、林锦星五人的作品以及部分温州市少儿书法作品，共 80 多幅。我和市外办梅启广同志一行二人作为艺术家代表，赴日参加了开幕式，并作现场刺绣及水彩画表演。

开幕式隆重热烈，充满着友好气氛，剪彩后，市长佐佐木有怀着极大的兴趣一一观看了展品。佐佐木有市长在我的水彩画展品前说：“你的水彩画是中国绘画风格和西洋画法的结合，我很喜欢！”开幕式上，我赠送了市长一幅表现瓯江风光的水彩画，他热情地紧握着我的手。

在日本东京，由东京日中规划公司小林诚先生的介绍，我与日本刺绣研究中心斋藤信作会长见了面。他带来了一批刺绣作品，我也带去了一批刺绣作品，我们在东京吕川饭店进行了交流和恳谈。因为是同行，共通的话题很多，双方在友好的气氛中交谈了约五个半小时。

斋藤先生的父亲斋藤磐是日本刺绣权威，一生孜孜不倦地从事刺绣事业，为后世留下了不少刺绣精品。曾经在东京等地举办了“斋藤磐刺绣遗作展”，受到了日本人民的欢迎。斋藤信作先生为了继承父志，为了不使刺绣手工艺术被现代化工业所冲垮、淹没，决心要发扬和整理这一民族传统文化绝技，成立了日本刺绣行业最高权威艺术机构——日本刺绣研究中心（即“红会”），该中心现有 90 余人。

我们仔细观摩了对方的刺绣作品，都感到有许多共通之处，他谦虚地说道：“日本刺绣有许多地方也是从中国学来的。”在欣赏作品的过程中，斋藤先生对我的刺绣作品作了高度评价。他认为，刺绣本身也是一门高超的艺术，要超脱“匠气”，正如艺术家作画一样，要用心和灵气去指导针线，创造出富有感情的刺绣艺术品来。他对我作为一个画家又肯献身于刺绣的精神，表示十分赞赏。我们各自介绍了刺绣方面的治学情况、研究课题，并在如何继承和发扬东方的特有绝技——刺绣艺术上作了较详尽的设想、探索。从交谈中，我感到斋藤先生是一位在刺绣上有强烈事业心和执着追求的人，这一点和我有着惊人的相似。

在联合国展览发绣作品

后来，为了让发绣人像艺术声名远扬，在美国纽约温州同乡会章爱龙先生的热心斡旋下，经联合国文化委员会批准，我的发绣作品展览于2000年10月2日至7日在联合国迎宾大厅举办。这一天，我和我的弟子们共同制作的18幅世界名人发绣肖像作品摆放在联合国大厦展厅中央。在精心制作的名人绣像中，除联合国五个常任理事国元首外，还有世界名人，如诺贝尔、戴安娜、爱因斯坦、周恩来等。精湛的艺术吸引了联合国各使团工作人员和艺术家们前来驻足观看。联合国副秘书长金永健先生等也来到了展览会现场观看。

金副秘书长在接受我赠送的《中国发绣艺术》一书时说，发绣艺术是中国艺术宝库中的一朵奇葩，在海外很少有人了解此事，通过展览可以向世界展示中国艺术的博大精深。展览的最后一天，中华人民共和国常驻联合国特命全权大使王英凡又来了。艺术展开展以来，这已经是他第二次前来参观。在艺术展结束后的第三天，我突然接到通知到联合国总部接受匾牌。联合国文化娱乐委员会特地为此次艺术展颁发匾牌，在这块匾牌上用英文写着："奖给中国艺术家魏敬先先生，您的发绣艺术为丰富世界文化宝库作出了杰出的贡献。"

此次艺术展很好地促进了中国文化在国际上的影响。在展览期间，有不少参观者前来索取资料，要求跟他们合影留念。有一位日本成员看了几次艺术展后，送来了一束鲜花和一张保存多年的画片；几名来自非洲使团的官员还要求中国艺术家为其国家的元首制作发绣肖像等等。

在"让发绣走向世界，让世界了解温州"的口号指引下，发绣艺术一次次成功地展示和一次次作为外交礼品的馈赠，都令人感到新奇和交口称赞。如果说艺术品荣登"大雅之堂"的话，今天的联合国展览就是国际"大雅之堂"了。我有时在片刻的静思之中，似梦似醒感叹：自己数十载的默默无闻，穿针引发，如今竟能造出如此之大的举动，今天能坐在联合国大堂，聆听世界驻联合国官员们的翘指称赞，一种满足和荣幸之感顿时涌上心头……

为邓小平同志发绣肖像

为了感谢中国改革开放总设计师邓小平同志，是他设计了建设有中国特色社会主义的蓝图，把全国各阶层人民的积极性、创造性都调动起来了。1991 年底，我的心目中萌发出了一个念头：用我多年来练就的一手绝活——发绣，为邓小平同志精心绣制一幅发绣肖像，来表达我对他老人家的感激和敬佩之情。

经过几个月酝酿，翻阅了一些画册和资料，我终于在一本《中国摄影》杂志中发现了一幅很有代表性的照片，那就是由杨绍明同志于 1989 年 11 月为小平同志拍摄的一幅稍侧的半身照。照片中的小平同志面带慈祥的微笑，深色的上衣，中间色的背景和面部一缕强烈的侧光，更增强了立体感，这一切很适于作素描绣稿。于是，从 1992 年 6 月至 7 月间，我在任课之余，便开始发绣肖像创作。

在绣小平同志的面部时，我选择较细的发丝，用稀针来表达。当绣到小平同志的头发时，即可用粗针长发，乱中见整地运针。处理额发交际之处时，为表现那稀疏而花白的头发，则用单丝以疏密不等的排针自由过渡。从头发到眼球，用转发绣密绣满，而处理额部和鼻尖的高光，则一针不绣，以黑衬白来显示层次的变化。

我怀着对邓小平同志的敬佩、感激之情千针万线完成的。绣好后，正好赶上中共十四大即将召开。学校将这幅绣像作为献礼，敬献给邓小平同志，以表达我们温州师范学院 200 多名党员的心意。我听了以后非常赞同，这也正是我的意愿和初衷所在。并交托十四大代表、温州市委书记孔祥有带往北京。请丁关根同志将这幅绣像送到了小平同志家中。1992 年 10 月 26 日，中共十四大秘书处写了一封感谢信，信中说道：“魏教授托温州市委书记孔祥有同志敬献给邓小平同志的发绣肖像已收到，我们将转送给邓小平同志。对魏敬先教授的一片心意，谨表示感谢。”

1992 年 11 月 7 日，时任国家科委副主任的邓楠同志来温州考察，在一次宴会上，孔祥有书记拿着一张我为邓小平同志制作的发绣肖像作品照片，向她了解此事，邓楠同志一看便说：“这幅发绣像已送到我家，我爸爸看了以后很高兴，他说：‘很精美。’”

这一消息传来以后，我备受鼓舞，我的辛劳和千针万线之作，能得到敬爱的小平同志的赞许，感到十分欣慰。这一消息不胫而走，当时我省我市的新闻媒体纷纷报道，一时间成了新闻人物。

为叶利钦总统发绣肖像

2001 年 5 月，前温州师范学院办公室突然接到外交部礼宾司一个电话，指名找我有紧急任务布置，说俄罗斯联邦前总统叶利钦应中国领导人之邀，到中国来休养一段时间。现在快要结束了，临回国前想送一件礼品给他，外交部领导提议送一件发绣肖像。只有不到 20 天左右的时间，问我还能否来得及完成任务。因为按常规制作一件发绣肖像要三个月左右才可完成，而 20 天完成一件发绣作品是有一定的难度，但这件作品作为国礼，此事非同小可。时间紧也要完成，于是，我就斩钉截铁地答应下来了。

关于照片之事，外交部负责联络的一位处长告诉我，目前正在全国发行的叶利钦著作《午夜日记》中，第某页某面有一幅照片比较合适，我们得知后“马不停蹄”分头到市内各大书店去找，很快就找到了。立即放大、上绷、临稿，当天就开始刺绣了，日夜赶绣，逢双休日就把绣绷带回家绣。在作品的处理上关键部位一丝不苟，次要部位大刀阔斧、以少胜多。为节约时间，一边绣一边进行联系镜框、礼盒、题款等事宜。

绣像终于在 6 月初完成了，拍出作品照片立即用电子邮件发到外交部，认可后，告知我们必须在 6 月 5 日之前送到大连棒棰岛——叶利钦下榻的别墅，那里有外交部人员接待。学校就派温州大学（前温州师范学院）谢树华副校长和我搭机赶往大连。当晚将作品准时送到棒棰岛别墅，陪同叶利钦的时任外交部张德广副部长接见了我们，审查了作品之后他十分满意，并告诉我们明天（即 2001 年 6 月 6 日）上午 9 点 30 分准时参加绣像的赠送仪式。

上午 9 点以前我们就到了接待大厅，由外交部工作人员安排好绣像摆放位置。9 点 30 分叶利钦准时步入大厅，他高大魁梧、声音洪亮，夫人奈娜陪同身边。首先，由张德广副部长夫妇迎上去握手问候，然后由张德广部长向叶利钦介绍我和谢树华副校长，一一握手后，叶利钦坐在正中的沙发上，我们解开红丝带，打开了绣像的礼盒，礼盒上写“中华人民共和国主席江泽民谨赠”。当一幅精美的发绣作品展现在他的面前时，叶利钦左看右看，翻译告诉他，这幅肖像作品是这位艺术家用发丝绣制而成的，我插话说：“这张作品的原稿是在您的著作《午夜日记》中选出的。”叶利钦听了非常高兴，点头称赞，便站立起来，用洪亮的声音像发表演讲一样，对在场的人说了一些有关俄中人民伟大的友谊和合作以及此次来中国对他的热情友好的接待之类的话语之后，还特别感谢江泽民主席送给他这么一件精美的礼品……激情讲话之后，又一次和我们握手。

随后，我即拿出一张早已准备好的这幅绣像的放大照片，请叶利钦在上面签名，他坐下来认真签名之后，在场的人员都热烈鼓掌，我们接受签名照片时再次握手并合影留念。

为马克思发绣肖像

2004 年 11 月，温州大学“人像绣研究所”一行 5 人，在名誉所长何纪豪先生的资助下，赴欧洲六国做一次艺术考察。一来为开阔视野，见识一下欧洲艺术的真谛，因为我们研究的发绣人像艺术是以绘画为功底；二来想在欧洲众多名人故居、博物馆中收集到一些艺术界名流的照片作为绣稿，也感悟一下艺术大师们所走过的足迹，对我们进一步研究和制作现代人物肖像是一个难得的机遇。

参观了卢森堡大公国之后，去德国法兰克福途中经过特利尔市。特利尔是德国一座古老的市镇，已有近2000年的历史。马克思故居就坐落在该市布吕肯街10号。在这座毫不起眼的房子的门外墙上挂着马克思侧面头像，一看便知这就是马克思的故居了。

啊！终于可以零距离感受一下这位伟人、共产主义创始人的生平业绩了。在这座陈旧而不显眼的三层小楼内，房间的布置、摆设都是按原样，著作、手稿据介绍大都是真迹原件。墙上挂的生前活动照片，很多是在国内出版物上从未看到过的。在众多陈列品中，我们偶然发现有一个白色瓷盘，上面刻制了一幅马克思素描头像，旁边用中文写着："华国锋敬赠，1976年7月。"眼睛一亮，我当时便萌生了一个念头：何不用自己的一手绝技为马克思绣一幅发绣肖像，敬献给故居博物馆，供后人世代瞻仰呢！

我的这一想法立即得到随行者的支持，通过导游做翻译向故居工作人员了解，他们建议：最好由当地政府出面与特利尔市长联系，这样才能达到预期的目的，否则，不是所有赠品都能给予展出的。

回国后，便找到了一幅适于作绣稿的马克思素描肖像，主要由研究所高级工艺师魏乐文开始刺绣了。通过几个月工夫，绣像完成后，便拍出照片，把我们的意图说明写了一封信，请市外办出面联系。大约过了两年之后，接到市外办通知，要我们把绣像的原件包装好，送或寄至北京外交部欧洲司三处一位同志处，再由他带往德国法兰克福，交给中国驻德总领事馆孙瑞英主任。并随作品附简言：我们希望这件作品能够在马克思纪念馆陈列展出，并希望能得到一份收藏证书，以示永久纪念。随同作品也寄出了一些介绍中国发绣以及开展"发绣外交"的图片资料。

2008年5月5日，在马克思诞辰190周年之际，这幅发绣肖像由中国驻德国法兰克福总领馆总领事李海雁先生亲手赠给了马克思故居博物馆。

为表达对作者的感谢之情，10 月 8 日该馆写来了一封感谢信，并且用电子邮件给我发了一张展示这幅马克思像在纪念馆中摆放位置的照片。信件中写道："魏敬先教授制作的马克思肖像，收藏在特利尔马克思故居博物馆美丽的休息厅内，古朴典雅，相得益彰，能够收藏如此精致、独特的绣像作品，本馆深感荣幸。"

（作者时为温州大学教授）

张碎唐　挖沙工的生意做到了阿根廷国会大厦

我的人生角色经历了农民、企业家、侨领的多次转换，这是改革开放的时代和勇于拼搏的精神把我推向了一个个新的人生起点。无论处在什么样的位置，我都坚持一点：苦干实干。这是我始终如一的人生理念。

瓯江上的铜像：挖沙人

20 世纪 80 年代初期，祖国的改革开放把我推向了勤劳致富的前沿。作为一个农民，我与当地乡亲积极种植经济农作物，当时一年也能获取上千元的收入。那时万元户是很了不起的，上千元已是一笔可观的收入。尽管如此，我没有小富即安，我的目光还在时时关注外界的变化。

温州的市场经济发展活跃，我的心时常被一种力量驱使鼓动着：我不想困在农田里，急于想出去做点别的。此时我获得了温州进行城市现代化建设需要大量建筑材料的信息。我想，瓯江中有的是沙子，建筑上少不了的材料。于是我就成立了一个建材公司，来到了瓯江畔，成了一名真正的“赶潮人”。

每天潮落时，我把铁铲深深地插进沙涂里，一铲一铲地把那湿淋淋带有盐分而显得格外沉甸甸的沙子铲起来，等沥干水分再用铁铲一铲铲地装上船，在潮涨时赶快离开运到市场。

带着盐分的江风吹得人浑身都是黏黏的，再经如火的骄阳烤晒，不久我的皮肤就变成古铜色了。如果我站在那里不动，别人会以为是一座铜像；而我一笑时露出的一副白齿则显得比常人更加洁白。那个时候的辛苦比种田自然要苦上不知多少倍，亏得我有一副铁打的身体，我坚持下来了。

寻找新商机，成立运输公司

我不会游泳，因此每天在江边赶潮劳作，家人和朋友们都说太危险了！也太辛苦了！于是我开始寻找新的商机。那时温州没有铁路，更没有航空班机，大量物资进出只有公路运输。在温州话里“输”与“死”同音，当时被温州人戏称为“死（输）路一条”。当时我从温州经济的快速发展，特别是从自己建材公司材料运输上悟到：这“死（输）路一条”，其实就是“财路一条”，于是我把创业的目光转向了运输行业。

当时温州市民流传这样的民谣顺口溜：“车轮滚滚，钞票一捆”“第一四个轮，第二华侨人”——都是当时汽车运输能够赚钱的生动写照。我及时抓住当时温州交通条件差这个机遇，在 1983 年成立了运输公司，自己购置四辆大卡货车（别人挂靠的汽车有十几辆）。时值温州瓯江第一大桥建成通车，在隆重的通车仪式上，我公司装满货物的大卡车稳稳地开上了瓯江大桥。之后，公司的大卡货车跑出温州、跑向祖国的大江南北——“车轮滚滚，钞票一捆”，“滚”来了财富。成功的乐趣，自然也带着创业的艰辛。

阿根廷的第一个温州人

我身上有着中国农民踏实勤劳的个性，我不安于有钱后的那种安逸闲适，仍到处寻求新的事业，此时又一个机会来到了我的面前。

1988年，一位旅居巴西的朋友来看我，我们在一起又聊到了创业上，两人一合计想搞一个信用社（合资搞银行）。说干就干，打报告报批，但迟迟未能批下。于是朋友提议："你出国看看，有两三万美元就可以开一个店了，干脆在国外开创事业。"

人生能有几回搏，我被他说得心痒痒的，于是决定出国创业。经过再三考虑，我把地点选在了南美阿根廷。因为当时旅居这个国家的华人还非常少，我认为这样才会有巨大的商机。虽然在这个国家我没有一个亲人、一个朋友，但我相信：风险越大，机会也越大。

有这么一句话："海水流到哪里，华人就漂到哪里。"在我40岁的时候，为圆创业的梦想，我成了闯荡南美阿国的第一个温州人。

1991年6月中旬，一架日航国际班机载着我和我的家人，途经中国香港、日本东京、美国洛杉矶、南美巴西，飞行36个小时后，终于稳稳地停在了阿根廷首都布宜诺斯艾利斯的国际机场。这里就是我此次旅行的目的地。在我张碎唐眼里，它也是我开创事业的又一个疆场；是我人生又一次创业的起点。

迎接我的是一位未曾谋面的朋友的朋友——旅居阿根廷的台湾同胞。他举着"张碎唐"的名字在出口处接下我们。

我们以6天300美元的住宿费被安顿在一个家庭住所，我习惯把它折合成人民币，一算相当于每天450元人民币，照这样住下去的话……我不敢再想下去。住满6后，为了节省费用，全家搬到了一位台胞开的道教的观里住下。由于道观庙宇是公共场所，走动的人多，我担心钱放在住所被偷，放在身边怕被抢，放在银行又怕贬值……如何处置带出的这笔钱，成了最伤脑筋的事。异国他乡，钱是我们全家生存的保障啊！

我决定立即买房子。一个月后，我在远离温州万水千山的南半球的阿根廷，拥有了自己的第一处寓所。我把家安顿下来，心也安定了许多，我开始考虑怎样创业了。

我对妻子和孩子们说："我们不是来打工的，我们一定要开创一番事业。"

可是开创事业，谈何容易。当时仅有的一些从上海、广东来的人都还在那里打工，台胞在那里开一家超市算是很不错了。另外就是少数的日本人和韩国人。没有一个亲人，不懂一句话，不识一个洋文，周围没有一个温州人。当时那些已在阿国的日、韩侨民对我们国家很不了解，刚去时对我们的态度相当傲慢，连话都不愿跟我们多说，还时常欺负我们华人。此时，一种远离祖国、孤悬海外的无助和失落是我未曾体验过的。后来当我找到大使馆，在门口看到我们的五星红旗时，从不流眼泪的我，那泪水便一下子夺眶而出。见到大使馆的同志时那种如见亲人的感受至今不曾忘怀。

我陷入了空前的困境之中。妻子一时不能适应这样的环境，每天流着眼泪说要回家："家里那么好的四层楼房不住，来这个鬼地方。"而远在家乡的80多岁的老父亲，更是深信我被人骗了："这地方听都没听过，这样的地方到底有没有的？怕是没有的吧！"

我想到的是，既然来了，就要坚持下去。我当时在心里盘算了一套方案：两个孩子都18岁左右了，为让他们学好语言，就把他们安排在接机的那位台湾朋友的超市打工。我对朋友说："两个孩子白白替你干，不要工钱，吃也自己带来。"目的是为了熟悉生活、学习语言。而我自己则什么也不干，包里带一个面包、一瓶矿泉水，不坐公交车，就靠自己的脚走，每天出去跑市场。走，才会看出市场，从早上天还没亮就出去，有时天黑还没回来。有时为了看一处地段适合做什么生意，我上午看，下午看，晚上还看；下雨天看，晴天看，休息天也看，节日再看。从不同时间、不同气候、不同的方面来考察研究。就这样整整跑了半年时间，跑遍了阿根廷首都的每一个角落。

经过半年的市场了解，我看中了礼品行业。

"唐人"傲立在国会大厦旁

南美洲曾经是欧洲众多国家的殖民地，在南美各国或多或少地都留下了欧洲文化习俗的烙印，而真正较多地保持欧洲生活习俗的国家只有阿根廷。阿根廷人主要是意大利和西班牙人的后裔，他们自认为是拉丁美洲最“白”的国家，那里的人们操欧洲语言、穿欧式服装、住欧式建筑、喜欢到欧洲旅行，并注重礼仪好互赠礼品。他们购买礼品时，手里往往都拿着事先列好的一张清单。我还了解到那条礼品比较集中的街道，东西可以卖得很贵，还没有中国人开的店，日本人开的店也很少。

我想，我们温州小商品发达，不正可以做这个生意吗？于是就打出了“温州礼品行”的牌子，把温州的小商品摆上了柜台。我把在温州时的那股子吃苦耐劳的劲头拿出来，其他店上午10点钟开门，我就9点钟开门；他们下午1—5时休息，我不休息；他们晚上8点钟关门，我要在10点钟才关门；他们双休日关门休息，我照常开门营业；阿根廷节日很多，他们关门过节，而我照样接待客人。就这样，我张碎唐这个温州人开的“温州礼品行”出名了，温州的雨伞和鞋更是吸引了大批阿根廷人，供不应求。一时间生意好得一家四人都忙不过来，我就雇了一对台湾夫妇来帮忙。大家喜爱温州货的价廉物美，称赞温州人的勤劳肯干。第一次赚外国人的钱，心里真的好高兴。

一年后，我把礼品店交给了两个孩子打理，自己在阿根廷首都最繁华的地段开了一家餐馆，取名“金洲餐厅”，经营中、西自助餐。机会总是青睐有准备之人，半年时间跑市场磨炼下来的功夫，使我有了一双准确独到的生意眼。餐馆一开张就非常成功，来就餐的客人往往要排队等候才能有位子。每月净利润有两三万美元。我马不停蹄，在来阿的第三年又联合了五个朋友，以股份制形式在首都黄金地段、地标性建筑的尖塔边又开了一家大型豪华高级餐馆。古色古香的中国风格，装修费用就投入30万美元，豪华高级程度在当地很是罕见。餐馆一开业，用“门庭若市”来形容生意的红火一点不为过。在餐馆的门口恰巧有一棵金银花树，微风吹来，空中飞舞的金银花徐徐撒落一地。当时中国驻阿大使馆的大使、领事们光临祝贺，见到此景开玩笑说：“这金银花就像金银币飘落啊。”

可以同时容纳300人就餐，这家豪华餐馆给我们中国大陆人挣足了面子。我驻阿大使馆的重要宴请大都安排到这里，阿根廷许多国家领导人、各界名流和来阿考察团也经常慕名而来。日本人、韩国人不敢再轻易欺负我们了，当地的台胞对我们大陆同胞的创业精神也深表佩服。

在阿根廷打拼10年后，我又在国会旁边买下一座有一百年历史、面积1000多平方米的官邸。我投入巨额的资金，经过一年多的装修，把它改装成名为“唐人”的宾馆。二、三楼为客房，一楼出租给现在的执政党做他们的活动中心。阳光下、灯光中，唐人宾馆与旁边的国会大厦相映生辉，屹立在风中。

到目前为止，在阿根廷开宾馆的华人只有我和一位台胞。

从解救同胞到团结同胞

温州人有出门经商的传统，家乡的亲友经常请我帮助他们去阿根廷创业。我对他们说：“只要你们勤劳，不怕艰苦，都可以赚到钱。”几年来我帮助国内的邻里乡亲移民到阿根廷的已经达200多人，这200多人又携亲带友。在阿根廷的温州人团结互助、艰苦奋斗、吃苦耐劳，大家互相扶撑，基本上都是当老板，很少有人打工。“温州人”在阿根廷成为一个响亮的品牌，成为一个耀眼的群体。

1996年8月23日凌晨1点，一名姓陈的温州人失踪了。我即召集同乡赶到陈家，安慰他正在家待产的妻子不要惊吓，同时准备分头四处寻人。此时，陈的生意合伙人的手机响起，对方声称陈在他的手中，并索要5万美元的赎金。我与大家商议，决定此事不可私了，并马上向我驻阿大使馆汇报。在征得大使馆同意后，一方面向当地警方报案，一方面与绑匪周旋，确定接头地点，把赎金还到3万美元。第二天上午7点钟，警方出动便衣警察包围接头地点的各主要街道，并实行电讯监听。同时我拿出1万美元，其他同乡人凑足2万美元，按照警方要求将每张美钞复印，以便交换人质后查到绑匪。晚上7点左右，警方用通信设备查出绑匪来电的发话地点，将其当场捕获。根据绑匪交代，警方包围了另一绑匪看守人质的房子。直升机在二楼屋顶盘旋，警方一边在屋外和绑匪周旋，另一边几个警察从直升机的吊梯上挂下来，一人纵身跃入房内将绑匪制伏。最后在卫生间救出了手脚被捆、蒙住两眼封着嘴巴的陈先生。在他的身边是一个已经挖好的地坑。后据交代，这两个绑匪系台湾人。

温州人众志成城解救老乡、合力协助警方破获绑架案的事迹，轰动了阿根廷首都新闻界，也再度为温州人增添了荣耀。

为使在异国他乡创业的人有个团结乡亲、凝聚乡情的“家”，我开始积极筹备组建华侨社团。2001 年上半年，我们在中国驻阿根廷大使馆支持下，成立了“浙江华侨商会”，我被大家推举为商会会长。为做好商会工作，我把我的大部分精力抽出来放在商会工作上。

在商会成立短短的一年多时间里，商会的全体成员为维护侨胞利益、促进各侨社团结、为祖国家乡的经济文化交流，接待祖国来阿根廷考察的团组等方面做了大量工作。

在南美，台独势力很强，我刚去阿根廷的时候，经常有台湾台独分子在我驻阿大使馆前游行示威，还欺负我们大陆人。近年来我们大陆改革开放国家强大了，来阿根廷的大陆人也多起来了，力量也强大了，他们就没敢再放肆了。2001 年，阿根廷发生暴乱，暴乱中两岸同胞患难与共，团结协助，共渡难关，互相增进了感情，化解了许多隔阂。

我在阿根廷跟台湾人接触比较多，结交了好多台湾朋友，跟很多人还有“人情”来往。我想两岸人民同是华夏子孙，理应同心协力相互帮助。我到国内探亲投资时就把他们带到国内旅游，让他们看看祖国日新月异的建设与发展，并在生意上跟他们合作。我通过交朋友的方式，邀请他们在我的公司当顾问、在浙江商会当顾问，再通过这些顾问慢慢地做其他台胞的工作。就这样“一帮一”“一带一”，我积极串联旅阿台湾和大陆 13 个侨团领导人，共同发起成立了“阿根廷和平统一促进会”，为促进祖国的和平统一大业做了一些工作，受到我驻阿使馆领导的表彰。

危难之中两岸情

2001 年 12 月 19 日至 20 日，阿根廷爆发了政治经济危机和社会骚乱。这场灾难性的动乱使旅阿华侨、华人蒙受了巨大损失，至少有 500 家华侨、华人经营的超市被抢或被烧毁，银行的存款被冻结贬值，还有人惨遭暴徒毒打，不少同胞在抢劫商店的风潮中倾家荡产，陷于孤立无助欲哭无泪的境地。

危难之时，我们商会就是广大游子的娘家。一位住在布宜诺斯艾利斯郊外的同胞打电话来求助："张会长，我们这里的超市被人包围起来了，周边的情况都很危急，怎么办？"

我考虑到，这场灾难是阿根廷国内政治斗争的产物，并不是针对我们华人的，此时任何冲动和不周全都会引发民族间的纠纷。于是我把情况向我驻阿根廷大使馆汇报，并请示要求前往处理。我大使馆的领导立即派出一位女领事与我一同前往灾区。我们的汽车在高速公路上急速行驶，一路上不时可以听到恐怖的枪声，女领事急得直问："张先生，到底在哪里啊，怎么还没到？"此时两个来小时的路程在这位女领事的心里显然感觉很长很长，她忘记了自己的安危，恨不得马上赶到被围攻的同胞身边。

在被围攻的超市周围，我们的同胞筑起了堡垒，四面被劫匪们团团包围，那里已经变成了"战场"，双方在进行顽强的对抗。由于阿根廷可以自由购置武器，二三百美元可以买到手枪。此时枪声此起彼伏，情况十分危急，我想这样真刀真枪地对抗，后果将不堪设想。"要东西就送他们一些，但不要跟他们斗。"我和领事统一意见后，最后总算和平化解了这场可能造成流血事件的冲突。

这一整天里，我都陪同领事挨门逐户地去大陆和台湾同胞家里了解灾情，送去党和祖国对受灾受惊侨胞的关怀和慰问。有个被抢过的台胞刚开始不敢相信我们，我们在楼下通过对讲机向他们说明来意还是不相信，最后我报出了我的餐馆和宾馆的名字才得到他的信任。他说，他家被抢了好几次，已经倾家荡产。他握着我们的手，激动得热泪盈眶："大陆人、大使馆真好！"

那天我和领事一直到天黑才回来。当我回到家的时候，才知道自己的家也遭到了洗劫——位于总统府边上那家餐馆玻璃被砸、东西被抢，妻子在店里吓得直哭，说不出话来。侨民们知道后很感动：张先生为了侨民的事，家里都不管，自己的安全也不顾。事后大使馆领导多次来看望我："你胆子这么大，我们需要像你这样忠厚、办实事的侨领。"

我驻阿根廷大使馆对侨胞遭受的苦难给予了极大关怀。后来的两天，张沙鹰大使亲自赶往受害侨胞商店或家中慰问，并组织我们侨领部署自救。同时多次向阿根廷外交部和内政部进行交涉，要求阿方采取措施保护华侨华人的正当权益。暴乱平息后，我们党和国家也派出代表团，带来资金帮助鼓励我们重建家园。

根系故乡的风筝情结

漂泊在外多年，但对祖国、对家乡的感情却有增无减。这种对祖国的感情在国内是体会不到的。祖国的日益强大，使我们广大海外赤子感到无比自豪和骄傲。

谁不爱自己的家乡，谁不爱自己的亲人。我感觉自己就像风筝一样，飞得再远，但根总系在祖国系在故乡。祖国和家乡的一草一木都牵动我的心，1994 年，温州遭受台风洪水灾害，我立即赶到大使馆捐了 12000 美元，并动员其他侨胞为家乡人民重建家园捐资。家乡翻天覆地的变化也时时激荡着我的心，1995 年，我陪同一位巴西参议员来温州考察，与温州空调器厂签订了十几万美元的出口业务，并洽谈成功一项引江北优质山水为饮用水的投资项目。2003 年，我带阿根廷浙江华侨商会商务考察团一行 6 人回温州寻找投资项目，一心想在家乡的建设事业中一尽赤子之心，同时也为阿根廷浙江华侨商会会员们的事业开创另一片天地。

我的老家温州黎明乡黎二村，是个风光秀丽、生活富裕的地方，但它还跟温州大部分农村一样，旧村的环境仍没得以改造，卫生条件还是很差。靠国家拨款进行大规模改造还不现实，我琢磨着如何改善村民居住环境，于是向村两委提出了一个大胆建议：把农民现有的旧村、旧房子统一规划进行改造。首先由我投入一批启动资金帮助启动，再利用农民自己手头的钱进行建设。这样不用国家一分钱，也不占用耕田，提高了土地利用率。这个方案得到了全体村民的欢迎，也得到了有关领导的支持。现在这个旧村改造已经按方案投入建设，有关领导说："你为温州市农村的旧村改造提供了一个新的路子。"

有个朋友劝我："别人都在搞房地产开发，可以赚大钱，你搞旧村改造，吃力不讨好。"我想：这事虽然没有巨大的利润，但也没风险，主要的是可以为家乡父老办件实事，我何乐而不为呢！

（作者时任阿根廷浙江华侨商会会长）

林长孺　在欧洲传播中华文化

70 多年的人生，走过了不少的路，最难忘的是我在欧洲追寻传播中华文化梦的漫长道路。而这些经历得益于祖国的改革开放，得益于祖国的强大，得益于中华文化的源远流长。

20 世纪 90 年代初，我离开了从教 38 年且为之献出了全部青春的温州二中，和先生一起来到意大利与孩子们团聚，并定居了下来。虽然离开了讲台，但我的执鞭之情仍然难以割舍，始终未从教育情结中走出来。人在异国他乡，我心依然牵系故土，从未忘却中华文化，从而萌发了一个梦想，一个追寻传播中华文化的梦。

万事开头难

走出家门，进入侨界。国外的汉语教育状况，让我震惊无比，中文教育竟然还是一块未被开垦的处女地。全罗马，乃至全意大利，没有一块汉语教学基地，没有一所中文学校！

据了解，以往为摆脱华人被歧视的困境，不少老一辈华侨华人曾发誓要让孩子接受最好的欧式教育，成为真正的欧洲人，因而忽视了对下一代的中文教育。

对此，我时常在脑海里思考：华侨漂洋过海在世界各地，但他们的根却深深地扎在祖国的泥土里，要使华侨下一代把根留住，就要从热爱祖国，传承和弘扬中华文化做起，但这是一个相当艰巨的工程，任重而道远。每念及此，心中就会有一个强烈的愿望：很想用自己的热心去融化这个冰冷的角落，不管将来的道路是平坦还是泥泞，只要有热情，只要真诚去付出，光明就在前头。

这时，我巧遇一位雄心勃勃的好青年小张。他是位和我有同样梦想在沙漠里种花的人，也曾经梦想在罗马创办一所中文学校报效祖国。他说，他已开始行动，让我惊喜万分，两人道同且谋合，我们在极度的兴奋之后，下定决心抱着坚定的信念：办一所中文学校！去开启人生的新起点。

万事开头难。尤其在国外没有任何条件下办一所中文学校，那真是难，等待我们的是一条布满坎坷的征程，但我们怀着信念，默默地把郑燮的《石竹》记在工作日记上："咬定青山不放松，立根原在破岩中。千磨万击还坚劲，任尔东西南北风。"以此互勉。

首先我们遇到的是教室问题。我们曾经四处寻找，四处打听，一个偶然机会，遇到了一群台湾侨胞正在聚会。他们知道后，就热情地把他们的聚会点里一个不到 15 平方米的储藏室借给了我们。之后，意中协会也帮助我们借来了旧课桌椅。尽管教室里四面徒壁，冬天没有暖气，夏天没有风扇，但总算有了个教室，有了课桌椅，便是良好的开端啊。为此，我们兴奋了好几天。

办学是个系统工程，涉及的面很广，且困难重重，当困难和信念碰撞时，我们决定和衷共济，举重若轻，逐一解决。没有师资，就先由我一个人担当；没有经费来支付教学中的用具，如本子、粉笔、饮用水等费用，也是我们自己掏腰包；为了解决生源问题，我们就挨家挨户去说服动员。可是开学时，只来了两个学生，一个星期，两个星期过去了……我时时提心在口，但我们心中报国的激情未泯，互相鼓励：即使是傲霜凌雪也要等待。我们继续努力地工作着。

正值此时，中国的形势以惊世的速度发展，最根本的是国内改革开放取得的成果，如同胜利的喜报频频传来，大大鼓舞了广大华侨、华人，促使他们认识到自己和孩子的根在中国，感到自己的背后有一个强大的祖国。同时他们也明白子女将来的事业不仅和祖国有紧密的联系，也许可能回到祖国发展，而熟练掌握汉语将会成为一种优势。因而，他们终于走出了误区，坚定产生了送孩子去学中文的决心动因，从而有力地促了我们的招生进程。

当时罗马一信息杂志，将我作为封面人物介绍给广大华侨同胞，引起一时的轰动，报名者纷至沓来。学校的华侨学生急遽增加，其中 80% 的学生来自温州，多数由家长带来，难能可贵的有的孩子已经在做工了，也抽出时间业余来学中文。一些外国人也来报名，有位意大利父亲还带着子女共同来上课，让我感动不已。

还有 1997 年 1 月 27 日，中国驻意大利大使馆召开新闻发布会，我利用这难得的机会在会上发表了呼吁书，热切希望大使馆、华侨各界能伸出温暖之手，关心支持中文学校，改善办学条件，使罗马第一所中文学校成为传播中华文化、华侨子女学习祖国文化的“乐土”。而后，各方都助我们一臂之力，使学校多方面得到了进一步改善。

喜悦的泪水

随着学生的不断增加，狭小简陋的教室，已经无法满足办学的要求，因此有的学生只得站着上课。面对这种状况，我便按学生能到校的时间分班，一个班的学生未放学，另一个班的学生已在门口等待，我一个人从上午 9 点到下午 6 点，有时匆匆赶来迟到的学生，我还要为他个别辅导，接连上课，连中间啃个面包、上个厕所也难。再讲学生中原有的文化背景不同，文化程度、接受能力、年龄等均参差不齐，教师只有我一个人，于是我采用了中国旧式教学——复式教学（一个教师在同一节课中同时教两种教材），实验成功了。说实在的，这样一天下来我是腰酸背疼，声音嘶哑，饥肠辘辘，但我没有退缩，因我把学生放在心里，只觉得尝试以前没有做过的事是那么新鲜、那么令人激动、那么有意思，苦和累也就都被那喜悦的泪水洗刷掉了。

几年下来，中华文化教育在欧洲遍地开花，罗马几所中文学校相继开办，众人拾柴火焰高，由于众人勠力同心，各所中文学校都逐渐走向正规化。我担任一所罗马华文学校的名誉校长，2006 年浙江省政府组织海外 10 所华文学校校长（美、德、西、意、荷、巴等国）访问团到杭州访问，和国内 10 所小学校长共同探讨开展国外华文教育新途径，我担任团长，尽心尽力同与会者交流在国内外传播祖国文化的经验，群策群力，促使国内外 10 对学校联络结对成功，共同为祖国的文化传承做出了努力。

在国外办中文学校的历程，给了我生命的感动和人生享受。尤其是看到越来越多的学生喜爱汉语，中文水平迅速提高，我喜在心里。好多温州华侨子弟在报考英、美等国名牌大学时，在选择必试的语言类中，大多选汉语，成绩满分或接近满分的为数不少，这就提升了他们高考的总分，为进入名牌大学创造了有利的条件。

罗马的华侨子弟在学习汉语和暑假回国回温州参加寻根等活动中，接受了中华传统的文化道德修养、人文历史等教育，了解了祖国伟大，家乡可爱，激发了爱国热情，知道做个真正的中国人值得骄傲，懂得要为中国人服务，长大要为建设祖国作贡献。

温州华侨在意大利从事外贸的居多，子女们努力学好中文能在家业中独当一面，罗马南方贸易公司温州老板徐必龙之子徐恕，跟我学习汉语 5 年，他特别喜爱中国古典文学，从了解中国历史，接受中国传统文化精华和传承民族精神，以及尊老孝亲道德意识等的教育后，逐渐从一个不爱学习、任性的、不懂事理的华侨孩子，成长为优秀青年。如今，他继承父业，穿梭于中国和欧洲各国之间，在国内外多个城市服装连锁公司中施展才能，他掌握的中文和外文同样熟练，同样运用自如。

在意大利土生土长的温州华侨子弟小蒋，是位跟我学了 9 年汉语的学生，高中毕业后进入意大利名牌大学——路易斯大学仍醉心于进修汉语。毕业前夕，抽空去中国政法学院攻读中国法律，立志用熟练的汉语和多国的语言在法律领域为华侨华人服务。毕业时以中国法律为主题撰写的论文，得到了顶级的评价。那期，只有他一个人合格毕业，特别让我为他骄傲的是：学校为他一个人举行了毕业典礼。如今，他实现了自己的理想，成为意大利首席华人律师，前途无量。

温州华商新一代迅速成长，学会汉语又从国外的大学毕业回国就业的学生，有的在外企工作，有的在投资房地产、宾馆、酒店、超市、农场等领域中施展才能，都有了成就，都为祖国的发展奉献了一份爱和力。每次好消息传来都有我享受喜悦，快乐为之骄傲的时刻，也常让我为之流下喜悦的泪水。

收获一群洋弟子

我不仅向华侨孩子传播中华文化，从2000年开始，我多次应邀走进意大利学校，给外国学生介绍中国的历史，中国的发展，中国的美食……学生们听后表示惊奇又喜欢。每次下课时，都能听到“老师，希望你再来”的喊声，我心中热乎乎的。在我看来，这是宣传中华文化的好机会。其间，最大的收获是我每次都带我的华侨学生去担任现场翻译，让他们检验自己学过的中文水平，体验外国学生对中国的热情，为自己是个中国人而自豪。

在和一群洋学生的接触中，我们已成了朋友，他们说他们的很多朋友都喜欢中国，想去中国，还说学好中文，掌握汉语，就是掌握了和13亿人交流的工具，等于掌握了进入中国的钥匙。他们请求我任他们和朋友们的汉语老师，我就欣然答应。他们居住在离我家很远的山区，我每周三个晚上，乘车为他们免费教中文，由于我真诚为他们付出，得到了他们的信任，都愿意跟我学，并且十分努力，这样他们的中文水平提高得很快，如今有的已在意大利当起了家庭中文教师，许多洋学生到过中国，有的就留在中国工作，有当外教的，有从事中意贸易的，还有任意大利驻中国大使馆的工作人员的，有在中国电影中扮演角色的，甚至有在北京京剧票友比赛中获奖的。

为努力实现追寻传播中华文化的梦，我还在意大利两份华侨报刊上设立两个专栏:《林老师话廊》和《林老师谈心亭》，这是两个心灵交流的栏目，通过这两座无形的桥梁，不仅是广大侨胞和孩子学习汉语的另一途径，而且为中国家庭教育以及孩子们的成长提供了提高素质的养分，我为此常常利用到华侨家庭为孩子个别辅导的机会，去了解华侨家庭的需求及他们子女中存在的问题，做到有的放矢，并陆续在两个专栏上介绍华侨家长教育经验，成功家长的事迹。两个专栏是两座沟通心灵的桥梁，深受欢迎。在两报刊的主编主持下，报纸还设立专版，定期出刊我的学生中文作品，让华侨孩子用中文谈自己的生活、自己成长的故事、学习中文的收获、热爱祖国和家乡，热爱父母的体会，孩子们为此跃跃欲试乐不可支，练习中文写作的积极性普遍高涨，纷纷投稿，进益匪浅。

感恩祖国情

祖国飞速发展，全世界学习汉语已形成不可阻挡的潮流，给我实现传播中华文化的梦提供了广阔的天地，除了继续办好中文学校外，我心怀祖国，在我这心中永远不落的太阳的光辉照耀下，趁势继续大踏步往前走，走进社会，走进学校、家庭宣传中国，传扬中华文化。

1999 年国庆，中央电视台在全世界评选 10 位传播中华文化成绩突出的国内外观众，我有幸当选，我和先生应邀，和美、俄、韩、泰、巴、澳、意、菲等国 10 位国内外观众相聚北京，交流心得和经验，到国内各地游览。中央电视台特将我俩热心传播中华文化的真实故事，编成小话剧《祖国，为你干杯！》，在 CCTV-4 的《欢聚一堂》栏目向全世界播出。国内及世界好多国家的亲朋好友都为我高兴并热烈祝贺，特别是温州老乡都为全世界只有 10 位当选中有一位温州人而感到自豪。

2007 年意大利国家电视台导演马西蒙，拍摄《一个中国人在意大利》纪实电视片，主要记录教育、新闻、音乐工作者在意大利的生活情况。其中大部分以我传播中华文化、捍卫母语、乐于公益事业的足迹和家庭三代人幸福生活为主线，跟踪拍摄，拍成后，在罗马奥林匹克运动场举行首映式，大获成功。

一晃，几十年过去了，我带着炽热的中华情，在欧洲走过了一条条不平坦的道路，我走过的条条大路都通向祖国和家乡，都是为了实现传播中华文化的梦。

（作者为温州二中退休教师）

詹元武　民企老板随国家领导人出访

1999年，我调任中国国际贸易促进委员会温州市支会专职副会长；2005年12月，当选为温州市国际商会会长，直至2011年退休。这前后13年里，见证了众多温州民营企业家万般艰辛的创业史，与时俱进的创新史和走向世界的闯荡史。

在贸促会和国际商会这个工作系统里，我们最大的任务就是让各行各业的温州企业家及温州企业走出国门、走向全球，更多地了解和把握世界经济的脉动信息，更敏锐地捕捉国际市场的瞬息商机，更高层次地寻求国际合作共赢大舞台。而组织企业家跟随国家领导人出访参加高端经济商务活动，无疑是最让人心动的。但这在2000年前后听起来还似乎是天方夜谭的事儿。自2003年至2008年的六年里，我亲历了民企老板被推荐随胡锦涛、吴邦国、温家宝、贾庆林等国家领导人出访，前后共11趟119人次，足迹遍及五大洲18个国家。我是这些出访活动的组织者，也是参与者，从中我切切实实感受到了温州的民营经济在国家经济生活中的地位不断提升，民企老板在进军世界经济舞台和搏击经济全球化大潮中寻求自我跨越，他们是改革开放最前沿的温州腾飞的鲜活见证。

去北京开会　捡到一个大机会

2003 年 2 月，我被邀请列席在北京举行的中国贸促会国际联络工作年会，后来才知道，这个年会一般不安排地级市支会参加，这一次我是唯一特例。原因很简单，就是温州的民营企业外向度很高，在国际市场上表现特别活跃、特别富有成果，时任中国贸促会秘书长（现任副会长）的董松根先生对我说，贸促会总会领导对温州的民企走出去现象很赞赏很重视，希望能有更大的发挥。

在这次会议上，我发现当年 11 月份温家宝总理将出访埃塞俄比亚出席中非企业家合作大会。这个信息使我顿时兴奋起来，当时了解到随同领导人出访的民营企业家必须是个人素质高，企业有相当规模，产品档次是同业中的佼佼者。回到温州，我立即将这个情况向市政府和外经贸局领导作了汇报，推荐了奥康集团董事长王振滔和星际集团董事长陈时升等人出访。在埃塞俄比亚的大会之后，他们在途中就打电话给我，大发感慨：大开眼界，商机太多了！

王振滔回国后，常常逢人就讲那个真实的幽默故事：一下子会场来了 40 多位总统总理，每一位都要拉中国企业家去自家餐桌，就像我们温州一些乡镇的传统会市，挨家挨户都抢客人来吃饭，结果是答应这一位总统了，只好对另一位总统说不好意思没空了，太牛了！简直是牛气冲天！当然，这牛气不仅属于王振滔，也是温州民营企业家的荣耀！王振滔将他在出访期间的每天的日记交给了《温州商报》刊出，与全市人民分享这一份荣耀。

这次参会的温州籍民营企业家还有叶建华、叶茂西，他们都与温家宝总理合了影，回来后这些合影照都被放大了挂到企业大厅最醒目的位置。

这是我自己亲自参与促成的第一拨民营企业家参加高端访问，也因此而一发不可收，主动来申请报名参加高访的企业家之多超出了我们的预料。因此，提前向国家贸促总会争取更多的高访名额也成了我们支会每年工作中最重要的任务，而每一次出访中温州民营企业家队伍不仅人数特别多，而且都有出色的表现，常常受到总会领导和全国同行的赞扬。

随胡主席出访　还能同堂共宴

2005 年 9 月，胡锦涛主席出访美国、加拿大，中国经贸代表团 100 余人随行，温州团组共有 16 人，其中有 14 位民营企业家代表。从 9 月 9 日至 20 日共 15 天时间，他们先后在北美 8 个机场起降，走访了加拿大的温哥华、多伦多，美国的芝加哥、迈阿密、奥兰多及洛杉矶等城市，与当地的工商组织和企业家进行了广泛的交流与接触，参加了两场大型国事活动和五场商务交流洽谈会。可以说人人都有一份精彩的感受和体会。这是温州民营企业家历年来参加规格最高也是规模最大的一次出访活动，也是活动内容最丰富的一次。

这次出访的人员经过严格筛选，我们通过各县市区国际商会和各行业商协会的推荐，最后报总会审查批准，最终确定了 14 位在各行业中具有代表性的民营企业家，他们分别是：神力集团董事长郑胜涛、康奈集团董事长郑秀康、强强集团董事长黄聪弟、开元电气有限公司董事长李跃胜、红黄蓝集团有限公司董事长叶显东、特福隆集团有限公司总经理房保平、浙江星际实业股份有限公司董事长陈时升及助理徐一霓、浙江五马变速机械有限公司董事长吕锦弟、温州特灵轻工有限公司董事长李建江、温州冠盛汽车零部件有限公司董事长周家儒、温州市利普自控设备有限公司董事长李琯新、温州长江石油化学有限公司总经理丁长光、浙江福特黛梦妮服饰有限公司董事长程文明。由于本次高端访问的特殊性，我本人和我会会务联络部部长朱喆琳随团做后勤服务。这次随胡锦涛主席出访的还有时任国务委员唐家璇、外交部长李肇星、国家发展和改革委员会主任马凯、中央政策研究室主任王沪宁等诸多政要。这次随访的中国经贸代表团堪称豪华，包括了海尔集团、新希望集团等 70 多位中国企业“大腕”，这些人当中民营企业家占了一半，而温州民企老板又占了其中的三分之一，是所有城市中人数最多的，我们感到非常自豪。总会也因此给温州企业家单设了一个分团，郑胜涛任团长，在与胡锦涛主席合影时还被安排站在胡主席正后边的第一个位置。

9月10日晚上，代表团参加了加中贸易理事会与中国贸促会联合主办的“中加国际贸易合作论坛”，会议在多伦多会展中心举行。我们现场聆听了胡锦涛主席的精彩演讲，并与胡主席同堂共进晚宴，饭后合影留念。当晚7时35分左右，中加两国国歌在大厅内奏响。胡主席进入宴会厅时，与过道边的代表们一一握手，在经过强强集团董事长黄聪弟面前时，胡主席问：“你是哪里人？”黄聪弟回答：“我是温州人。”主席连声说：“好，好。”我至今还清晰地记得大家当时对胡主席演讲的评论：热情洋溢，稳重大气，充满震撼力，很有大国领导人的风范。

出访中温州企业家非常重视自身的文明形象和智慧形象，在“中加国际贸易合作论坛”自由提问时间里，温州冠盛汽车零部件有限公司董事长周家儒，就企业在“走出去，引进来”中所产生的困惑向中国贸促会万季飞会长提了问题，并希望向加拿大投资家们传递自己的意愿。

9月12日，我们参观了美国芝加哥商品交易所并与芝加哥世界商务协会的执行董事进行了亲密的交流。交流会上，神力集团董事长郑胜涛、康奈集团董事长郑秀康等人都发了言，希望通过这样的交流平台，能与有关行业建立商业联络，寻求合作伙伴。在中外企业家交流的现场，我们发现外商对中国的兴趣远远超过预料。在我国驻芝加哥总领事馆的大力支持与安排下，我们前往芝加哥SEARS TOWER参加由美国中西部中国协会主持的午餐会，由于前期时间准备短促，美国中西部中国协会原以为只能邀请到30位左右的美国企业家，却不料引起了外商们极大的兴趣，到最后来了70多位来自各行业的美国企业家，他们非常希望能与来芝加哥的中国企业家代表进行交流与接触。郑胜涛董事长代表温州的企业家，向与会的美国工商界人士介绍了温州的经济概况与温州民营企业的成长、发展路程，并表达了愿意与美国更多的企业进行合作、共同拓展合作领域的意向。美国前参议员阿德莱·史蒂文森作为美国中西部中国协会主席，向代表团表示了热烈的欢迎并做了现场演讲，表达了众多美国企业希望有更多途径、更好形式与中国企业进行交流与接触的愿望，希望中国企业也能通过这个平台，了解美国中西部是美国最具活力的地区之一，并表示美国中西部中国协会乐意帮助中国企业了解向美国中西部投资的机会和美国中西部企业向中国出口的巨大潜力。“想不到他们对中国人这么热情，想不到他们如此关注中国，想不到他们也正迫切寻求跟中国企业的合作。”

在跟北美工商界的接触中，温州企业家连连用“想不到”和“大开眼界”来评价这次出访活动，而其中的一些意外收获更令他们惊喜不已。在加中贸易理事会安排的晚宴上，代表团的成员按行业不同被精心分散到了各个酒席上。温州冠盛汽车零部件有限公司董事长周家儒介绍，跟他同桌的有 5 人来自加拿大最大的汽车零部件制造商，另外 4 人来自加拿大一家著名的橡胶制品厂。“在饭桌上，我发现对方（汽配商）正急切地寻找中国合作伙伴，于是双方一拍即合。对方决定 11 月份到温州考察，如果合适，他们就会注资冠盛，并将冠盛的产品纳入到他们的销售网络。”周家儒对这次意外颇为兴奋，后来的事实证明，这次访问让周家儒抓到了一个偌大的商机。

被天上馅饼“砸中”的还有星际实业股份有限公司董事长陈时升。星际生产的警用器材当时已经占国内市场 50% 的份额，但警用器材最高端技术却在美国。在美国奥兰多访问时，陈时升向国家贸促会驻美机构有关负责人谈及想进入美国市场的意向。该负责人马上帮他联络到了美国海军司令部已退休的副司令，该副司令仍在从事军事方面的社团活动。“我们交流得很好，副司令答应帮助我拓展美国市场，还答应帮我寻找技术力量雄厚的合作企业。”陈时升说。

温州的民营企业家们认为这次跟随胡主席出访，不仅开阔了视野，拓宽了业务渠道，加深了与美加工商企业界的相互了解与接触，而且对直接参与国际经贸活动所要求的个人素养和企业素质都有了新的认识，许多方面还需要加强和提高。可以这样说，随行出访的民营企业家们满载着喜悦和收获结束了行程，每个人都有各自的体会。冠盛汽车零部件有限公司当时已在美国有 3 家分公司，通过在芝加哥的商务活动，周家儒很快将第四家分支机构的目光落在了这个美国中西部的重要城市上，如今取得了丰硕的成果。

接上 APEC 气场　更加雄心勃勃

亚太经合组织（APEC）企业家高峰论坛，是全球最大的经济合作组织活动，我的一个夙愿就是组织温州企业家参加这个活动，这个机会终于在 2008 年 11 月来了。

亚太经合组织（APEC）第十六次领导人会议及企业家高峰论坛，11 月 19 日至 25 日在南美洲太平洋东岸的秘鲁首都利马举行。当时正被全球金融危机所困扰的中国、美国、加拿大、日本等 21 个 APEC 成员的领导人共聚秘鲁首都利马，承诺在未来一年不会以提升贸易壁垒作为对全球金融危机的回应，并通过《利马宣言》。国家主席胡锦涛参加 APEC 领导人会议的活动，除胡主席的讲演和动向令世界关注外，随其出访秘鲁的一支由 100 多位商界代表组成的“豪华商务团”同样也让全球瞩目——外媒报道说这是中国首次成为 APEC 会议上规模最大的代表团。在这支中国“豪华商务团”中，出现了 6 位温州代表：陈时升、倪君权、叶茂西、姜永忠、叶高培和我本人。

在我结束这次随访刚刚回到温州，还没从旅途劳累中恢复过来，《温州商报》的记者王木正就找上门来了，要采访随访参加 APEC 活动的见闻。我告诉他：APEC 会议的议程时间安排相当紧张，温州企业家用一天半的时间聆听了 6 位总统 5 位总理对来自亚太地区工商界的演讲以及五组全球工商界名流的现场专题对话，还有一天的时间与各国企业家进行开放式的沟通交流。我对前几天的活动场面还真是历历在目、鲜活如初：各国领导人的演讲风格各有风采，有的挥洒自如不拘细节，例如美国总统乔治·沃克·布什；有的沉稳深邃起伏有度，例如马来西亚总理阿杜拉·巴达维；有的锋芒毕露剑有所指，例如墨西哥总统费利佩·卡尔德龙·伊诺霍萨；有的以切身体会剖析市场风云，例如韩国总统李明博；他们的演讲内容有一个共同点，都在呼吁保持市场开放反对设置贸易保护壁垒，都表示政府要加强对金融业的监管和采取措施扩大内需，但对这场金融风暴的原因分析和当前经济危机的判断，却各有所述甚至大相径庭。APEC 会议的开放度很充分，企业家听众可以当场向演讲人提问，演讲人为了听得更清楚甚至走到台边来倾听。胡锦涛主席作演讲时，整个会场掌声阵阵。这一系列的演讲和对话，似乎是一扇国际高层的窗口，让我们在第一现场感受世界金融风暴经济危机中的各种矛盾冲突，对宏观层面的各国经济利益和交互发展趋势有更多的直感。

在我们这支队伍坐飞机直飞秘鲁利马的同时，温州国际商会秘书长朱喆琳带领的另一支温州企业家队伍一行 11 人随胡锦涛主席先行访问了哥斯达黎加、古巴等国。商务部和中国贸促会极力推动中国民营企业在哥斯达黎加投资置业，温州华格投资公司董事长陈乐盛看好哥斯达黎加首都圣何塞的中国工业园区项目，在胡锦涛主席访问期间这些个项目举行签字仪式，请胡主席和哥国总统做见证嘉宾，当面带稚气的陈乐盛上台签字时，胡主席就用好奇的眼光打量这个有点像中学生的中国老板，陈乐盛签完字胡主席就微笑着握住他的手问：几岁啦？哪里人？陈乐盛腼腆地回答：“25 岁，温州人。”陈乐盛 13 岁去美国求学 23 岁回国创业，当时已经被选为温州市国际商会副会长，是一位货真价实的投资商，此后每当陈乐盛或同行的温商说起这事总少不了调侃取乐一番。

很显然，跟随国家领导人出访，企业家个人及企业整体的形象明显提升了。更重要的是，能接触到以往很难有机会接触交流的政府高层人士及当地企业巨头。所有的企业都离不开经济全球化的大背景，任何国际上的变化都可能影响企业的生存发展环境，小企业也不例外，所以企业要关注宏观上的事情，如国际金融、国际经贸、国际政治等等。企业参与高层出访的商务活动，就是从理念到行动积极主动融入全球化的一个具体表现。

（作者时任中国国际贸易促进委员会温州支会副会长）

储呈平　**鑫缘丝绸：沿“海安之路”走向世界**

作为当家人，回顾地处海安县的鑫缘茧丝绸集团股份有限公司发展的历史，我感慨最深的就是：企业的快速发展，得益于对外开放的政策与“种养加出”海安发展之路的高度契合。1984 年南通成为 14 个沿海开放城市之一，随后不久，海安也列入开放区域，这为企业走向国际市场打开了大门。而“海安之路”的探索，创造了海安县桑园面积、产茧数量连续 32 年江苏第一的辉煌业绩，成为鑫缘集团事业发展的基石。

1994 年，由 34 家茧丝绸法人企业和 24 家成员企业共同发起组建的江苏海安茧丝绸集团股份有限公司（鑫缘集团的前身）成立，借助对外开放的“窗口效应”，公司发展步入了快车道。

21 世纪初，企业再次改制，正式更名为鑫缘茧丝绸集团股份有限公司。而今，鑫缘集团已发展成为国内专业从事桑蚕良种繁育、蚕茧收购加工、桑蚕生丝、捻线丝、绢丝、丝绸面料、服装服饰、丝绸家纺产品、桑蚕生物制品的生产加工，以及丝绸产品国际国内贸易和科研开发于一身的大型现代化企业集团。

1984 年，与南通对外开放同时期，海安县被列为江苏省综合改革试点县。此后，海安县抓住开放和改革的机遇，赋予农民生产经营更多的灵活性，全县以“种养加出”为内核，大力发展农村商品生产，进一步拓宽“海安之路”。1985 年后，全县先后投资兴办一批缫丝厂、丝织厂、钩针衣加工企业等一条龙生产，成为苏中茧丝绸出口基地。但当时的海安县丝绸公司没有自营出口权，产品靠江苏省丝绸公司等省级公司进行出口，产品、价格、市场均受制市场。

当时我们一年出口额只有20万美元，只赚了几万元人民币，而一位客户还对我说，这点出口还是看他的面子做的，要不然还不会做这个单子。“得了便宜还卖乖，但没实力就没话语权啊。”

在相当长的时间里，鑫缘从家蚕良种繁育、栽桑养蚕、蚕茧收烘、缫丝、绢纺乃至织绸，耗时耗力、千辛万苦制造出来的产品却怎么吆喝也卖不出个好价钱，而人家一张只值几分钱的商标标签就能让同样的产品价格翻上数倍，乃至数十倍。意大利一条爱玛诗丝巾售价高达3500元，而生产的原料来自中国，丝绸的利润都被人家赚去了。在市场竞争中，我们品味出替别人做嫁衣的别样滋味。国内丝绸行业还没有一个真正叫得响的品牌，在国际市场竞争的舞台上，中国品牌依然没有话语权。

正是这种强烈的品牌落差，深深刺痛了我们整个团队，我们下决心打出鑫缘品牌，扬中国人志气！从2003年起，鑫缘与国内有茧丝绸研究专长的苏州大学结成产学研合作关系，建立丝绸产品研发中心，全面提升产品品位。同时，实行自主创新，大规模招引人才，一批国内茧丝绸界享有声望的权威人士均被鑫缘招至麾下，为之所用。逐步打通了鑫缘产品通向欧盟、日本、韩国等国家的销售通道；叩开了东南亚市场的大门。

同时，鑫缘将“质量就是效益，质量就是竞争力”的理念贯穿于生产经营全过程，把质量、环境、测量、知识产权、安全标准化、物价等管理体系进行有效导入和整合，全面贯彻落实到日常生产经营管理的各个环节，产品生产的全过程严格执行国际、国家、行业、用户以及企业五大标准，追求产品高品质、零缺陷，不断完善质量追溯制度和绩效质量考评机制，保障产品质量指标达到一流水平。先进科技与时尚元素的有机融合，使产品发生了脱胎换骨的巨变，“鑫缘”成为丝绸精品的代名词。

2004 年，鑫缘提出争创“中国名牌”，当年真丝绸问鼎“中国名牌产品”，次年，桑蚕生丝又捧获“中国名牌产品”，一家丝绸企业连摘两个“中国名牌”，创下了中国茧丝绸行业第一和唯一的纪录。2007 年，蚕丝被又荣获“中国名牌产品”和“中国驰名商标”。那一年，鑫缘收获了一连串沉甸甸的荣誉，多年的付出终于喜结硕果。“鑫缘”牌蚕丝被、蚕丝毯、真丝家纺产品、真丝服装、丝绸面料等五类产品相继被认定为“国家免检产品”，跻身“江苏省重点培育和保护的出品名牌”，创造了中国丝绸行业的品牌奇迹。企业从此驰入了发展的快车道。

随着国际化市场战略的实施，鑫缘在 11 个国家和地区注册了 24 个防御性商标，构筑了一个严密的知识产权保护网。鑫缘系列真丝产品行销日韩、欧美和东南亚等地区，出口量居国内同行业前列，其中由鑫缘率先推出的蚕丝被，如今生产规模和市场占有率全球第一。鑫缘以卓著的信誉和超凡的影响力赢得了世界茧丝绸市场越来越多的话语权和定价权。现已有 39 家国际丝绸客商与鑫缘建立了长期的业务合作关系，每年外贸出口额均稳定在 8000 万美元，创造了生丝出口连续六年全国同行第一，中国纺织服装行业主营业务收入 100 强，出口 100 强，中国丝绸行业十强企业。

（作者时任鑫缘茧丝绸集团股份有限公司董事长、总经理）

段祺华　回国开设私人合伙制律师事务所

与姑父的“闲聊”与美国教授的“玩笑”

1988 年春末的一个雨天，我在位于上海乌鲁木齐路的美国总领事馆幸运地拿到了去美国的 F—1 留学签证。当时，那位黑人女领事望着我的眼睛，说了一句她每天大概要重复几十遍的话：“希望你三年以后完成学业，能够兑现你的诺言，回到中国。”

“是的，三年以后，我一定回来！”我用英语答道，目光却故意避开她的眼睛。我知道自己没有说实话。在那个年代，每个离开中国的学生，都把去美国看成命运之神赐给自己的一张单程机票，谁会想到回来？说老实话，我那时并不想回中国，这也是当时大多数留学生的真实想法。

然而，19 年后的今天回想起来，当初的回答却深深刻入我的潜意识中，后来我做出的一连串旁人看来不可理喻的决定，大概都与这句话有关。

三年以后，也就是 1991 年，我回到了中国。当时是作为美国最大的农业公司辛普劳的代理律师到北京谈判建立一个合资企业，为全球最大的连锁餐饮集团麦当劳准备在中国设立的餐厅供应薯条。那年，距离震动世界的 1989 年春夏之交政治风波仅一年多，大量先期进入中国的外国资本正不断撤出中国市场，而身为全球 500 强企业之一的麦当劳公司——连锁餐厅业的巨头，却要在中国北京的心脏地带——天安门广场边上的王府井闹市区路口，开一家当时全球面积最大的麦当劳餐厅。麦当劳对中国市场的进军带来的不仅是令中国快餐业自叹弗如的汉堡包，还有一流的配货中心，在它旗下排列着全球供应商的队伍。生产冷冻薯条的辛普劳就在其中。

作为代理辛普劳在中国投资的律师，我在 1991 年 5 月到 1992 年 5 月期间，先后五次回国，每次都在北京的王府饭店住上几个星期。

从寻找合作伙伴开始，经过合资谈判，再到起草合资企业合同、章程及其他各项文件，整整一年的辛勤耕耘终于换来了中国第一个高科技冷冻薯条加工企业的诞生。

“感谢你的帮助，为我们的土豆扎根中国市场，干杯！”合资企业开业的庆祝酒会上，辛普劳总裁向我祝酒。我也要感谢辛普劳，让我有机会回到祖国，看到许多无法回国的中国留学生看不到的东西。在为辛普劳的合资企业奔忙期间，我虽已看到了中国市场的巨大潜力，并断定外资撤出中国的下跌行情已经探底，随着新一轮改革开放的到来，市场形势会迅速反弹。但是当时我并不明白这是历史赋予中国留学生的一次创业机会。如果不是几个星期后在台北姑母家与姑父有了下面一段闲聊，我恐怕不会在 1992 年 7 月下定回国的决心。

“你有没有想过回大陆做事业？”

“有啊，但现在回去的留学生都是公派的，一般都回老单位，不是在大学教书就是去科研机构干活，听说全是老体制、老人事关系，白白留学一场。”

“回老地方当然不行。是否可以另起炉灶，自己创一番事业呢？从台湾留学生的经验来看，当初留在美国的人笑回台湾的人，而现在他们又大吃后悔药，回台湾的留学生创下的业绩远远超过那些留在美国的人。从法律界看，理律法律事务所已成老大，里面的律师大半是从国外回来的。”

姑父的话打动了我。事实上，早在一年多前，我就在美国华盛顿大学法学院写过一篇论文，题目是《论在中国开办私人合伙律师事务所的可能性》。美国教授给了一个 3.2 分（相当于 70 分），并且开玩笑说：如果我办得成这样的律师事务所，他会补个满分给我，并把中国法教授的位置让出来。我决定搏一次，因为我感到姑父的话应该是经验之谈。回中国创业或许是留学生证明自己价值的最佳选择。

从“一片反对”到美国总统“发来贺信”

出乎我的意料，从上海回到西雅图把回国创业的想法一透露，却招致一片反对声。

1983 年我从上海华东政法学院毕业后，于 1988 年自费赴美国华盛顿法学院留学。1990 年荣获该学院硕士学位。同年受聘于美国西雅图“威廉克斯诺及布斯吉法律事务所”法律顾问，兼任美国西北国际贸易有限公司的副总裁。职务好、年薪高，有好车、有好楼，这不正是一些留学生追求的“目标”吗？

然而，一种爱国痴情和信念，使我毅然决定回国开办私人合伙律师事务所。回国前夕，我在大街上遇见了中学的一位同学。听说我要回到中国去发展时，这位同学大吃一惊。我说：“我当初出来的时候就打算回去的。”我的同学连珠炮式地反问：“干吗？报效国家？你是共产党员？是民族英雄？是爱国志士？本世纪都快要结束了，怎么还有你这样的古董？”

“爱国没有什么好嘲笑的吧？”“你怎么这么传统！”“爱国这个传统没什么不好！”“我只是对你回国表示担心，因为中国目前还是个法制不健全的国家。”“中国法制不健全，那我们学法的就更应该回去，使中国的法制健全起来。我要回去爱国当然是一个因素，可还因为我看好中国，相信在国内能有更好的发展。”两个老同学的对话，好似法庭上的一场辩论，以我为胜诉。

1992 年下半年里，我奔波于中美之间，从国家教委、人事部、司法部，一直到上海的各相关部门层层拜访，所得到的开办私人合伙律师事务所的答复却都是一个字：No。当时的上海，虽说鼓励留学生来工作，并与之配套了留学生来上海工作申报户口的办法，但口子并未全部敞开。

更早些时候，零星的归国留学生欲到上海开创一番事业时，上海方面甚至规定，当地的优惠政策只有上海籍的留学生才享受得到。

我想不通："国家不是欢迎留学生回国工作，回国兴办企业吗？"得到的答复是："文件上只规定欢迎留学生回国办企业，可办律师事务所没有规定。要做律师，须到国内的律师事务所。"我有点急了，问："政策不能放宽吗？"对此却没有答复。

当时的律师按规定都是"国家法律工作者"，律师事务所只能是"国办"的或集体合作的。

但我坚信我在《论在中国开办私人合伙律师事务所的可能性》中分析得到的结论，在中国开办私人合伙律师事务所是改革开放的必需，是中国经济和国际接轨的必需。其实道理也很简单。外商要投资，要和中国做生意，在发生法律纠纷时，你怎么能指望外商相信一个身份是"国家干部"，薪水由国家支付的律师来代表他们的利益呢？中国要走向世界，就一定会有开办私人合伙制律师事务所的那一天。

我自己也记不得到底打了多少报告，游说了多少人。半年后，一位领导在一份政府文件上批示："可以开这个口子。"1992 年，全国第一个留学生创业园在上海创立。次年，上海市政府出台了鼓励留学生回国办企业的文件。其中明文规定，注册资金只要不低于 1 万美元，出国留学人员便可来上海办企业。1992 年 11 月，段和段律师事务所获得国家教委、司法部、上海司法局和上海人事部门的特别批准。

1993 年初，我辞去了美国律师行年薪达 8 万美元的工作，带着妻子和老母，拖着一双年幼的女儿，回到了这片生我养我的国土。

1993 年 4 月 8 日，以我为核心的"段和段律师事务所"在上海锦沧文华大酒店宴会厅举行挂牌仪式，100 多位贵宾出席了开幕式。美国总统克林顿发来贺信：

“亲爱的查理一段先生，非常感谢您告知我贵事务所开业的喜讯，在此祝愿事务所万事顺利。”落款处是克林顿总统的亲笔签名。

打赢了官司，律师事务所走上成功之路

我的律师事务所开业，成为中国改革开放的一个信号，引起国内外媒体的极大兴趣。

1997 年初，我国颁布了新的《律师法》，进一步明确规定私人可以开办“合伙的律师事务所”。这表明，中国的司法制度向前迈进了一大步。

1993 年刚开业的时候，有关部门虽然同意我们办留学生投资的律师事务所，但也给我们提了三条基本原则，要求我们遵守：

1. 作为回国办所的留学生，不要代理刑事案件。

2. 由于我和妻子周琪出国前都是律师，希望我们与国内同行搞好关系，不要再去抢以前的客户。

3. 邓小平同志在南方谈话中要求胆子再大一点，步子再快一点。希望我们能结合自身特点，把当时国内律师甚少涉足的涉外业务领域开拓出来。

我之所以到今天还记得这三条原则，因为当时我们是真的被这三个“紧箍咒”逼得几乎无路可走了。虽然我们段和段的主要律师都在国外留过学，有国外（境外）工作经验，但要开拓涉外业务谈何容易。那时段和段刚成立，国际上的大客户对我们不理不睬，国内的老客户又不能碰，情形很窘迫。一年下来，只有支出没有收入，亏损严重。

到 1994 年中旬，当初我带回来的 10 万美元（当时合 57 万元人民币），已全部亏光。我们当时真有点撑不下去了。不少人开始打退堂鼓，我也开始考虑是否要回西雅图，那里空气清新、环境优美，生活质量远胜上海，中国的这段经历就当作是一笔昂贵的学费吧！

但是，当时的段和段已不再是我们几个创业者自己的段和段了。留学生服务

中心的一位朋友对我说，因为我是国家教委赴美邀请留学生回国创业巡回团访问美国之后，第一个回国创办全国第一家留学生企业（律师事务所）的吃螃蟹者，段和段的成功与否已不是我一个人的梦想，退回美国也已不是我一个人能够决定。段和段事实上已经成为中国留学生回国创业的一面旗帜、一个典型、一个榜样。

“当然，政府是没有拿出一分钱来支撑你，但是上海市政府发给你的《出国留学人员短期回国工作身份证》的号码是 00011 号，实际上没有 10 号以前的号码，你就是 Number One。这是你最大的财富，回国创业的第一人不成功，谁成功？”他的话说得很实在。

于是我最后对他说，我决定不回去了。我是一个理想主义者，做事讲求完美，段和段虽已成立，但支撑不下去不是完美，我不能向命运低头。加上当时又有那么多留学生看着我这个先行者，我一定不能让他们对在中国创业失去信心，国家的强大需要有更多人才归来，我决定继续在中国试试运气。果然时来运转。1993 年 9 月初，我的律师事务所挫败群雄，一举中标，承接了美国劳工部委托的一宗案件，使得美国政府有史以来第一次成为中国律师事务所的客户。美国塞班岛有家公司，对 3000 多名中国劳工强行超时工作，克扣工资（每天工作 10 小时以上，每小时不到 2 美元）。美国劳工部以违反劳工法状告该公司，经法院判决，该公司需赔偿中国劳工 1200 万美元，成为中国劳工史上金额最大的一起赔偿案。

我的事务所每周工作 7 天，每天工作 16 小时，终于将多数回国，分散于广东、福建、海南各地偏远山区的 3000 多份劳工的血汗钱分别送到他们手里。美国劳工部对发放全程进行监督，对这么迅速找到所有当事人并全部发放赔偿金，认为实属不可思议！因此，“段和段律师事务所”被列为世界 1000 家国际性律师事务所之一。

1995 年，“段和段”又漂亮地为上海玩具公司打赢了一场拖了 8 年之久已经成为铁案的索赔案。该案发生在 20 世纪 80 年代初，当时上海玩具公司受托生产美国帝国玩具公司的塑料玩具弹弓，产品在美国销售后，产生了几起弹弓伤人事件。1986 年，美国帝国玩具公司在美国联邦加州地方法院起诉上海玩具公司，要求中方赔偿。由于当时国内律师事务所不熟悉美国法律，又因无法出国办案，以致应答对策有误。1989 年 10 月，美国当地法院做出缺席判决，要求上海玩具公司赔偿 138 万美元，以后又加上利息赔偿 200 多万美元。我接手此案后，用了将近一年时间，为客户制定了上百页的有理有利的诉状，列出了七大抗辩理由，终于打赢了这场官司，为国家挽回了 200 万美元的损失，国内已将此案作为著名案例写进司法教科书。

1996 年，段和段律师事务所还承办了上海开埠以来最大的一起越洋官司。美国 H 公司为抵赖对中国抽纱进出口公司 200 万美元欠款，恶人先告状，反告中国抽纱进出口公司侵犯 H 公司的版权，索赔 1.35 亿美元！此案错综复杂，险象环生。我配合中方的当事人，历时 7 个月，反复与美方当事人和律师较量，终于使美国法庭做出有利于中方的判决，使 H 公司无条件地撤诉，并归还了 200 万美元的欠款。这次跨国诉讼，伸张了正义，讨回了公道，大长了国人志气。

一连几个涉外案子办理获胜，段和段不仅活了下来，而且越活越好。“紧箍咒”成了巨大动力，先后办过数百起重大的、有影响的涉外案件，段和段在涉外业务领域享有很好的声誉。

在我们客户名单中，已有多家世界 500 强跨国企业。

作为一个回国创业者，我的目标已基本实现。2000 年段和段在全国 9000 多家律师事务所中脱颖而出，被评为司法部“部级文明律师事务所”，并在所有 29 家部级文明所中，综合评分获得第一名。

最后，我想回答一个许多人问了我许多次的问题：在我回国创业期间，哪个案件办得最精彩？我现在可以告诉大家那是我在瑞士洛桑代理的中国游泳运动员兴奋剂案。在这个案子中，我花的心血最多，自认为最精彩，却也是我败得最冤的一次。不是我们在哪一点上没有尽到责任，而是国际上至今仍有那么些人，非常歧视中国和中国人。

为此，我必须继续前行，身为中国人，要为中国做点事。

（作者时任上海段和段律师事务所合伙人　党文俊 / 整理）

郭方准　出国留学是为了报效祖国

2008年春，我获得了日本年度科技领域最高奖——文部科学大臣奖，从而使我在海外的学术和社会地位达到了巅峰。就在这一年，我辞去了日本同步辐射光科学研究中心（SPring-8）终身研究员的职位，回到了祖国。

回国后，我创立了以超高真空科研装备为核心业务的大连齐维科技发展有限公司，至2013年底，公司已经拥有20余项国家专利，效益连续六年保持40%的增长。拥有自主知识产权的高端装备已经大量供应中国科学院、中国工程物理研究院、清华、北大等大专院校，广泛应用于基础科研、国防和航空航天等尖端科技领域。齐维科技的高端产品不仅填补了国内空白，也实现了对欧美和日本等十余个国家的出口。我成立了中科院大连化学物理研究所知识创新课题组并担任组长，和中科院首席科学家丁洪研究员共同承担上海光源超高分辨宽能段光电子分析实验站这一国家重大科研装备项目，获得国家财政部8100万元资金支持。2009年，我以工程技术组第一名的成绩入选中科院“百人计划”，2010年入选第三批国家“千人计划”，并获得国家特聘专家荣誉。

心之牵引，国运相连，祖国的蓬勃发展和对人才的尊重为海归人才提供了前所未有的平台，个人的价值也得到了最大限度的发挥。我体会到，要想实现理想，就必须回到祖国。

以科技兴国为己任，实现高端科研装备“中国创造”

回国之前我就了解到，我国每年投入的大量科研经费中，有70%以上被用来购买国外的科研装备。高端科研装备过度依赖进口，不仅浪费了大量的国家资金，也使我国很难拥有原创性成果。齐维科技以科研装备的研发生产为核心业务，正是国家急需的高端装备制造产业。

齐维科技设计制作的超高真空分子束外延装置，将薄膜生长速度控制在一个原子层的精度，用于新材料开发特别是量子阱和量子点的生长；制作集成了我国首台角分辨光电子能谱系统，用于高温超导材料的发现和机理解析；设计制作了脉冲激光分子束外延沉积设备，可以获得热力学理论上准稳定状态组成和构造的人工新材料；设计制作的大型单粒子效应辐照靶室，用于我国航空航天领域电子器件承受太空宇宙线的模拟以及核废料的非核化处理。

2013年，齐维科技已经承担的代表性国家重大项目有月壤带电分析和铯原子钟装置。月壤带电分析是我国登月工程的一个重要环节，将研究月壤颗粒在电场、磁场以及紫外线光照下的反应，为宇航员登月提供重要数据。铯原子钟将用激光捕捉铯原子，铯原子团吸收一定频率的电磁波后进入激发态；分析从激发态回落到稳定态的铯原子荧光强度和电磁波的对应关系，可获得标准时间。这种方式确定的标准时间，1500万年时差小于一秒，将为我国的国防、航天和其他各行业建设作出特殊的贡献。

将科研成果迅速转化成实用产品是齐维科技突出的强项。创业之初，如何快速有效地拓展市场是企业成败的关键。齐维科技从小处着手，大处着眼，通过高科技赋予产品同业无法复制的高性能，从而迅速实现了产品市场的切入。我选定超高真空装备中的消耗部件——无氧铜密封垫圈，将其做深做透。经过几年的努力，这种具有独创性的特殊密封垫圈，已经占领了国内90%以上的市场，不仅完全取代了进口，还实现了向多个国家的出口；不仅实现了高端科研装备的“中国制造”，也实现了向“中国创造”的有效跨越。

“留学”是年少时求知的渴望，“报国”却是血液里从未停息的激荡

大连是我父母土生土长的故乡。20 世纪 60 年代，他们上山下乡到桓仁县一个偏远的农村插队落户。1970 年我出生在桓仁，在仰望父亲的满腹诗文，怜惜母亲的克勤克俭中，度过了晨起而作，日暮围炉的温馨童年。想起乡亲们满腿泥巴，田埂插秧的场景，至今都觉得无比亲切，溯溪摸鱼的童趣依然是一生怎么都无法忘却的快乐。那时物质的匮乏让年幼的心灵凭生了很多对知识的渴望，爱国意识和“永远争第一”的自觉，在如醉如痴、反复阅读家里仅有的几本书——《岳飞传》《三国演义》《水浒传》的侠肝义胆和刀光剑影中不断地升华。

1989 年我考入大连理工大学，由于各方面表现出色，入学不久就被作为大学生模范选调到大连大学，其间以连续四年第一名的成绩顺利完成学业。1993 年我放弃了已经考取的大连理工大学硕士研究生资格，选择自费到日本留学。当我怀揣 100 美元登上轮船驶向日本的那一刻，这条陌生的求学之路就注定写满了拼搏！初到日本，作为一名自费的学生，半工半读的求学路上付出了太多的艰辛。留学最初的三年时间，我送过报纸，也做过工厂的零部件装配工，每天打三份工，只能睡三四个小时。但是年轻时什么都缺，就是不缺精力。我争分夺秒地学习和工作，因为我知道成功没有捷径，只能来自勤苦的历练。

初到大阪市立大学读博士时，学校设置了晚 10 点的门限，也就是晚 10 点前所有的教职员工和学生必须离开实验楼。为了能争取更多的实验时间，我每天都在 10 点前将实验室的门反锁熄灯，等巡检人员检查完毕后继续做实验，凌晨再从二楼楼梯的窗户跳下去回家。我的指导老师对我的实验进展总是感到很吃惊，半年后他终于知道了这个秘密，非常感动。经过导师的呼吁，学校最终取消了门

限，从此改为使用门卡，允许学生 24 小时自由出入。

自 1996 年起，我连续四年获得日本政府国费奖学金，2000 年获得日本大阪市立大学理学博士学位，之后进入日本奈良先端科学技术大学进行博士后研究工作，参与并成功研制了世界上第一台立体原子显微镜；2002 年我成为日本同步辐射光科学研究中心的首位中国籍终身研究员；2003 年我战胜了 500 名来自世界各国的 35 岁以下青年科学家对手，获得第七届国际纳米科技大会青年科学家奖，那一年我 33 岁；2008 年，我的一系列原创性科研成果得到了日本政府和学术界的高度评价，获得年度科技领域最高奖——文部科学大臣奖。虽然这些经历都已成过往，但却是我人生旅程中的碑记。

1999 年 5 月，以美国为首的北约悍然轰炸了我驻南斯拉夫大使馆。我不顾老师的反对，第一时间呼吁全日本的中国留学生到美国驻大阪总领馆游行抗议，那时我是西日本中国留学生会主席。大阪警察局长严厉地对我说：“‘二战’以来还没有人敢在美国驻日使馆前游行示威，你作为游行抗议活动的总指挥将会被遣送回国，你还敢签字组织这次活动吗？”我毫不犹豫地在抗议示威总负责人一栏签下了自己的名字。我对来自四面八方的各学校留学生会负责人说：“人总有一死，如果我是战士，在冲锋号吹响的那一刻，就应该抱着牺牲的决心冲锋，祖国的主权遭到侵犯，如果我们无动于衷的话，那么民族哪里还有希望？”当上千名留学生抗议结束时，维持秩序的日本警察列队向我敬礼，那一刻我深深地体会到，爱国才能得到尊敬。

博士毕业后，我受中国驻日总领馆的委托，发起成立了西日本新华侨华人联合会并担任首席副会长。虽然在日本的生活非常稳定，科研条件十分优越，但回国创业的念头却越来越强烈。

在 2008 年获得日本文部科学大臣奖后不久，我就向科学中心递交了辞呈，下决心回国。没想到递交辞呈以后，面临的压力却出乎预料。科学中心的理事长首先劝我加入日本国籍，并说三天就能批复。当我回绝后，理事长严厉地对我说：

“你回国是不可能了，因为将在相关科学领域给日本造成巨大威胁。”在这种严峻的情况下，我致电中国驻大阪总领事馆寻求帮助，总领事亲自出面与科学中心交涉，并要求科学中心对我的人身安全负责。经多方交涉，我终于得以自由回国。

要让自己的智慧和财富承载更多的爱国使命和社会责任

没有祖国的强大，就没有每个中国人的幸福。为了能将自己多年积累的科研成果和知识技能毫无保留地传承下去，2012 年我离开了中科院大连化物所，选择了大连交通大学，任先端装备技术研究所所长，博士生导师。我希望用自己的言传身教来培养千千万万的年轻人，让他们成为民族复兴的脊梁。2012 年，我出版了《实用真空技术》一书，推动了我国在真空技术和科研装备领域的知识普及和发展。

作为无党派代表人士，我积极参与各项社会活动，努力为祖国的繁荣和发展助力。2011 年我获得国务院侨办重点支持的高端人才荣誉；2012 年获得辽宁省“攀登学者”荣誉；2013 年当选辽宁省党外知识分子联谊会副会长、大连市政协常委和大连市侨联副主席，获得辽宁省“优秀专家”称号。作为中组部的特聘专家和中央统战部信息联络员，几年来我积极建言献策。涉及科技、民生、国防和外交等多项建言得到中共中央政治局的关注和采纳。2012 年我获得中国侨联授予的建言献策特等奖，2013 年获得中央统战部授予“优秀信息联络员”和全国侨界先进个人荣誉。

风雨兼程一路走来，科研、创业、教书育人，参政议政，强烈的责任感和使命感让我感到无比充实。

回国创新创业以来，我已经习惯了素衣薄棉、一饭一菜的简朴生活，从没有取一杯清茶冲泡淡香的悠闲情调，也没有捧半杯咖啡与家人对饮的闲暇时光，常常在一日千里的路途劳顿中，一个烤地瓜，一碗素面便是丰盛的晚餐。

2013 年出差兰州，我在“天下黄河第一桥”上凝望着滔滔奔流的母亲河，有感而发：“黄河千载向东流，不恋王朝与春秋；铁桥百世为民卧，谁为砥柱立中游？”在我的办公室里，有一块“真空不空”的牌匾，这四个字不仅体现了齐维科技所从事真空领域的物理特征，也体现了我为人处世的风格。掌声和鲜花都是身外之物，当一个人达到较高的学术和人生境界时，反而要归结于淳朴。相信我的经历也是每一位和我一样执着的海归精英最真实的写照。

留学报国，是我一生最坚定的选择！

（作者时任大连齐维科技发展有限公司董事长）

崔卫东　圣彼得堡天涯若比邻

圣彼得堡，一个耳熟能详的名字，俄罗斯第二大城市，该国重要的水陆空交通枢纽，位于波罗的海芬兰湾东端的涅瓦河三角洲，是俄罗斯通往欧洲的“窗口”。这座孕育了二月革命和十月革命的“英雄之城”，依然让人们感受着俄罗斯的民族精神和历史财富；这座曾经一度作为俄国首都的“北方之都”，依旧让人们体会到人类历史的韵味和久长。

2008 年 8 月 9 日，作为圣彼得堡市的友好使者，玛特维延科市长上午乘专机抵达青岛，对青岛进行了短暂访问。作为我市一名站在前沿的外事工作者，我参与了对这位女市长的接待工作。在因俄罗斯与邻国突发冲突需提前回国的情况下，这位曾任俄罗斯副总理的女市长以坚持访青的诚心，彰显了圣彼得堡与青岛相隔遥远却心手相连的姐妹情谊。在抵达青岛后，玛特维延科市长没有因长途飞行而休息，刚刚抵达香格里拉大饭店，就直接前往会见厅，与山东省委常委、青岛市委书记阎启俊及青岛市市长夏耕会面，这种不是老朋友却胜似老朋友的情谊让中方深受感动。阎启俊书记热情欢迎玛特维延科市长一行来访，他愉快地回顾了 2007 年 7 月率青岛市友好代表团对圣彼得堡进行访问时的情景，强调青岛与圣彼得堡互补性很强，双方合作前景广阔，青岛愿与圣彼得堡市加强多领域合作交流，促进两市互利共赢和共同繁荣。玛特维延科市长说，在青岛与圣彼得堡正式签署结好协议后，在各方面的共同努力下，两市的友好关系取得了可喜而积极的进展。圣彼得堡市愿意在金融、物流、人文、教育、旅游等领域进一步深化与青岛的交流与合作。会见结束后，阎启俊书记、夏耕市长和玛特维延科市长共同出席了《青岛市人民政府与圣彼得堡市政府关于深化友城合作和经贸合作的备忘录》暨《海信集团—圣彼得堡市战略合作备忘录》签字仪式。双方在互设代表处、推动经贸务实合作、加强人文领域交流、深化友城间交往、商定中国“俄语年”和俄罗斯“汉语年”相关活动等方面达成了共识。

玛特维延科市长还参观了奥帆中心及海信燕岛国际公寓，出席了圣彼得堡大厦奠基仪式，并作了热情洋溢的致辞。这进一步深化了代表团一行对青岛奥帆赛周到高效的筹备工作及安全有序的赛事组织工作的认识，也增强了与海信集团在智能化高档社区方面合作的信心。

玛特维延科市长此次成功访青，两市友城及经贸合作备忘录的顺利签署，圣彼得堡大厦圆满奠基，都是两市结好一周年后结出的丰硕成果。饮水思源，这让我们不禁回忆起青岛与圣彼得堡友城结好的发展历史，深深地感谢那些曾经为之付出辛勤努力的各界人士。

2005 年 3 月 18 日，圣彼得堡市外委会对青岛市进行了考察访问，开启了两市交往合作的大门；2005 年 11 月 8 日，青岛市外办与正在保定访问的圣彼得堡市代表团进行特别会面，进一步增强了双方互信，推动了两市结好事宜；2007 年 7 月 16 日，阎启俊书记与圣彼得堡市第一副市长罗博克共同在缔结友好城市协议书上签字，圣彼得堡市成为与青岛市分居欧亚大陆板块、隔山跨海的第 17 个友好城市；2007 年 12 月，圣彼得堡市编辑出版《圣彼得堡—青岛手拉手》青岛宣传画册俄文版，夏耕市长与圣彼得堡市长玛特维延科女士为画册题词，这是第一次由外国政府编辑出版外文版的青岛市宣传画册；2008 年 5 月 20 日至 23 日，青岛市委常委、常务副市长王书坚率团访问圣彼得堡，双方签署会谈备忘录。

玛特维延科市长短短 5 个小时的访问，时间虽短，却让我们清晰地感觉到青岛与圣彼得堡的友谊之光定会更加璀璨，也让我们真切地感受到在亚欧大陆东西呼应的青岛与圣彼得堡对增进互信共赢、加强务实合作的热切期望。在登上专机离开青岛的前一刻，玛特维延科市长告诉我们："青岛太美了，青岛人民太好了……明年我一定还来。"

也许，圣彼得堡对于我们来说或多或少还是有些陌生和神秘，然而，当玛特维延科市长身着一袭中国红踏上青岛这片土地时，圣彼得堡人民的热情友好和渴望发展友谊的款款诚心，已经随着她的眼神笑容和举手投足传递给了青岛人民；当两市在各方面的交流合作展现出实质性进展时，两市资源共享、优势互补、互利共赢的广阔发展空间与崭新未来已毋庸置疑。圣彼得堡并不遥远，美丽神秘面纱的背后等待着我们去进一步了解、认识和品味。

我们相信，时间必将见证青岛与圣彼得堡情深意重的友城情谊，岁月必将铭刻青岛与圣彼得堡交流合作的累累硕果。

（作者时任青岛市政府外事办公室主任）

宋怡明　**哈佛教授中国梦**

儿时偶然来到中国，改变了我的一生

我出生在加拿大多伦多市。很小的时候，母亲给过我一本儿童读物，里面讲的是一只小鸭子在长江游泳的故事，萌极了！时隔多年我依然清楚记得其中的段落，那是中国留给我的初始印象。

我第一次真正走进中国是在 20 世纪 80 年代初。我父亲是一位大学教授，他在华中工学院（华中科技大学的前身）任教。

我 13 岁那年的暑假，恰逢父亲去武汉讲学，我们全家就都去武汉探望他。也是从那个时候起，我对中国产生了很大兴趣，所以回多伦多之后就开始学习中文。高中毕业后我不想继续读大学，决定花一年的时间去旅行，那时候我才 16 岁，这在当时人看来还是很不寻常的。当时，我向世界各地写了五六百封英文信寻求工作机会，有三个国家给了我回复：肯尼亚、印度和中国。最后我选择了中国，随父亲的脚步来到华中工学院，教了一学期英文。回头来看，这一选择改变了我的人生。

那时候大多数中国老百姓每月的工资收入才几十元人民币，可是作为外国专家，我每月有250元，相当于副校长的工资水平。学期结束后，尽管学校一再挽留，可我还是决定辞去工作，由武汉出发去了云南，再到新疆喀什、乌鲁木齐，西藏拉萨，最后到了北京。当时中国刚刚对外开放不久，经济没有现在这么发达，交通也不是很便利，但是中国社会治安状况良好，人民善良，外国人在中国旅行是非常安全的。我个人的安全感也非常高。并且因为我来自加拿大——白求恩大夫的故乡，因此所到之处大家对我都甚为慷慨，在中国各地旅行我经常会遇到吃饭时店家不收我钱的情况。很多时候，只要我一提到“白求恩”，手中的美食就成了他们的免费赠送，这让我记忆犹新。就这样，我一路搭着便车，跑了中国很多地方，对中国的兴趣也越来越浓。

大学同学有大山

旅行结束后，我进入多伦多大学学习，主修国际关系，选修中文课程，其实我对中文的兴趣甚至超过了国际关系。那时候大山（当年他还不叫大山，大山是他后来的中文名字）也在学习中文，所以我们成了同学。

大学毕业后，我们都申请到了奖学金。我申请的是国际扶轮社的奖学金，当时台湾的扶轮社影响比较大，发放的奖学金也比较多，所以我就选择去了台湾读书，而大山则去了北京，我们自此走上不同的人生道路。大山的中文很棒，表演的艺术领域也宽，所以他在中国做得很成功，甚至家喻户晓，很多中国观众喜欢他。以至于现在一回加拿大说起大山就有人打我的趣：“你当哈佛教授有什么了不起，瞧瞧人家大山。”

我去台湾读硕士时，一开始读哲学专业，不久之后我发现我感兴趣的不是哲学问题而是历史问题，于是我就转到历史方向。现在我觉得这个转变是对的，因为不管是过去还是现在，我感兴趣的问题都是与历史有关的问题，或者说我的思维方式让我觉得通过史学的方法能够回答我想研究的问题。

重返大陆梦圆，钟情田间地头

在台湾读书期间，我申请到了罗德奖学金（罗德奖学金被称为全球最难申请的奖学金之一，有“本科生诺贝尔奖”之称，获奖者被称为“罗德学者”。2015年，罗德奖学金首次面对中国大陆开放——采访者注），于是得以去英国牛津大学继续攻读博士。在牛津大学读博士期间，我的导师科大卫教授引导我接触到“历史人类学派”（华南学派），并鼓励我再次回到中国大陆，投入田野调查。那时已经是20世纪90年代初，中国正在经历大规模的城市化，民间历史记忆复苏，华南学派在中国兴起，这一学派在方法论上注重田野调查。华南学派的前辈们曾经说过：“历史不能都在图书馆读，中国的民间也有很多历史，一直在图书馆读书是不能真正弄明白中国老百姓的思想精神的。”所以我去了中国乡村进行田野调查。

来中国后，我注意到中国乡村的家族社会这一特征，于是开始思考中国家族社会的成因，并把它作为我博士论文的选题。我挑选的地点是福建螺洲，之所以选择这个地方是因为我博一时读了陈宝琛（末代皇帝溥仪的太傅）的族谱。我对他的族谱非常感兴趣，听闻陈宝琛的小儿子在旧金山，于是致信给他。他收到我的信后很高兴，就推荐他的家乡螺洲作为我田野调查的地点，并把我引荐给当地家族。

这样，我就到了福建螺洲的一个小村庄，那里的村民没有见过外国人，他们也不知道如何接待和安排我，本来想安排我住在祠堂，又怕招待不周，思前想后最后把我安排在村民家中寄宿。那户村民是夫妻两人带着三个孩子，再加上我一共六口人，可是家里只有两张床。条件是很艰苦，但那几个月的时间对我一生的影响都很大。在进行田野调查的过程中，我越来越觉得这个领域很有意思，虽然当时中国已经开始步入现代社会，但许多老百姓的思想、行为、道德还是保留了历史的影子，中国传统文化在他们身上多多少少得以保留，这让我感觉非常特别。

在加强合作中进一步了解中国和世界

2005年，我转入哈佛大学执教，教授中国历史，后来又被任命为费正清中国研究中心主任。近些年来，费正清中国研究中心的学者们专门举办了“中国面临的关键问题”系列学术讲座，针对中国社会快速发展过程中遇到的困难和问题展开研讨。这些直面中国现实问题的研讨并非要否定中国的改革开放政策，也不是为了批评中国，而是我们认为，从历史发展的角度来看，人类社会加速发展中不可避免会出现一些带有共性的问题，这在快速发展的诸多国家都是客观的存在。我们作为关注中国的学者，希望能为中国更好地解决这些问题而贡献知识、经验。

关于接下来将要开展的工作，我想：第一，哈佛大学很多学者有多年对中国的研究经验，因此我们想在公共知识领域多作贡献，加强公共沟通。第二，发展数字人文科学。我们需要做的事就是提高我们哈佛学者、甚至是中国学者对人文数据库的利用率。目前哈佛关于中国研究的数字项目有“中国地理信息系统”（CGIS）、“中国历代人物传记资料库”（CBDB）等，可以说在利用大数据方面我们已经处于领先地位，但是我们还需要继续努力。第三，我们认识到中国已经不是一个单独的国家，它和全世界都有紧密的联系，所以我们要做一个“世界上的中国”研究项目，这个项目主要包括三方面内容：一是研究中国与非洲，二是研究中国与印度，三是我们希望对在美华侨也进行研究。换句话说，我们今后要将眼光从中国本身扩展开，不仅要了解中国，还要了解中国与世界的联系。

事实上，为了促进哈佛与中国高校、政府、企业、机构等的交流，哈佛大学于2010年在上海成立了哈佛上海研究中心，可是目前这一机构还没有充分发挥作用，所以我打算利用好哈佛上海研究中心，为费正清中国研究中心与中国的媒体、机构、企业以及学者合作、交流等创造更加开放的平台和交流基地。

老外眼中的“中国梦”

经过改革开放，中国经济总量已经位居世界第二，中国崛起是世界史上独一无二的大事件。我最早去中国的时候，正值改革开放初期，有一点令我印象深刻，那就是当时能真切感受到一种莫名的兴奋空气在四处弥漫。“文革”结束了，尽管接下来会发生什么没人能说得出来，但是人们心里很清楚，变化即将来临。

事实上，中国改革开放40年来所发生的变化是完全不可想象的，让我从80年代的视角去看现在的中国简直是不可思议。中国的发展速度完全超出了我的预期，中国老百姓无论是从收入、生活、社会自由度等方面来说都有了非常大的进步，我认为这是中国人很值得骄傲的成就，也让世界各国都为之钦佩。

当然，高速发展是把双刃剑，会带来诸如两极分化、环境污染等问题。此外，到现在为止中国仍然是一个发展中国家，这是现实。在新一届中国政府领导人民追求国家富强、人民幸福的“中国梦”道路上，需要处理的问题很多，我非常能理解他们当前所面临的挑战和压力。

无论如何，我对中国未来发展持非常乐观的态度，中国未来稳定健康发展对很多国家都是有利的事情。尽管有些从事中国研究的美国学者对中国未来发展有非常消极的预期，比如说“中国威胁论”“中国崩溃论”等，但事实上，我认为中国经济既不会崩溃也根本不会给世界造成威胁，无论是从中国历史、中国文化，还是从中国现实来判断，都可以得出这样的结论。

总而言之，中国的改革开放走的是一条对的路，将来仍然需要不断开放、不断推进改革、不断解决中国社会发展过程中面临的难题，这样才能跨越“中等收入陷阱”，保持经济持续健康发展，并为自己构建良好的国际环境。另外，我认为中国未来的发展，既需要借鉴世界先进科技与文化，同时更应着眼于自己的历史文化，增强文化自觉和文化自信。

（作者为美国哈佛大学东亚语言文明系中国历史学教授　张梅 / 采访整理）

[美] 苏珊·帕特里琦　美国人眼中的变与不变

初访烟台

我永远不会忘记我的第一次烟台之行，那一年是 1991 年。当时中国煤炭经济学院（今山东工商学院）邀请我们的一个教师团队，对一批中学英语教师进行为期四周的培训。我是教师团队的一员。我非常高兴能得到这次机会访问中国。

我们团队首先从洛杉矶飞到香港。当我们快要飞抵香港的时候，我们的飞行员说："朋友们，我们落地的时候你们要注意看窗外。你们将永远不会忘记这景象！"

他是对的！当我们穿越云层要降落在老香港机场时，我们居然飞进摩天大楼之间城市的心脏。建筑物明亮的灯光倒映在海港的水面上，真是令人惊叹的景象！

后来我们乘另一个航班飞往青岛，航程中我们边看下面的梯田边连声惊叹。从青岛，我们要坐大巴到烟台。路上经过许多村庄，可以看到农民在地里干活。我们在一个铁路道口停了一段时间，看着一列蒸汽火车驶过。最后，我们终于到达了我们的目的地——中国煤炭经济学院。

我们住在煤炭经济学院靠近海边的招待所。晚饭我们吃的是鱼饺子，喝的是热水。晚饭后，我们沿着海滩散步。我很惊讶地看到附近村庄的渔民把海藻摊开在沙滩上晒干。那天晚上，我第一次在蚊帐中入睡。

第二天，由于天气炎热，为了让下午的微风吹进屋里，招待所所有的窗户都被打开了。突然，微风变成了大风，大风又变成了狂风。事实上，风刮得太猛，窗户开始被吹得猛地合上。我们都能听到玻璃碎裂的声音。我们赶紧跳起来，帮助前台工作人员以最快的速度关上所有窗户。紧接着，大雨倾盆，下了好几个小时。

我永远不会忘记雨小了以后的声音。我们听到无数青蛙从夜里一直叫到清晨。蛙声如此响亮，让人难以入睡。

第二天我们搬出招待所住进了公寓。公寓结构简单，地板和墙都是混凝土的。我的公寓没有热水，所以不得不习惯于用凉水洗澡。屋里有一张床、一张桌子和一把椅子，没有风扇。但如果晚上把窗打开，总会吹进清凉的海风。

有一件事让我很吃惊，那就是当时校园里不分昼夜进行大量建设施工。每当我向窗外看去，总是看到工人站在新建设项目的横梁上忙碌。

校园本身很大，周围是田野和果园。我们步行前往邻近的烟台大学，得走一条穿过高高的茅草丛的狭窄小路。我们到达烟大校园北门时，发现在一个小邮局旁边有一个小商店。大门外，农民在叫卖一堆堆的西瓜。我们想买些西瓜，但发现我们用的钱不对。1991 年，外国人使用的是外汇兑换券，并且只能在市中心的友谊商店使用。中国人使用的是一种与我们不同的货币。

我们走进烟台大学校园后，发现了一个卖教学用品和杂货的商店。在两个校园周围再没有其他商店或餐厅了。

我们注意到有许多人在经过烟台大学和煤炭学院的主干道上骑自行车，但很少看到小轿车。我们被告知骑自行车很危险，而且我们不应该自己去市区。他们说，他们会很乐意用面包车带我们去我们想去的地方，并且会总是很乐意陪着我们并担任我们的翻译。

我们在公寓里安顿下来之后，见到了我们的学生。我们发现，他们是来自山东省许多不同城市和村庄的中学英语教师。他们告诉我们，我们是他们见到的第一批外国人。而我们告诉他们，这是我们第一次来中国。

最初几天，我们在沟通上有问题。他们听不懂我们说的，我们也听不懂他们说的。他们抱怨说，我们教他们的书面练习太容易，而口语又太难。

随着时间一天天过去，我们的沟通也有所改善。我们学会了放慢讲话速度，并且更注意我们的用词。他们学会了更有信心地说英语，并且对尝试不同的教学方法更有兴趣了。

在我们为期四周的课程的后期，随着我们逐渐理解和欣赏彼此的国家和文化，我们也建立了亲密的友谊。回到美国后，我意识到我想再次回中国，并在那里待更长一段时间。

烟台，最初那几年

我再次回到烟台是在 1993 年，这一次已不再是短暂的访问。我决定报名成为烟台大学中文系的一名学生，因为我想更多地了解中国的语言和文化。

我所住的 1 号楼，是校园里最老的建筑之一。我住在五楼，所以可以很清楚地看到北门。当第一次从公寓窗口向外看的时候，我注意到校园周边区域跟我两年前访问时相比已经发生了变化。北门的街对面建了一家新饭店，而且邮局前面有一个卖新鲜农产品的农贸市场。

在冬季，我们可选择的水果和蔬菜并不是很多。大多数农民都在卖白菜。另外，总有一辆平板货车，车上橘子堆成了小山。在春天和夏天，农贸市场就变大了。我们能买到许多不同的水果和蔬菜，还有热气腾腾的面条和饺子。

那年冬天，我发现大部分建筑物都没有暖气，我们不得不穿上一层又一层的衣服保暖。我在烟台大学的第一年，大多数公寓、教室、商店、餐馆和出租车都没有暖气。到了夏天，我们就会遇到相反的问题，没有空调。所以我总是拿着一把扇子，让自己凉快些。

作为学生，尤其我开始学习一些基本的汉语之后，我有更多的自由独自游览这座城市。我坐公交车去市里买东西，但是有时候要等很长时间才能离开学校的站点。那时，公交车司机并不严格遵守发车时刻表，他们通常会等车上坐满乘客才出发去市里。

在烟台最初的那几年，不管我走到哪里，似乎总是吸引别人的注意，因为当时在烟台的外国人很少。我去邮局的时候，人们会聚集到我身边，看我邮寄什么；我去照相馆拿照片的时候，陌生人会凑过来，这样就可以看到我全部的照片。人们盯着我，对我的一举一动都特别好奇。当我用中文跟他们打招呼时，他们通常会特别友善，总是很愿意帮我的忙。

1995 年元旦，澳大利亚籍英语教师约翰·勃德与他任教的中国煤炭经济学院的学生一起玩起了掰手腕的游戏。特懂入乡随俗的约翰·勃德 1993 年 1 月来到烟台。他说："我在烟台有很多朋友，我非常喜欢这里的学生。"（李晓飞摄）

随着时间的流逝，我和我的中文老师以及他们的家人朋友成了好朋友。他们看出我第一学期比较孤单，特意做很多事情让我感到自己受欢迎。他们邀请我去家里吃饭，还一起过节。我从他们那里学到了很多。甚至到今天，即使有些人已经不住在烟台了，他们还是我最亲近的朋友。

在烟台大学教书

1995 年，经过两年语言学习之后，我在烟台大学申请了一个教学职位。第一年我教各种各样的课程，有四年级高级写作、一年级口语、一年级阅读、二年级法律系学生英语、三年级美国文化以及自考学生高级写作。这些学生的英语水平给我留下了深刻的印象。他们英语说写能力远比 1991 年夏天我教过的老师们水平高。

学生们很渴望学习。他们利用每一个机会，参加英语讲座、英语角以及英语演讲比赛。他们喜欢借英语书。他们回家过寒、暑假的时候，会借走我几乎所有的英语书和录像带。

他们也很渴望看英语电影。每星期我们都会在影音室为大一新生们举办一次电影之夜。教室总是塞满了人。电影没有字幕，这样学生们就要很努力地去理解影片中的对话。

在大学里最初那些日子，教室里没有电脑或多媒体设备，老师们需要带上很多教学资料到教室。我们会带上海报、图片和书本到教室。也会带录音机，这样就可以教同学们唱英语歌了。

在 1995 年，大四的学生并不重视考研，因为对于英语专业的学生来说，毕业后找工作很容易。这样他们就有了更多的时间参加英语竞赛，组织节日和毕业前的聚会。

大四学生关注最多的是写毕业论文。在有互联网之前，找论文材料很难；他们借了我很多关于文学的书。他们需要用手写论文，因此书写很重要。

我们夏天办了一个英语口语班。那时，大多数上我们课的学生是成年人或大学生。我们主要教想提高自己口语水平的商人和老师。他们很多人想出国学习，不过那时取得签证非常困难。

今日烟大

回想过去，相比第一次来烟台，这里发生了很大变化。

首先，1998 年一个全新的机场取代了老机场；几乎所有的蒸汽机车都已经停用。小渔村搬走了，烟台大学附近的沙滩成了一处很受欢迎的游泳和休闲场所。

宾馆房间里不再需要蚊帐，大学周围的公寓又大又宽敞，空调、热水一应俱全。事实上，绝大多数商店、餐馆和出租车都是冬天有供暖、夏天有空调。

校园周围的很多果园和草地都已经被高耸的公寓楼和大型商场取代。附近有几十家很好的饭店，能做出世界各地的美食。在一个大型农贸市场，全年都可以买到各种水果和蔬菜。货币外汇券系统已经于 1994 年被淘汰。

近些年来，私家车数量大幅增多。为了应对不断增加的交通压力，道路被拓宽，并新设人行道。学生可以从南校区乘公交车到北校区。其实，有许多公交车从烟台大学通往烟台各处以及其他城市，它们有固定的时刻表，而且价格很便宜。

对儿童、青少年和年轻人的英语教育有了提高。孩子们从小学就开始学习英语，很多孩子上中学时英语就能达到很高的水平。目前，我们夏天的英语口语培训班中大部分学生是中学生。

大学英语专业的学生口语清晰流利。他们与外国客人交流自如，因为他们有很多机会与以英语为母语的人练习口语。现在，许多高中生和大学生出国继续深造，他们能在国外入学考试中表现良好并获得奖学金。

由于技术和互联网的发展，大学生现在可以获取很多英语资源。大部分学生有 MP4 播放器、电脑和智能电话，并且在宿舍就可以上网。他们在演讲中使用 PPT，知道如何打印出看起来很专业的文件和简历。他们在课堂上或通过 MP4 播放器、电脑和其他设备观看有字幕的电影，所以词汇量很大，能更好地理解当代英语。

近几年来，大部分四年级学生都在为研究生考试做准备。他们看到继续深造的作用，想尽可能达到最高的受教育水平。大学生们努力在很多不同的学习领域取得资质，他们愿意为取得计算机技术、技术翻译和旅游等科目的证书进行额外的学习。

未变之烟台

多年过去，烟台有一个方面却从未改变，那就是令人惊叹的烟台人！

教中学生和大学生还是一件乐事。年轻人继续努力工作和学习，来完成他们的目标和梦想。他们有实力在国内、国际大赛中与最优秀的选手进行竞争。烟台的学生是这个城市最宝贵的资源。

同时，烟台人的热情仍然触动着我的心。多年来，我与学生、邻居、同事和市领导结下了长久的友谊。这个强大的支持体系让我选择了烟台作为第二故乡，并鼓舞我邀请其他人来这座城市。在过去的23年里，我很荣幸地邀请到数以百计的外国人来大学做讲座，为老师和学生开办夏季英语培训班，在当地学校从事为期一年的教学工作，为大学和医院提供专业培训等。

烟台的未来会是怎样的？如果继续重视教育质最、基础设施建设和企业发展，重视与国际合作伙伴交流意见，我相信烟台仍然会是山东省最具活力和发展的城市之一。

就我自己而言，烟台满足了我儿时冒险和尝新的梦想。它是一座充满挑战的城市，丰富了我的生命的城市。我非常荣幸在2001年成为烟台市荣誉市民，2003年被山东省人民政府授予“齐鲁友谊奖”。

没有任何一件事比成为中美两国交流和友谊的桥梁更让我感到满足的了。

（作者为美籍教师、烟台市荣誉市民）

[日]小林百太郎　我们也是中国改革开放的受益者

改革开放以来，中国真是发生了翻天覆地的变化。如今中国已经是世界第二大经济体，国民的生活水平有了大幅度提高。我们公司是1992年4月在秦皇岛开发区注册的，这么多年中国的变化、秦皇岛的变化我是实实在在地感觉着，我们公司也在一天天发展着，可以讲没有改革开放就没有中国的今天，没有秦皇岛的今天，也就没有我们公司的今天。

1992年春天，作为中国最早的14个沿海开放城市之一，由秦皇岛和开发区的领导组成的招商团来到大阪。当时我的儿时朋友、已经在秦皇岛开发区投资建厂的阪口先生劝我到秦皇岛来投资。我为市和开发区领导的真诚感动，也为朋友先行一步的经验所启发，3月作了第一次考察，4月就决定在秦皇岛开发区投资建厂。当时投资额秦皇岛的审批权限为3000万美元，我们投了2442万美元，作为独资企业当时在中国河北省是最大的。

20多年来，我和一个普通的中国人一样经历着、感受着、见证着中国秦皇岛的改革、发展、变化。仅以投资环境为例，投资环境作为经济发展的重要条件，20多年的变化可以说是翻天覆地的。比如作为硬环境的道路交通的变化，20多年前我们来秦皇岛，从北京下飞机坐汽车要六七个小时。那时还没有高速公路，北京到秦皇岛的火车也慢，秦皇岛的马路也窄。当时日本已经有了新干线高速铁路、高速公路，东京到大阪600公里也用不了三个小时，相当于秦皇岛到石家庄，可从秦皇岛到石家庄那时要12个小时。对此我们深感不便。但我对中国有信心，知道这会变化的，道路的建设是经济发展的必要条件。果然几年后北京到秦皇岛、到沈阳的高速公路通车了。现在秦皇岛也有飞机场了，到国内几个大城市也便利了。秦皇岛的马路也宽了，道路也多了，城市也大了，越发展越美了。

作为经济发展重要条件的电力供应也有很大的发展。20年前我们建厂时电力供应匮乏。我们公司是用电大户，虽说开发区可以提供三通一平的投资环境，但较大的电力用户还是保证不了电力供应。没办法，我们只得自己另外投资从白塔岭供电所建一专线。生产有时还要停电。当然这也是发展中的问题、暂时的问题，现在可以说电力供应不是问题。

通讯网络也一样,20年前也非常不发达。有时国际电话效果不好，只能用传真，互联网刚起步，和本社的联络非常不方便，相对于当时发达国家也确实影响效率。

但这些没有动摇我对秦皇岛的投资热情。我们是家族企业，考察秦皇岛时我先后把两个儿子带到秦皇岛。从建设工厂到管理工厂，我把当时才30多岁的刚刚结婚不久的二儿子派到了秦皇岛，而且连儿媳妇一起派过来，所以当时开发区的领导也非常感动。后来我的两个孙子也都在秦皇岛出生的，我的大孙子叫秦太郎。

当然更重要的是我们公司的发展。20多年来我们公司的发展可以说蒸蒸日上。20多年我们经历了发展的三个阶段。

从1992年4月企业注册、9月开始建厂、1993年10月投产到2000年是我公司生产单一轴承座的阶段。此时期公司主要是为本社提供轴承座产品，对本社来讲实际是半成品。我们这样决策主要考虑是对中国的投资环境需要一个适应阶段，另外也有一个对工人的培养阶段。应该说这个阶段是顺利的，因此这几年我们的发展是平稳的，为此我们也增强了下一阶段发展的信心。

所以从2001年开始，我们陆续把本社生产的轴承生产线搬到秦皇岛来。这阶段对我们本社来讲是大部分最终完成“0”的转移，对本社和秦皇岛公司都是考验，因为轴承制品的研磨工艺还是有高技术含量的，对管理者、对工人都有比轴承座生产更高的要求。一直到2012年，我们几乎年年都有轴承生产线搬迁，至今本社轴承生产线的80%已经搬到秦皇岛，也就意味着本社80%的完成品都在秦皇岛公司生产，80%的产品可以从秦皇岛直接出口到全世界的各个地方。虽然在2008年经历了世界性的经济危机，但我们和中国的企业一样挺过来了，而且2008年以后我们秦皇岛公司生产销售年年增长，一年比一年好，这就为我们最终完成全部产能的转移奠定了坚实的基础。

进入2013年，我们本社面临着未来发展的战略决策，有两个因素我们必须考虑：一是中国工人的工资成本越来越高，2012年秦皇岛公司的工人工资不含保险已达人均5.05万元/年；2013年人均达5.16万元/年。显然东南亚的一些国家的工人成本要低。二是国际环境也有很大变化，日元贬值也增加了本社的成本。但最后我还是决定在秦皇岛继续更大的创业，我叫二次创业。现在我已经80多岁了，我有这个信心。我们也刚好赶上开发区对老区的规划变更，这也为我们公司搬迁扩建提供了好的机会。因此，进入2013年，我们也进入了发展的第三个阶段：老厂搬迁扩建，建设新厂区。我们新厂区的建设规划是：新投资总额达三亿元人民币，加上原有的资产将达五亿多人民币；占地达150多亩，比老厂区扩大50%；建筑面积达66400平方米，几乎是原来老厂的一倍；生产规模可达轴承完成品800万套，能力增加一倍以上；届时产值可达五亿元人民币，可年纳税3000万以上；最终我们将把日本本社的全部生产能力搬迁到秦皇岛，作为唯一的海外生产基地。我们的产品是带座轴承，由于我们和世界最大的轴承生产商铁姆肯公司合作，2015年新厂投产后，我们将是世界第一带座轴承生产商。2013年8月新的工厂已经开工，2014年末就要陆续搬迁，2015年新的工厂正式投产。正如中国轴承工业协会秘书长在新厂奠基典礼上所讲：我们期待着世界第一的带座轴承生产企业在中国早日建成，期待着恩彼碧公司为中国轴承行业做出更大的贡献。

我们有这个信心，因为我们对中国有信心，对秦皇岛有信心，对我们的未来有信心。

（作者时任秦皇岛恩彼碧轴承有限公司总经理）

[日] 小堀龙夫　我是在开发区工作 25 年的荣誉市民

1928 年，我出生在日本神奈川县——横滨，那里土地富饶，东面是东京湾，西面是闻名的富士山，风光美丽。20 世纪 40 年代，我从日本同志社大学机械工学专业毕业后被分配到日本著名企业石川岛重工任职。1979 年，我作为日方技术员被派往中国，参与上海宝山钢铁项目。

那时，我对中国的认识还非常少，只是在中学的汉文课上了解一些中国的历史，也根本没有想到，有一天自己会到中国工作。1978 年的中国，是具有历史性转折意义的一年。这一年，中共中央同时提出了积极引进并掌握先进技术和设备的口号，以加速现代化建设进程。这一年，在邓小平先生的大力倡导下，中日两国签订了高速度、高质量建立一个具有世界先进技术的钢铁联合企业的协议。12 月 23 日，宝山钢铁总厂在上海正式开工建设。正是在这种背景下我来到了中国，那时中日邦交正常化刚刚走到第 7 个年头。

1978 年，改革开放初期，中国百废待兴，虽然生活水平与国外还有着很大的差距，但是我已经深深感受到她即将崛起的萌动。当时，上海还不是中国改革开放的前沿城市。我印象最深的是：马路上到处贴着“实现四个现代化”的标语。在宝山项目建设中，除中方与日方，还有来自欧美的技术人员，那时的中国人不了解外国人，外国人也不了解中国人。在工作中，不同国度、不同文化背景的人们在中国的土地上彼此熟识、彼此沟通与交流着。但由于工作和生活条件异常艰苦，许多外国技术人员中途而返，我始终如一地坚守在自己的工作岗位上。那时，在中国，外国人的活动范围也受限很多，只有涉外场所才能前往，闲暇时，我常常徜徉在旧租界的建筑群中，也经常光顾古董与文物商店。

1985 年 9 月 20 日，上海宝山钢铁总厂生产出第一炉合格的钢铁，当火红的钢水由钢炉中放出的时候，中国第一个现代化大型钢铁企业也宣告成立。而后，我便回国了。这一段时间我在中国待了六年，这六年里，我和中方技术人员建立了非常深厚的友谊，中国人讲诚信，一旦建立信赖关系，就会保持长久，现在回忆起来，在上海宝钢六年收获的友谊，是我人生的一笔财富，是难以抹去的记忆。

1986 年，受邓小平先生的委托，时任中国国际信托投资公司董事长的荣毅仁先生与时任天津市市长的李瑞环签订了《中信公司在天津开发区划片开发中信工业区的协议》，建立中信工业区，吸引外资，成立中外合资、合作生产企业。1987 年，日本株式会社东京富莱克斯（现株式会社科技富莱克斯）与中信天津工业发展公司（现天津中信投资控股公司）合资兴建的天富软管工业有限公司落户天津经济技术开发区，1988 年春，我到天富软管公司就任总经理，参与厂房设计、施工、人员招聘等筹建工作。当时的天津经济技术开发区正在进行基础建设，进驻的厂子也很少，到处是盐田荒滩。天富软管公司是最先进入开发区不多的外资企业之一。在这片荒芜的盐碱地上投资建厂，对建厂后能源供应、材料采购、人力资源的招聘以及今后外方管理人员的生活等的具体问题是否可以得到保障，曾让当时的我们顾虑重重。但是，我们的中方合作伙伴以及开发区管委会的各个管理部门在投资手续、进出口及税务手续、施工审批、建产投产、人员招聘等方面给予了大力的支持，让我们在短短的不到一年的时间内，就完成了投资、建厂、生产、出口，以当年投资当年出口的惊人效率奠定了我们投资的信心，毅然与开发区人一起加入到创业者的行列。

但是，到了 1989 年，许多企业的外国老板纷纷回国了。老市长李瑞环亲自宴请了我以及依然留守在中国天津的外国人士，衷心感谢我们为其他外国人作了榜样。这次宴会上，老市长语重心长的话使我更加坚定了留守中国天津经济技术开发区的决心。

时隔25年，回想起当年，开发区还没有任何宾馆设施，离开发区最近的外资参与管理的宾馆是在东沽的北方宾馆，虽然当年机动车辆很少，不会像现在有堵车的问题，但是路况很差，从北方宾馆到开发区四大街的公司所在地，单程需要40分钟，甚至更长。后来，开发区在第一大街附近建设了紫云、翠园、欣园小区等楼房及别墅。1989年，我便搬到了翠园别墅居住，在开发区真正拥有了自己的家，虽然配套还不能算得上很完善，但是比起借住宾馆要方便很多，也舒适许多。当时在开发区定居的人很少，大家都是上班来下班走，到了晚上开发区就没有了白天的热闹和生机。当时开发区相关负责人员很关心我这个长期居住在开发区的外国人，定期会来走访，认真询问我在生活上有什么不便，需要提供什么帮助，让我这个独自生活在异国的人感到很温暖，那时结下的友谊让我一辈子难以忘怀。

交通出行在这几十年的变化中让我感慨万分。记得20世纪90年代，有些进口生活物品当时连天津市区都不是很丰富，常常需要利用周末去北京，当年还没有京津塘高速，去北京常常单程就需要四至五个小时，只是买些生活物品，往返就要花费整整一天的时间。而来支援我们工作的日方技术人员也只能是飞往北京然后再转车天津，如赶上雪天或是雾天，从北京到开发区就需要七至八个小时，比从日本到北京的飞行时间长出将近一倍。伴随着1993年京津塘高速全线开通，极大地方便了京津两地的交通，大大缩短了我们去北京机场乘坐飞机航班的时间。而后，2000年，津滨高速建成，2004年，轻轨9号线的部分开通，城区与开发区之间的交通愈加便利、迅速，可以选择的出行方式也愈加多样。尤其是城际高铁的开通，去北京的时间缩短为50多分钟，这对于经历过那个只能走国道，没有其他选择的我来说，真的是无法想象的便利。

正是这些年翻天覆地的变化，让我们更坚定了让天富软管与开发区一起成长的决心，公司从当初的小型企业发展成为年销售额1亿多元的中型企业。自1990年起至今连续获得国家颁发的“中国双优外商投资企业”荣誉称号，并在今年公司迎来了建厂 25 周年的纪念。

2002 年，由于本地化经营的原因，我改任为天富董事长，结束了常住天津经济技术开发区的生活。开始了在日本茅崎与天津经济技术开发区之间穿梭着的生活，每隔两个月便到天津这边来一次，后来由于年事较高，来天津的次数逐渐减少，虽然目前在日本生活的时间多于在天津的时间，但是天津经济技术开发区每次在日本举办的招商投资会，我都尽可能参加。我想政府只是在政策方面进行宣传，而我要用切身经验感染投资者。除此以外，我会通过网络、报纸尽可能多地了解天津和天津开发区的讯息，这里点滴变化都会牵动着我，让我感到高兴与欣慰。每次来到开发区都能发现好多新的变化——新的高层住宅如雨后春笋般地落成入住；友谊商厦、永旺商业中心、伊势丹商厦等商业设施陆续开业纳客；泰达万丽、滨海假日、滨海喜来登等一线品牌的酒店投入使用等等。这些都是在 1988 年我们投资建厂当初完全没有预想到的。

在天津的这 25 年，我与市政府顾问、原天津经济技术开发区主任叶迪生先生结下了深厚的友谊，在 2002 年我卸任总经理之时，作为友谊深厚的老朋友，“答谢宴”上，叶迪生为我写了一首七言诗，诗大致的意思是：“从此以后，你我各在两地，当明月升起的时候，每看到明月就会想起对方。”今年公司 25 周年庆典之时，我们再次相聚，一起感慨 25 年来共同经历过的那些创业艰辛，也一起憧憬了天津和天津开发区的美好未来。叶迪生顾问为天富公司成立 25 周年题词：“想当年一片荒滩同尝甘苦情长在，看今日万方宾客共享繁荣志更坚。”看似简简单单的两句话，饱含了这 25 年中，在开发区这片土地上，我们共同经历过的那些风风雨雨以及结下的情谊。

我在天津工作了 25 年，最让我难忘的是我被授予“天津市荣誉市民”称号，真正成为天津市的一员。那是 2003 年 2 月 27 日，我从戴相龙市长手中接过了“天津市荣誉市民”的证书。戴市长对我说：“您曾说过，日本和中国对于您老说，就是家的这头和那头，从今天起，您就真正地成为一名天津人了。”这虽然是我们的首次见面，但是戴市长对我的熟悉程度让我十分感动。对中日友好和对天津加快发展的良好愿望也使我们一见如故，找到了共同的话题，我们从天津的发展谈到日本的经济形势，谈到日资企业在中国的发展。

我是幸运的，可以说没有哪一个外国人能有我这样幸运。从 1979 年中国改革开放之初到今天，可以说我亲眼目睹了开发区从无到有，从小到大，直到今天的繁荣兴盛，见证了中国改革开放的全过程，见证了天津经济技术开发区发展到今天，被中国国务院确定为天津滨海新区，确定为中国综合配套改革试验区，成长为中国改革开放第三增长极。中国的发展，可以说是势不可当。

我非常感谢中国，感谢天津，让我有机会在中国学到这么多东西。这段经历会深深地刻印在我人生轨迹上，是让我一辈子都留恋的美好记忆。

（作者时任天津天富软管工业有限公司董事长）

[日] 清水孝夫 **你好，温州**

1998 年 4 月，我们应温州市人民政府外办的邀请，访问了温州市并顺访杭州。同行四人都是 14 年前首次访问温州时缔结友好城市先遣团的成员。在与温州市前市长卢声亮和外事办有关人员会见时，我们这个规模不大的友好访问团接受了温州电视台和《温州日报》的采访，我们所到之处都受到热烈的欢迎。在杭州，浙江省前人大常委会主任陈安羽先生和对外友协副会长徐德仁先生也亲切地会见了我们，通过这次访问，彼此更加加深了了解，非常有意义。

时隔 14 年之久再次访问温州的斋滕团长和千叶先生在参观了温州富于现代化气息的市容市貌后，都吃惊地说："真令人难以置信！"回忆 1984 年 8 月先遣团访华时，先从上海坐 4 个小时的火车到杭州，同样从杭州花 4 个小时到金华，再从金华乘坐 9 个小时的长途汽车，最后终于到达温州。而如今的温州已有了机场，市内大厦林立，再也看不到 14 年前的交通不便和灰暗如水墨画般的街景。最近温州还开通了铁路，正以迅猛的速度在发展。我们情不自禁地在心里说：你好，温州！

我初次访问中国是在 1979 年 4 月，当时的中国刚刚经历过"文化大革命"的浩劫，开始步入现代化的发展道路。作为市民友好访华团的一员，我首次访问了浙江省杭州市和上海、南京、苏州等 5 个城市。从那以来已有 20 年的时间了，其间我曾近20次访问中国。回顾这些访问，每一次都有特殊的意义。20世纪90年代以后，为协商接受水产加工技术研修生事宜，我曾连续5年访问温州。通过这些访问，我在中国结识了许多老朋友，与他们建立了相互依赖的友谊关系，这也是我多年积累的宝贵财富。

1999年两市将迎来结好15周年的大庆。15年来两市在各个领域加深了了解、扩大了交流，但年轻人之间的交流和实质性的经济交流还远远不够。在会见时，陈安羽先生和卢声亮先生都表示："未来是属于青少年的，今后一定要加强青少年之间的交流。"对此我印象十分深刻。

谈到两市在青年之间的交流，研修生的交流事业可谓成果显著。温州市向石卷市派遣研修生已历时8年之久，至今已有300多名研修生在石卷市进行过研修，学习了水产加工技术、日语和日本文化。因研修生以女性居多，生活方面也就需要更多的照顾，各个公司都为此配备了专门的生活指导员，照料研修生的饮食起居，对此研修生们都表示非常感激。

另外，各个公司还为研修生组织生日晚会、赏花会等活动，加强与研修生的沟通。通过这些活动，研修生们留下了许多在石卷的美好回忆。特别是与若藤会的交流，使他们不仅能够接触日本的传统文化，还能够参加开河节的大渔舞表演，增加了与市民开展友好交流的机会。

研修生离开石卷回国的日子最令人感动。一起工作了11个月的工友，赶来为研修生送行。只见人们聚在一起，相互拥抱、泪流满面，依依惜别之情令人难忘。第4期研修生团的团长王小姐是带着哭声向大家道别的，不愿登车离去的她几度回首，真是难舍难分。

1996年，我偕夫人及江刺先生夫妇前往温州进行私人旅行。应过去研修生团长王小姐的邀请，我们访问了她的新婚家庭。她的家是住宅区的公寓房，从市中心乘车约需10分钟。她的家在三楼，我们步行上楼，王小姐对我们笑脸相迎，她的爱人是一名警察，因工作关系不在家。我们与同来的外事办的梅先生和周先生一边品茶、一边闲聊，度过了愉快的时刻。

王小姐的新居里，装饰着我们赠送的日本偶人，另外电视机、电冰箱、卡拉OK等都很齐备。卧房里有双人床，卫生间里有抽水马桶和淋浴器。房间的总面积约80平方米，有客厅兼茶室、厨房和备用房等房间。10年前，中国的住宅条件还十分落后，年轻人为了结婚都要四处借房。与那时相比真是天壤之别。这也说明人们的收入增加了，生活水准有了很大提高。近几年来，温州进行了旧城改造，市中心沿街的房屋都被改建成高层商业大厦，在郊外建成了许多公寓、形成住宅区。人们的居住条件也随之得到改善，进入了商品房的时代。

当我们询问温州的结婚习俗时，了解到通常是男方买房，女方购置生活用品。另外，据说有的男方为订婚需准备5万元以上，为结婚需准备10万元以上的经费，而男方父母为了面子，不得不负担这些费用。若是那样，有儿子的父母其辛苦也可想而知。

（作者曾任日本石卷商工会议所事务局长）

鸣 谢

在《大潮》丛书出版之际，谨向下列省市政协在文稿编选方面给予的大力支持表示谢意！

天津市政协文史资料委员会、上海市政协文史资料委员会、浙江省政协文史资料委员会、重庆市政协学习及文史委员会、海南省政协文史资料委员会、贵州省政协文史与学习委员会、石家庄市政协学习和文史资料委员会、秦皇岛市政协文史资料委员会、沈阳市政协学习宣传文史委员会、大连市政协文史和学习委员会、南通市政协教文卫体和文史委员会、连云港市政协学习文史资料委员会、宁波市政协文史委员会、温州市政协文史委员会、福州市政协文史资料和学习宣传委员会、厦门市政协文史和学习宣传委员会、青岛市政协文史资料委员会、烟台市政协科教文卫体和文史资料委员会、广州市政协学习和文史资料委员会、深圳市政协文化文史和学习委员会、珠海市政协文史资料委员会、汕头市政协文化和文史资料委员会、湛江市政协学习和文史资料委员会、北海市政协文史资料委员会等。